财政部规划教材
全国财政职业教育教学指导委员会推荐教材
全国中等职业学校财经类教材

企业财务会计(第十版)
实训与练习

主编　程运木

中国财经出版传媒集团
中国财政经济出版社

图书在版编目（CIP）数据

企业财务会计（第十版）实训与练习／程运木主编．—10版．—北京：中国财政经济出版社，2019.8（2023.2重印）

财政部规划教材　全国财政职业教育教学指导委员会推荐教材　全国中等职业学校财经类教材

ISBN 978－7－5095－9172－7

Ⅰ.①企…　Ⅱ.①程…　Ⅲ.①企业管理－财务会计－中等专业学校－教学参考资料　Ⅳ.①F275.2

中国版本图书馆CIP数据核字(2019)第175742号

责任编辑：张　军　　　　责任校对：张　凡

封面设计：构远设计

中国财政经济出版社出版

URL：http：//www.cfeph.cn

E－mail：cfeph@cfeph.cn

社址：北京市海淀区阜成路甲28号　邮政编码：100142

营销中心电话：010－88191537　北京财经书店电话：64033436　84041336

北京鑫海金澳胶印有限公司印装　　各地新华书店经销

787×1092毫米　16开　15.75印张　378 000字

2019年8月第10版　2023年2月北京第10次印刷

定价：37.00元

ISBN 978－7－5095－9172－7

编写说明

本书是财政部规划教材、全国财政职业教育教学指导委员会推荐教材，由财政部教材编审委员会组织编写并审定，作为全国中等职业学校财经类教材使用。

为了适应职业教育改革，全面推进素质教育，满足各类中等职业教育专业教学的需要，根据《财政部2016—2020年学历教材建设规划》的总体要求、教育部颁布的《中等职业学校专业教学标准（试行）》（会计）、《企业会计准则》及其《应用指南》和“营改增”以来的财税法规等，在总结会计实践和教学经验的基础上，我们修订出版了《企业财务会计（第十版）》教材。为了适应教学的实际需要，我们对《企业财务会计（第九版）实训与练习》也进行了同步修订。2019年7月根据新的会计、税收政策法规，在修改教材的同时，对实训与练习也进行了必要的修改。

本次修订以原《实训与练习》为基础，根据《企业财务会计（第九版）》教材的内容，结合《企业会计准则》内容的更新和“营改增”以来的财税法规制度的变化，听取专家、学者和教材使用者等多方面的意见和建议，从有利于教学出发考虑各章练习按节编排，内容上在紧扣教材的基础上结合会计初级职称考试的要求进行安排。同时，适当减少主观类题型的类别和题量，增加客观类题型的题量，并在加强实务技能、适当降低专业难度、便于教学互动和组织教学考核等方面也进行了比较全面的修改。

本书由杭州财税会计学校程运木担任主编，负责拟订编写和修订提纲，对全书进行修改总纂。参加本次修订的人员有：杭州财税会计学校程运木（第一章、第五章、第七章、第八章）；贵州省财政学校刘晓（第二章、第十一章）；广西玉林财经学校阎卫（第三章、第六章）；大理州财贸学校杨秀平（第四章）；杭州财税会计学校邵云岚（第九章、第十章、第十二章）。杭州财税会计学校叶小丹也参与了本次的修订工作。

本书配有参考答案，用书学校任课老师如有需要，请以电子邮件的形式向中国财政经济出版社索取，E-mail：caijingjiaocai@163.com。

修订后的《企业财务会计（第十版）实训与练习》难免还有不足之处，敬请专家、读者批评指正。

编　者

2019年7月

目 录

第一章 *Chapter 1*

概　　述

填空题

1. 企业财务会计的目标是＿＿＿＿＿＿＿＿＿，有用会计信息主要是指＿＿＿＿＿＿、＿＿＿＿＿＿＿和＿＿＿＿＿＿＿等。

2. 企业财务会计的对象是企业的交易或者事项，具体反映为＿＿＿＿＿、＿＿＿＿＿、＿＿＿＿＿、＿＿＿＿＿＿＿、＿＿＿＿＿＿和＿＿＿＿＿＿六大会计要素。

3. 企业财务会计确认主要解决某项交易或事项"＿＿＿＿＿＿＿＿＿＿＿＿＿＿"的问题；企业财务会计计量是解决"＿＿＿＿＿＿＿"的问题，它包括＿＿＿＿＿＿＿＿和＿＿＿＿＿两个方面的内容。

4. 企业会计准则包括＿＿＿＿＿＿＿、＿＿＿＿＿＿＿和＿＿＿＿＿＿＿三个层次。

5. 《中华人民共和国会计法》于＿＿＿＿＿＿＿起实施；修订后的《中华人民共和国会计法》于＿＿＿＿＿＿＿起实施。

名词解释

1. 企业财务会计

2. 企业财务会计确认

3. 企业财务会计计量

4. 企业会计准则

单项选择题

1. 企业财务会计确认、计量、记录的对象是（　　）。
   A. 交易或者事项　　B. 财务状况
   C. 经营成果　　D. 资产、负债、所有者权益
2. 企业财务会计的目标是（　　）。
   A. 进行会计核算和会计监督
   B. 反映会计要素，提供会计报表
   C. 向信息使用者提供有用的会计信息
   D. 进行会计确认、计量、记录和报告工作
3. 企业财务会计提供的信息是（　　）。
   A. 对外部的会计信息　　B. 对内部的会计信息
   C. 规范统一的会计信息　　D. 关于财务状况的会计信息
4. 管理会计是以（　　）为中心，向企业内部提供会计信息。
   A. 资金的预测、规划和控制　　B. 资金成本
   C. 对经济业务的确认　　D. 经济效益计量、记录和报告
5. 企业会计按其服务对象、工作内容等方面的不同，可分为（　　）。
   A. 财务会计和成本会计　　B. 财务会计和政府会计
   C. 基础会计和财务会计　　D. 财务会计和管理会计
6. 从企业财务会计确认、计量、记录和报告的工作内容和过程看，核心问题是（　　）。
   A. 财务会计确认　　B. 财务会计计量
   C. 财务会计记录　　D. 财务会计报告
7. 下列解决某项经济业务在会计上“反映多少”问题的是（　　）。
   A. 财务会计记录　　B. 财务会计计量
   C. 财务会计确认　　D. 财务会计报告
8. 企业财务会计规范体系中处于最高层次和核心地位的是（　　）。
   A. 《企业会计准则——基本准则》　　B. 《中华人民共和国会计法》
   C. 《企业会计准则——应用指南》　　D. 《企业会计准则——具体准则》
9. 我国企业财务会计计量属性一般应采用（　　）。
   A. 现时成本　　B. 现值
   C. 可变现净值　　D. 历史成本
10. 《企业会计准则——具体准则》是根据（　　）的要求，对企业各类经济业务事项

的会计处理方法和程序做出的具体规定。

A.《企业会计准则——基本准则》　　B.《企业财务通则》

C. 企业财务会计的目标和核算要求　　D.《会计基础工作规范》

11. 企业财务会计遵循的会计模式是（　　）。

A. 凭证—账簿—报表　　B. 报表—账簿—凭证

C. 预测—控制—决策　　D. 现代会计模式

12. 企业财务会计的核算基础是（　　）。

A. 持续经营　　B. 权责发生制

C. 收付实现制　　D. 永续盘存制

13. 修订后的《企业会计准则——基本准则》的实施是（　　）。

A. 2005 年 1 月 1 日，所有企业　　B. 2007 年 1 月 1 日，上市公司

C. 2000 年 7 月 1 日，上市公司　　D. 2007 年 1 月 1 日，所有企业

14. 修订后的《企业财务通则》的实施时间是（　　）。

A. 2000 年 7 月 1 日　　B. 2003 年 1 月 1 日

C. 2005 年 1 月 1 日　　D. 2007 年 1 月 1 日

15. 企业财务会计和政府与非营利组织会计相比较，具有的特点是（　　）。

A. 采用复式记账法　　B. 采用永续盘存制

C. 核算目的具有营利性　　D. 制定内部会计制度

16. 根据《企业会计准则——基本准则》、《小企业会计准则》的规定，下列说法不正确的是（　　）。

A. 符合《中小企业划型标准》所规定的小型企业标准的企业，必须执行《小企业会计准则》

B. 小企业的资产应当按照成本计量，不计提资产减值准备

C. 企业会计核算基础是权责发生制，企业会计计量属性一般应采用历史成本

D. 执行《小企业会计准则》的小企业，发生《小企业会计准则》未作规范的交易或者事项，可以参照《企业会计准则——具体准则》的相关规定进行处理

多项选择题

1. 企业财务会计的主要特点包括（　　）。

A. 主要对外提供会计信息　　B. 遵循传统会计模式

C. 提供规范统一的会计信息　　D. 以提供未来信息为主

2. 企业财务会计的信息使用者包括（　　）。

A. 投资者　　B. 债权人

C. 企业内部经营管理者　　D. 企业职工

3. 企业会计核算的基本前提包括（　　）。

A. 会计主体　　B. 会计分期

C. 权责发生制　　D. 货币计量

4. 下列属于会计计量属性的有（　　　）。

A. 历史成本　　B. 现值

C. 可变现净值　　D. 现金流量

5. 企业财务会计核算基本过程包括（　　　）。

A. 确认　　B. 计量

C. 考核　　D. 报告

6. 确认一个会计项目应符合的基本标准有（　　　）。

A. 符合某一会计要素定义　　B. 具有可计量性

C. 具有相关性　　D. 具有可靠性

7. 下列属于企业财务会计核算要求的有（　　　）。

A. 实质重于形式　　B. 可比性

C. 相关性　　D. 谨慎性

8. 下列表述中，符合企业财务会计核算要求的有（　　　）。

A. 企业会计核算应当以实际发生的交易或者事项为依据

B. 企业会计核算应当仅反映交易或者事项的法律形式

C. 企业会计政策、会计处理方法一经确定，不得随意变更

D. 企业会计核算应当及时，不得拖延，最好是提前

9. 下列说法正确的有（　　　）。

A. 企业财务会计提供的会计信息主要包括企业财务状况、经营成果和现金流量三大项

B. 已执行具体会计准则的小企业，即使情况发生变化也不再执行《小企业会计准则》

C. 企业财务会计计量包括计量单位和计量属性两个方面的内容

D.《企业会计准则——具体准则》）和《小企业会计准则》是《企业会计准则——基本准则》框架下的两个子系统，分别适用于不同类型的企业

10. 下列企业需要制定内部会计制度的有（　　　）。

A. 国有企业　　B. 民营企业

C. 大中型企业　　D. 小企业

判断题

1. 行政单位会计属非营利组织会计，企业财务会计属营利组织会计，两者在会计要素上是有区别的。（　　）

2. 财务会计是向企业外部提供会计信息，管理会计是向企业内部提供会计信息。（　　）

3. 财务会计确认是解决经济业务事项“是什么，是否应当在财务会计上反映”的问题；财务会计计量则是解决“反映多少”的问题；财务会计记录是解决其“如何登记”的问题。这三者是相互独立、分步进行的。（　　）

4. 企业财务会计计量包括计量单位和计量属性两个方面的内容。我国企业会计采用的

计量单位一定是人民币。（　　）

5. 企业财务会计报告是有规定或公认的格式和内容的，并且要定期编报。（　　）

6. 企业会计核算的可比性要求，同一企业不同时期发生的交易或者事项，应当采用一致的会计政策，不得变更；不同企业发生的交易或事项，应当采用相同的会计政策。（　　）

7.《企业会计准则》在我国会计规范体系中处于最高层次和核心地位。（　　）

8.《中华人民共和国会计法》是从 2000 年 7 月 1 日起实施的。（　　）

9. 我国企业会计准则体系包括基本会计准则、具体会计准则和小企业会计准则三个层次。（　　）

10. 企业财务会计应遵循的法规制度，不仅包括《会计法》、《企业会计准则》、《内部会计控制规范》等专业性会计法规，还包括公司法、税收法规、金融法规等相关法规制度。（　　）

11.《企业会计准则——应用指南》，主要是对具体会计准则的解释和说明，它是没有会计科目和主要账务处理的。（　　）

12. 企业财务会计的对象是企业的交易或者事项，具体反映为资产、负债、所有者权益、收入、费用和利润六大会计要素。（　　）

13.《企业会计准则》是关于企业会计核算工作的基本规范，它不仅适用于所有企业，还适用于政府机关和事业单位。（　　）

14. 企业应当以实际发生和很可能发生的交易或者事项为依据进行会计确认、计量和报告，以保证会计信息真实可靠、内容完整。（　　）

15. 为了保证会计信息质量，企业会计的计量属性只能采用历史成本，不能采用重置成本、现值、公允价值、可变现净值等。（　　）

16.《小企业会计准则》从 2013 年 1 月 1 日起实施，所有小企业，包括已执行《企业会计准则——具体准则》的小企业，均应执行《小企业会计准则》。（　　）

第二章 *Chapter 2*

货 币 资 金

第一节 货币资金概述

填空题

1. 广义的现金除了______________外，还包括可以随时支用的______________、____________以及______________。

2. 企业应根据有关法规制度，建立符合____________和适合企业自身特点的货币资金______________。

3. 货币资金的保管（出纳）和货币资金账目（总分类账）的记录应由不同人员来完成，即所谓“____________________”；货币资金支出的__________、__________和__________应由不同的人员来完成。

单项选择题

1. 货币资金是企业生产经营过程中处于货币形态的资产，是流动性最强的流动资产，也称为（　　）。

A. “货币资产”　　B. “现金资产”

C. “存款资产”　　D. “有价证券”

2. 货币资金业务的授权、付款、收款和记录等环节工作应满足（　　）的要求。

A. 回避制度　　B. 审计制度

C. 稽核制度　　D. 不相容职务分离

3. 票据的签发至少要由（　　）签字或盖章，相互牵制，相互监督。

A. 一个人　　B. 两个人

C. 三个人　　D. 四个人

4. 全部货币资金收入必须（　　）入账，并及时送存银行。

A. 当日　　B. 三日

C. 五日　　D. 十五日

5. 货币资金指的是（　　）。

A. 现金　　B. 银行存款

C. 有价证券　　D. 库存现金 + 银行存款 + 其他货币资金

6. 下列各项，不违反“货币资金业务不相容岗位相互分离、制约和监督”要求的是（　　）。

A. 由出纳人员兼任会计档案保管工作

B. 由出纳人员保管签发支票所需全部印章

C. 由出纳人员兼任收入总账和明细账的登记工作

D. 由出纳人员兼任固定资产明细账及其总分类账的登记工作

7. 货币资金支出控制的目的是要保证企业货币资金支付都要按（　　）办理，并做到审批规范、手续齐全、凭证完整有效。

A. 程序　　B. 凭证

C. 用途　　D. 签字

多项选择题

1. 货币资金包括（　　）。

A. 库存现金　　B. 应收账款

C. 银行存款　　D. 其他货币资金

2. 货币资金的管理和控制，一般应当遵循的原则与规定包括（　　）。

A. 严格岗位职责分工

B. 建立内部稽核制度

C. 实施定期轮岗制度

D. 财务专用章应由专人保管，严禁一人保管支付款项所需的全部印章

3. 个人名章应由（　　）保管。

A. 本人　　B. 出纳

C. 会计主管　　D. 本人授权人

4. 企业货币资金支付办理程序应包括（　　）。

A. 支付申请　　B. 支付审批

C. 支付复核　　D. 支付办理

5. 广义的现金包括（　　）。

A. 库存现金　　B. 可以随时支用的其他货币资金

D. 现金等价物　　D. 股票、债券投资

判断题

1. 货币资金包括现金、银行存款和在途货币资金三大类。（　　）

2. 存放在企业财会部门，由出纳经管的人民币和外币，即库存现金，是狭义的现金。（　）

3. 企业存放在各开户银行的存款包括人民币存款、外币存款和理财产品，定期或活期的，一定属于货币资金。（　）

4. 货币资金的保管（出纳）和货币资金账目（总分类账）的记录应由不同人员来完成。（　）

5. 上市公司、大中型企业应根据《企业内部控制基本规范》建立健全企业内部控制制度。小企业因规模小、业务简单，是不必参照建立与实施内部控制制度的。（　）

6. 企业任何款项的支付都必须有原始凭证作为依据，由经办人员签字证明，由会计主管人员审批确认后，出纳人员据以办理付款。（　）

第二节　库存现金

名词解释

1. 库存现金限额

2. 坐支现金

单项选择题

1. 下列各项中，根据《现金管理暂行条例》规定，不能用现金结算的是（　）。

A. 职工工资和津贴　　B. 按规定发给个人的奖金

C. 出差人员随身携带的差旅费　　D. 向农业企业收购农副产品的价款

2. 根据《现金管理暂行条例》规定，零星支出的结算起点（现金支付限额）是（　）。

A. 2 000 元　　B. 1 000 元

C. 100 元　　D. 500 元

3. 库存现金清查发现的库存现金短缺，应（　）账户。

A. 借："其他应收款"　　B. 借："待处理财产损溢"

C. 贷："其他应收款"

D. 贷："待处理财产损溢"

4. 企业确实无法查明原因的现金短款，经批准后应记入（　　）账户。

A. "其他应付款"

B. "管理费用"

C. "营业外支出"

D. "待处理财产损溢"

5. 企业一般不得从本单位的现金收入中直接支付现金，因特殊情况需要坐支现金的，应事先报经（　　）审查批准。

A. 本企业单位负责人

B. 上级主管部门

C. 开户银行

D. 财政部门

6. 根据现行制度规定，企业库存现金限额一般是按（　　）正常零星开支核定的。

A. 3 天

B. 3～5 天

C. 5 天

D. 15 天

7. 企业确实无法查明原因的现金溢余，报经批准后记入（　　）账户。

A. "管理费用"

B. "营业外收入"

C. "其他业务收入"

D. "其他应付款"

8. 为了完善货币资金的内部控制，货币资金支付的授权、经办和（　　）应由不同的人员来完成。

A. 账目记录

B. 票据取得

C. 支付款项

D. 凭证填开

9. 库存现金、银行存款的总分类账的登记人员，应该是（　　）。

A. 出纳人员

B. 出纳人员以外的会计人员

C. 会计人员或出纳人员

D. 财会部门负责人或单位主管会计工作的负责人

10. 关于库存现金的核算，下列说法不正确的是（　　）。

A. 库存现金清查应采用实地盘点法

B. 有外币现金的企业，应按不同币种分别设置

C. 根据审核后的收、付款凭证，按照业务发生的时间顺序逐日逐笔登记

D."库存现金日记账"是必须开设；"库存现金"总分类账可以开设，也可不单独开设

11. 下列各项，不包括在现金使用范围内的业务是（　　）。

A. 结算起点以下的零星支出

B. 向个人收购农副产品

C. 支付职工福利费

D. 支付银行借款利息

12. 库存现金清查发现无法查明原因的现金短缺或溢余，已按管理权限批准，下列各项，有关会计处理不正确的是（　　）。

A. 属于无法查明原因的库存现金溢余，应借记"待处理财产损溢"账户，贷记"营业外收入"账户

B. 属于应由保险公司赔偿的库存现金短缺，应借记"其他应收款"账户，贷记"待处理财产损溢"账户

C. 属于应支付给有关单位的库存现金溢余，应借记"待处理财产损溢"账户，贷

记“其他应付款”账户

D. 属于无法查明原因的库存现金短缺，应借记“营业外支出”账户，贷记“待处理财产损溢”账户

多项选择题

1. 关于库存现金管理，下列说法正确的有（　　）。
   A. 根据规定库存现金的收付范围使用现金结算
   B. 库存现金限额一经确定，不得变更
   C. 不准用借条、白条等不符合财会制度的凭证顶替库存现金
   D. 每日终了，应结出库存现金结余数，并与库存现金实有数核对，做到日清月结，保证账款相符
2. 企业库存现金实有数小于账面数 200 元，导致该差错的原因可能有（　　）。
   A. 出纳员多付库存现金　　B. 出纳员少收库存现金
   C. 出纳员挪用了库存现金　　D. 误将支出 200 元作为收入入账
3. 库存现金总分类账可以根据（　　）直接或定期（汇总）登记。
   A. 收款凭证　　B. 付款凭证
   C. 科目汇总表　　D. 汇总记账凭证
4. 企业（非小企业）库存现金溢缺的会计核算可能涉及的账户有（　　）。
   A. “待处理财产损溢”　　B. “管理费用”
   C. “其他应收款”　　D. “营业外支出”
5. 企业库存现金清查的主要内容有（　　）。
   A. 是否存在贪污或挪用　　B. 是否存在“白条顶库”
   C. 是否存未达账项　　D. 是否存在超限额库存现金
6. 下列可以用库存现金结算的有（　　）。
   A. 支付离退休人员工资　　B. 企业职工出差预借差旅费 2 000 元
   C. 购买办公用品 280 元　　D. 向农民收购农产品 1 500 元
7. 企业“库存现金日记账”应采用（　　）。
   A. 订本账　　B. 三栏式账页
   C. 多栏式账页　　D. 数量金额式账页

判断题

1. 库存现金清查是以实地盘点法盘点核对库存现金实有数与账存数的。（　　）

2. 如果企业经营规模较小，可由出纳一人办理货币资金结算的全过程，以提高工作效率。（　　）

3. 库存现金清查中，未经领导批准的借款单是不能抵充库存现金的，而有领导批准的

借款单是可以抵充库存现金的，以便做到账款相符。（　　）

4. 盘点库存现金出现溢余，可以在“其他应付款”账户的贷方反映，待日后短缺时用于抵扣。（　　）

5. 库存现金的清查包括出纳人员每日的清点核对和清查小组定期和不定期的清查。（　　）

6. “库存现金”账户，反映企业持有的库存现金，不包括企业的内部各部门（或个人）周转使用、由各部门（或个人）保管的备用金。（　　）

7. 为了简化库存现金收支手续、方便工作，企业可以坐支现金。（　　）

8. 企业支付在银行支付结算办法规定的结算起点金额以上的款项，必须通过银行办理转账结算，不得使用现金结算。（　　）

9. 记账凭证账务处理程序下，“库存现金”总分类账是根据记账凭证直接登记的，这就与“库存现金日记账”登记基本一致，为避免重复记账，可以不设置“库存现金”总分类账。（　　）

10. 企业无法查明原因的现金溢余，报经批准后记入“营业外收入”账户；无法查明原因的现金短缺报经批准后记入“管理费用”账户 。（　　）

业务核算题

（一）练习库存现金收付的核算

［**资料**］某公司“库存现金日记账”期初结余为2 800元，库存限额为3 000元。10月10日发生下列经济业务：

1. 出售产品2件，收到现金565元（其中增值税65元）。
2. 采购员李明预借差旅费1 500元，以现金付给。
3. 从银行提取现金1 000元，补充库存现金备用。
4. 向某农户出售产品一批，价款6 000元，增值税780元，已收足现金。
5. 向开户银行送存现金7 000元。
6. 行政部购买厂部用消耗性办公用品一批，普通发票所列价税款820元，以现金付给。
7. 盘点库存现金发现短缺100元。
8. 经查明，上述库存现金短缺是出纳王梅工作失误造成，应由其赔偿，款项尚未收到。

［**要求**］根据上述经济业务，编制必要的会计分录，并设置、登记“库存现金日记账”。

（二）练习库存现金清查的核算

［**资料**］某公司发生与库存现金清查有关的经济业务如下：

1. 3 月 30 日，库存现金清查，发现溢余 230 元，原因待查。

2. 3 月 31 日，经核查上述库存现金溢余，其中 150 元为少付张华的款项，张华已前来领取；其余无法查明原因，经领导批准予以转销。

3. 4 月 28 日，库存现金清查，发现短缺 300 元，原因待查。

4. 4 月 29 日，经核查，上述库存现金短缺由出纳员张延工作责任心不强和公司管理层指导不利造成。经领导核准应由出纳员张延赔偿 200 元，款项尚未收到；其余予以转销。

5. 4 月 30 日，收到出纳员张延交付的现金 200 元。

［**要求**］根据上述经济业务，编制必要的会计分录。

第三节　银行存款

填空题

1. 企业的银行结算账户按照用途可分为__________、__________、__________、__________四类。

2. 银行汇票结算是指申请人将款项交存银行（或账户有存款），由__________汇票给申请人，申请人持汇票办理__________或支取现金的一种结算方式。

3. 托收承付结算方式，承付货款分为__________和__________两种方式。

4. “银行存款”和“库存现金”总分类账的登记人员，应是__________；银行存款清查核对的方法是__________。

名词解释

1. 银行结算账户

2. 银行本票

3. 未达账项

单项选择题

1. 企业临时存款账户使用的有效期限以（　　）为限。

A. 3 个月　　B. 6 个月

C. 1 年　　D. 2 年

2. 以下所述不符合银行存款开户相关规定的是（　　）。

A. 企业的工资、奖金等日常经营业务的资金收付，只能通过基本存款账户办理

B. 企业可以通过一般存款账户办理转账结算和现金支取

C. 一个企业只能选择一家银行的一个营业机构开立一个基本存款账户，不得在多家银行机构开立基本存款账户

D. 不得在同一家银行的几个分支机构开立一般存款账户

3. 银行承兑汇票的承兑人是（　　）。

A. 付款人　　B. 付款人的开户银行

C. 收款人　　D. 收款人的开户银行

4. 对于银行已经入账而企业尚未收到单证而未入账的未达账项，企业应当（　　）。

A. 根据“银行对账单”记录的金额入账

B. 根据“银行存款余额调节表”和“银行对账单”自制原始凭证入账

C. 在编制“银行存款余额调节表”的同时入账

D. 待有关结算凭证到达后入账

5. 出票人签发支票的金额，超过付款时存款金额的支票称为（　　）。

A. 空白支票　　B. 空头支票

C. 远期支票　　D. 大额支票

6. 按照国家《银行账户管理办法》规定，企业的工资、奖金、津贴等的支取，只能通过（　　）办理。

A. 基本存款账户　　B. 一般存款账户

C. 临时存款账户　　D. 专用存款账户

7. 商业汇票的付款期由交易双方商定，但最长不能超过（　　）。

A. 6 个月　　B. 2 个月

C. 9 个月　　D. 12 个月

8. 商业汇票付款人在接到出票人或持票人提示承兑时，应当在自收到提示承兑的汇票之日起（　　）日内承兑或拒绝承兑。

A. 2　　B. 3

C. 5　　D. 7

9. 除中国人民银行另有规定外，支票的提示付款期限一般为自出票日起（　　）天。

A. 7　　B. 10

C. 15　　D. 20

10. 银行汇票的提示付款期限为自出票日起（　　）。

A. 1 个月　　B. 2 个月

C. 3 个月　　D. 6 个月

11. 下列各项属企业单位信用卡可以办理的业务是（　　）。

A. 交存现金　　B. 10 万元以上的商品交易

C. 支取现金　　D. 从基本存款户划转存款

12. 委托收款结算方式和托收承付结算方式，托收成立的标志是（　　）。

A. 发出商品　　B. 向银行提交委托凭单、发票账单

C. 办妥托收手续　　D. 付款人收到付款通知

13. 反映企业银行存款实有数的是（　　）。

A. 企业“银行存款日记账”余额

B. 开户银行“银行存款账户对账单”余额

C. 企业“银行存款余额调节表”调节后余额

D. 企业“银行存款总分类账”余额

14. 企业使用下列票据支付款项，应通过“银行存款”账户核算的是（　　）。

A. 商业汇票　　B. 银行本票

C. 银行汇票　　D. 支票

15. 委托银行收取的 2 000 元款项，银行已收妥；但企业至月末尚未取得收款通知联，在编制银行存款余额调节表时的处理应是（　　）。

A. 在“银行对账单余额”项下，加：2 000 元

B. 在“银行对账单余额”项下，减：2 000 元

C. 在“企业存款日记账余额”项下，加：2 000 元

D. 在“企业存款日记账余额”项下，减：2 000 元

16. 编制银行存款余额调节表时，下列未达账项中，会导致企业银行存款日记账的账面余额大于银行对账单余额的是（　　）。

A. 企业开出支票，银行尚未支付

B. 企业开出银行汇票，对方尚未到银行承兑

C. 银行代收款项，企业尚未接到收款通知

D. 企业环保违章被罚款 5 000 元，银行已经扣款，但企业未接到扣款通知

17. 9 月 30 日，某公司银行存款日记账账面余额为 216 万元，收到银行对账单的余额为 212.3 万元。经逐笔核对，存在以下记账差错及未达账项：从银行提取现金 6.9 万元，误记为 9.6 万元；银行按电信扣款通知扣费付公司通讯费 6.4 万元，但公司未接到银行付款通知，尚未入账。9 月 30 日调节后的银行存款余额为（　　）万元。

A. 212.3　　B. 225.1

C. 205.9　　D. 218.7

18. 经过“银行存款余额调节表”调整后的银行存款余额为（　　）。

A. 企业账上的银行存款余额
B. 银行账上的企业存款余额
C. 企业可动用的银行存款数额
D. 企业应当在会计报表中反映的银行存款余额

多项选择题

1. 根据《支付结算办法》的规定，企业办理支付结算的基本要求包括（　　）。
A. 按照规定开立、使用银行账户
B. 使用按中国人民银行统一规定印制的票据和结算凭证
C. 结算凭证上的签章和其他记载事项应当真实，不得伪造、变造
D. 填写结算凭证应当规范，做到要素齐全、数字正确、字迹清晰、防止涂改

2. 下列各项票据，应由银行签发的有（　　）。
A. 支票　　B. 银行汇票
C. 银行本票　　D. 商业汇票

3. 根据现行银行结算办法的规定，只适用于商品交易或者在商品交易的同时附带提供劳务情况的结算方式有（　　）。
A. 委托收款　　B. 汇兑
C. 托收承付　　D. 商业汇票

4. 办理异地托收承付的款项应该包括（　　）。
A. 商品交易的款项　　B. 代销、寄销的款项
C. 债权债务款项　　D. 因商品交易而产生的劳务供应款项

5. 下列各项，会使企业银行存款日记账余额小于银行存款对账单余额的有（　　）。
A. 企业开出支票，对方未到银行办理划转手续
B. 银行误将其他公司的存款记入本企业银行存款账户
C. 银行代扣水电费，企业尚未接到付款通知
D. 银行收到委托收款结算方式下结算款项，企业尚未收到通知

6. 下列各项，应通过“银行存款”账户核算的有（　　）。
A. 收到银行汇票、银行本票存入银行
B. 使用银行汇票和银行本票存款办理款项结算
C. 收到、开出转账支票
D. 商业汇票到期收到票款

7. 下列各项票据，可以背书转让的有（　　）。
A. 支票　　B. 银行汇票
C. 银行本票　　D. 商业汇票

8. 银行承兑汇票在汇票到期日未能足额存款时，承兑银行应该（　　）。
A. 将票据退回给持票人
B. 无条件付款

C. 出票人尚未支付的汇票款视为逾期贷款

D. 对逾期贷款部分计收利息

9. 银行存款的清查核对包括（　　　　）。

A. 银行存款日记账与银行存款收、付款凭证核对，做到账证相符

B. 银行存款日记账与银行存款总账核对，做到账账相符

C. 银行存款日记账与银行对账单核对，做到账单（实）相符

D. 银行存款日记账与银行对账单余额不一致时，要查明原因，并编制“银行存款余额调节表”，调节后两边的余额应相等

10. 下列有关银行汇票的表述，正确的有（　　　　）。

A. 银行汇票适用于各种款项结算

B. 银行汇票可用于转账，填明“现金”字样的银行汇票可用于支取现金

C. 银行汇票的提示付款期自出票日起2个月

D. 未填写实际结算金额或实际结算金额超出出票金额的银行汇票不得背书转让

11. 下列各项，不符合银行结算纪律的有（　　　　）。

A. 考虑企业的未来现金收入，签发了一张远期支票

B. 在不影响企业自身业务的情况下，将企业结算账户暂时借给他人使用

C. 根据自身业务需要，企业可开立多个基本存款账户、一般存款账户

D. 支票必须由指定人员签发，其他人员一律不准签发

12. 下列各项不应（或暂时不能）列入“银行存款”账户的有（　　　　）。

A. 销售产品一批，价税款收到一张转账支票

B. 以银行汇票结算支付购货款7万元

C. 销售产品一批，价税款收到银行本票一张交银行结算，并取得回单

D. 销售产品一批，价税款收到银行承兑汇票一张

判断题

1. 企业对职工个人的支付，包括工资、奖金、津贴、差旅费等，可以通过基本存款账户打卡支付；也可以用库存现金支付，并且不受现金支付限额（1 000元）的限制。（　　）

2. 银行存款的临时存款账户可办理转账结算和现金收付，所以，临时存款户可用于提款发放工资。（　　）

3. 企业一般存款账户只能办理转账，不能提取现金；临时存款账户可办理转账结算和现金收付。（　　）

4. 企业与银行核对银行存款账目时，对已发现的未达账项，应当编制银行存款余额调节表进行调节，并以银行存款余额调节表作为原始凭证进行相应的账务处理。（　　）

5. 因为可能存在未达到账项，所以，银行存款日记账余额不一定是企业银行存款的实有数，但银行对账单余额则为企业银行存款的实有数。（　　）

6. 汇兑是汇款人委托银行将其款项支付给收款人的结算方式。这种结算方式适用于同城的各种款项结算。（　　）

7. 企业到外地进行零星或临时采购，汇往采购地银行开立采购专户的款项，应借记“其他货币资金——外埠存款”账户，贷记“银行存款”账户。 （ ）

8. 无论是商业承兑汇票还是银行承兑汇票，付款人都负有到期无条件支付票款的责任。（ ）

9. 委托收款、托收承付结算方式适用于企业各种商品交易款项，以及因商品交易而产生的劳务供应款项的结算。 （ ）

10. 企业采购商品或接受劳务采用商业汇票、银行汇票结算的，应通过“应付票据”账户核算。 （ ）

11. 商业承兑汇票是由付款人或收款人签发，并由开户银行承兑的商业汇票。 （ ）

12. 采用委托收款结算方式，付款人的承付期为3天，如果付款单位提出拒付，付款单位开户银行应审查其拒付理由是否合理。 （ ）

13. 企业银行存款的账面余额与银行对账单余额因未达账项存在差额时，应按照银行存款余额调节表调整银行存款日记账的金额。 （ ）

14. 银行存款余额调节表是企业编制的，主要用于核对账目，是企业重要的会计资料，但不是会计凭证，不能据以登记入账。 （ ）

15. 商业承兑汇票到期时，如果购货企业（付款人）的存款不足支付票款，开户银行应将汇票退还销货企业（收款人），银行不予代为垫付款项。 （ ）

16. 支票方便灵活，可以提取现金，也可以用于转账，而且同城异地均可使用；单位信用卡更为方便灵活，可以用于所有业务款项的结算。 （ ）

业务核算题

（一）练习银行存款的核算

［资料］ 某公司3月份发生以下银行存款收付经济业务：

1. 3月2日，销售产品，取得销售收入18 000元，增值税2 340元，共计20 340元，收到支票存入银行，取得进账单回单。

2. 3月3日，接到开户银行的收款通知，上月赊销给科兴公司产品的应收货款32 000元，已收妥入账。

3. 3月10日购进原材料一批，专用发票所列的货款3万元，增值税3 900元，共计33 900元，以存款支付，原材料验收入库。

4. 3月15日，向四海公司预收货款58 000元，款项转存存款账户。

5. 3月21日，以存款支付产品广告费7 000元（取得普通发票）。

6. 3月28日，以银行提取现金10万元备发工资、奖金。

［要求］ 根据上述经济业务，编制必要的会计分录。

（二）练习银行存款的清查与核对

［**资料**］某公司12月31日“银行存款日记账”借方余额为120 000元，“银行对账单”贷方余额为159 600元。经过逐笔核对，发现有如下未达账项：

1. 12月28日，企业开出支票归还欠款1 500元已做付款记账，银行尚未收到划款单据而未记账。

2. 12月29日，银行收到客户汇付货款25 000元已做收款记账，企业尚未收到收款通知而未记账。

3. 12月30日，银行划付电费3 500元已做付款记账，企业尚未收到付款通知而未记账。

4. 12月30日，企业收客户面额为3 000元的银行本票已做收款记账，银行尚未办妥划款手续而未记账。

5. 12月31日，企业以委托收款方式销货的价税款19 600元，购货公司如期承付，银行已作收款记账，企业因尚未收到账单，而未入账。

［**要求**］根据资料，编制银行存款余额调节表。

银行存款余额调节表

年　　月　　日

项　　目	金额（元）	项　　目	金额（元）
调节后银行存款余额		调节后银行存款余额	

（三）练习银行存款的核算

［**资料**］东方公司开户银行为：建设银行宁州市之江路支行，账号：1008251988878。该公司10月31日银行存款余额25万元。11月发生银行存款经济业务如下：

1. 3日，向大方公司信汇65 000元，以存款预付购料款。

2. 5日，收到银行转来的收账通知，武汉华山公司承付货款9 500元已到账。

3. 6日，采购员赵海借支差旅费3 000元，签发现金支票付给。

4. 12日，根据工资结算汇总表，开出付款通知，由银行打卡发放本月工资12万元。

5. 14日，向银行送存现金3 000元。

6. 16日，收到银行存款的利息清单和收账通知，本期存款利息1 800元已到账。

7. 21日，收到银行转来的付款通知，支付水电费5 600元（应付账款）。

8. 28日，购入原材料一批，专用发票所列货款4万元，增值税5 200元，签发转账支票45 200元支付。材料收到并验收入库。

9. 28日，银行转来收账通知，收到仁义公司前欠货款68 000元。

10. 30 日，销售产品一批，价款 8 万元，增值税 10 400 元，价税款共计 90 400 元，收到转账支票已交银行办妥进账手续。

11. 11 月 30 日，收到建设银行宁州市之江路支行银行存款对账单。

［要求］

1. 开设银行存款日记账和总分类账，并登记月初余额。

2. 根据 11 月份经济业务编制记账凭证（会计分录），并进行审核。

3. 根据记账凭证登记银行存款日记账；根据记账凭证每 10 天汇总一次登记银行存款总分类账。

4. 逐笔核对银行存款日记账与银行对账单，查找出未达账项，并编制银行存款余额调节表。

中国建设银行宁州市之江路支行对账单

单位：东方公司　　　　　　　　　　　　　　　　　　　　账号：1008251988878

××年		凭证号码	摘 要	借 方	贷 方	借或贷	余 额	其余各项
月	日							
10	31	略	承前页			贷	250 000	略
11	3		信汇	65 000		贷	185 000	
	5		托收		9 500	贷	194 500	
	6		提现	3 000		贷	191 500	
	12		工资	120 000		贷	71 500	
	14		现金		3 000	贷	74 500	
	16		计息		1 800	贷	76 300	
	21		水电费	5 600		贷	70 700	
	28		托收		68 000	贷	138 700	
	30		托收		8 000	贷	146 700	
	30		承付	5 000		贷	141 700	
11	30		委邮		3 300	贷	145 000	

第四节　其他货币资金

单项选择题

1. 下列各项，属于其他货币资金核算内容的是（　　）。

A. 库存人民币　　B. 库存外币

C. 银行本票存款　　D. 一般存款账户存款

2. 下列各项，不属于其他货币资金核算内容的是（　　）。

A. 银行汇票存款　　B. 存出投资款

C. 信用卡存款　　D. 有价证券

3. 企业用存在证券公司资金账户的“存出投资款”购买股票，贷记的账户是（　　）。

A. “库存现金”　　B. “其他货币资金”

C. “银行存款”　　D. “其他应收款”

4. 企业将款项汇往外地开立采购专用账户时，应借记的账户是（　　）。

A. “在途货币资金”　　B. “银行存款——外埠存款”

C. “其他货币资金——外埠存款”　　D. “原材料”

5. 企业销售商品收取银行汇票、银行本票，填单交开户银行，并取得入账回单的，应借记的账户是（　　）。

A. “银行存款”　　B. “其他货币资金”

C. “应收账款”　　D. “交易性金融资产”

6. 企业银行本票存款 8 万元，外埠存款 2 万元，存出投资款 5 万元，银行承兑汇票 8 万元，商业承兑汇票 7 万元，库存现金 15 万元，银行结算账户存款 40 万元，则企业资产负债表中“货币资金”项目的金额为（　　）万元。

A. 85　　B. 70

C. 65　　D. 55

多项选择题

1. 下列各项，应通过“其他货币资金”账户核算的有（　　）。

A. 外埠存款　　B. 银行汇票存款

C. 备用金　　D. 银行本票存款

2. 企业以存款账户款项向银行申请取得银行汇票，并持票据购买原材料，可能涉及的账户有（　　）。

A. “其他货币资金”　　B. “银行存款”

C. “应交税费”　　D. “原材料”

3. 下列各项，企业应确认为其他货币资金的有（　　）。

A. 销售商品而收到的银行承兑汇票

B. 用存入证券公司的存出投资款购买股票

C. 汇往外地建立临时采购专户的资金

D. 向银行申请签发银行本票而拨付的资金

4. 下列各项其他货币资金，是因结算方式形成的有（　　）。

A. 存出投资款　　B. 银行汇票存款

C. 信用证保证金存款　　D. 银行本票存款

判断题

1. 其他货币资金是除库存现金和银行存款以外的货币资金。它是因存款地点和用途等与库存现金和银行存款不同而形成的货币资金。（　）

2. 其他货币资金也是一种货币资金，其核算应与库存现金和银行存款一致，编制的记账凭证收、付款凭证，采用日记账进行序时核算。（　）

3. 银行汇票、银行本票结算后余额只能从收款单位收取现款，不能从银行转回。（　）

4. 企业销售商品收到商业汇票，购买物资签发、承兑商业汇票是不会涉及“其他货币资金”的。（　）

5. “其他货币资金”账户可分别“银行汇票”、“银行本票”、“信用卡”等其他货币资金的种类行明细核算。（　）

6. 企业销售商品收取银行汇票、银行本票，应借记“其他货币资金”账户。（　）

业务核算题

［资料］某公司8月份发生有关经济业务如下：

1. 从银行基本存款户划款50万元，向开户行申请签发银行汇票（A公司），以备赴外地采购设备用。

2. 出售产品一批，价款7 000元，增值税910元，收到银行本票一张，面额为7 910元，送存银行，并收到回单。

3. 向A公司购入不需要安装设备一台，专用发票所列的货款40万元，增值税52 000元。价税款用上述银行汇票支付，设备投入生产。

4. 上述银行汇票向A公司购入设备后的余额32 000元，转回基本存款户。

5. 从银行基本存款户汇款2万元到工商银行成都宁一支行，设立采购专户。

6. 从银行基本存款户划款5万元存入信达证券公司资金账户，以备用于投资。

7. 向成都B公司购入乙材料一批，专用发票所列的货款13 000元，增值税1 690元。

价税款从工行成都宁一支行的采购专户转账支付，材料收到并验收入库（实际成本计价），余款转回银行基本存款账户。

8. 向银行申请签发银行本票 4 万元（科美公司），银行予以受理，票款从银行基本存款账户中扣除。

9. 以存入科达证券公司资金账户的存款 32 000 元，购买财金公司发行的股票（财金股份），准备随时用于出售。

10. 持银行本票从科美公司购入甲材料一批，专用发票所列的货款 3 万元，增值税 3 900 元。价税款以上述银行本票支付，材料收到并验收入库（实际成本计价），余款尚未转回。

11. 企业从银行基本存款户划款 1 万元，转存单位在建行上宁支行所开设的信用卡。

12. 用单位信用卡刷卡支付业务招待费 3 000 元（取得普通发票）。

［**要求**］根据上述经济业务，编制必要的会计分录。

第五节　外币交易

填空题

1. 外币交易是指企业以______________的其他货币进行__________、__________的经济业务、事项。

2. 汇率标价方法主要有________________、______________两种。

3. 会计期末______________________的外币金额，应当按照_________________折合为记账本位币。

单项选择题

1. 企业发生外币交易时记账所采用的汇率叫（　　）。

A. 平均汇率　　B. 账面汇率

C. 市场汇率　　D. 记账汇率

2. 企业发生外币交易时，应当将相关的外币金额，采用记账汇率将外币金额折算为（　　）金额记账。

A. 记账本位币　　B. 人民币

C. 结算货币　　D. 账面货币

3. 记账汇率可以从即期汇率和即期汇率近似的汇率两者中选择确定。即期汇率，通常是指中国人民银行公布的当日人民币外汇牌价的（　　）。

A. 买入价　　B. 卖出价

C. 中间价　　D. 即期近似价

4. 会计期末各项外币账户（货币性项目）的外币金额，按期末即期汇率折合为记账本位币金额与原账面记账本位币金额之间的差额，作为（　　）。

A. 资本公积　　B. 汇兑损益

C. 当期损益　　D. 财务费用

5. 与购建固定资产（或相关资产）有关的外币专门借款的汇兑损益，符合资本化条件的，计入（　　）。

A. 财务费用

C. 当期损益

C. 所购建固定资产（或相关资产）的成本

D. 制造费用

6. 下列各项，涉及外币交易的在交易日按记账汇率折算入账，入账后不再因汇率变动而改变其原记账本位币金额的是（　　）。

A. 应收账款　　B. 应付账款

C. 长期应付款　　D. 固定资产

多项选择题

1. 下列各项，属于外币交易的有（　　）。

A. 购买以外币计价的商品　　B. 销售以外币计价的商品

C. 企业借入外币资金　　D. 企业承担以外币计价的债务

2. 下列各账户，属于外币账户的有（　　）。

A. 银行存款（外币银行存款）　　B. 应付债券（外币债券）

C. 实收资本（外币资本）　　D. 长期借款（外币债务）

3. 企业发生外币交易时，应当将相关的外币金额，采用记账汇率将外币金额折算为记账本位币金额记账。记账汇率可以从（　　）中选择确定。

A. 即期汇率　　B. 市场汇率

C. 即期汇率近似的汇率　　D. 直接标价汇率

4. 企业在进行外币交易业务处理时，由于采用不同的汇率折算为记账本位币而产生的汇兑损益的列支处理包括（　　）。

A. 财务费用　　B. 所购建固定资产（或相关资产）的成本

C. 资本公积　　D. 投资收益

判断题

1. 在我国境内设立的企业，会计核算应以人民币为记账本位币，所以，会计核算中所指外币是指人民币以外的外国货币。 （ ）

2. 业务收支以人民币以外的货币为主的企业，可以选定其中一种人民币以外的货币作为记账本位币。 （ ）

3. 外币非货币性项目，是指货币性项目以外的项目，包括存货、长期股权投资、应付债券、固定资产、无形资产、长期应收款等。 （ ）

4. 汇兑损益是企业在进行外币交易业务处理时，由于采用不同的汇率折算为人民币而产生的差额。 （ ）

5. 企业购入外币，银行卖出价与记账汇率不同而产生差额是汇兑损失；企业卖出外币，银行买入价与记账汇率不同而产生差额则是汇兑收益。 （ ）

6. 企业收到投资者以外币投入的资本，应当采用交易发生日的即期汇率折算。所以，外币投入资本是产生汇兑损益的。 （ ）

7. 外币账户应当在记账本位币所设立总分类账户下，按不同币种设立明细账户。外币账户的明细账可采用“三栏式”和复式币记载，即登记外币金额、汇率和记账本位币金额。 （ ）

业务核算题

［资料］7月1日，黎明公司“银行存款——美元户”借方余额为612 000元（9万美元），公司外币业务采用当日汇率（即期汇率）记账，当日市场汇率（中间价，下同）为1:6.80。7月份发生有关经济业务如下：

1. 2日，向中国银行借入2万美元，期限为1年，年利率6%，当日市场汇率为1:6.82。

2. 7日，向境外公司出口产品一批，货款3万美元，当日市场汇率1:6.78，款项收存银行。

3. 12日，从国外进口不需要安装设备一台，价款共计6万美元（不考虑进口环节的增值税），以存款支付，当日市场汇率为1:6.80，并以人民币支付国内运杂费等12 000元（取得普通发票）。设备交付生产使用。

4. 15日，从银行购入5万美元，当日银行美元卖出价为1:6.85，当日市场汇率（中间价）为1:6.81。

5. 18日，向境外供应单位支付应付材料款4万美元，当日市场汇率1:6.85。

6. 28日，公司向银行出售3万美元，当日银行美元买入价1:6.82，取得人民币204 600元存入银行。当日市场汇率（中间价）1:6.86。

7. 31日，结出“银行存款——美元户”的期末余额，按期末汇率1:6.85调整“银行存款——美元户”的账户余额。

［要求］

1. 根据上述经济业务，编制必要的会计分录；
2. 设置并登记“银行存款——美元户”日记账。

银行存款（美元户）日记账

年		凭证	摘　要	收入			付出			结余		
月	日			原币	汇率	本位币	原币	汇率	本位币	原币	汇率	本位币

第三章 *Chapter 3*

应收及预付款项

第一节　应收账款

填空题

1. 应收账款是指企业因______________、______________等经营活动，应向购货单位或接受劳务单位收取的款项。应收账款是交易双方在相互信任条件下凭发票、账单建立的一种____________。

2. 应收账款应按其实际发生的金额计价入账，主要包括销售商品、提供劳务应收取的________、__________以及代购货单位垫付的______________、____________等。

3. 销售折扣包括__________和现金折扣；现金折扣一般用符号“________________”表示。

4. “应收账款”账户属于________账户，期末贷方余额反映______________；“应收账款”账户可按______________进行明细核算。

名词解释

1. 商业折扣

2. 现金折扣

单项选择题

1. 企业销售商品时，为购货方代垫的运杂费应记入（　　）账户。

A. “应收账款”　　B. “预付账款”

C. “其他应收款”　　D. “应付账款”

2. 应收账款应按（　　）进行初始计量。

A. 估计金额　　B. 实际发生的金额

C. 预计未来现金流量　　D. 可变现净值

3. 企业销售商品时，根据市场供需情况在商品标价上给予的扣除，称为（　　）。

A. 商业折扣　　B. 现金折扣

C. 销售折让　　D. 购货折扣

4. 企业销售商品时，为在一定期限内尽早收回款项而给予的扣除，称为（　　）。

A. 商业折扣　　B. 现金折扣

C. 销售折让　　D. 购货折扣

5. 销货企业发生的现金折扣，应作为（　　）处理。

A. 营业收入减少　　B. 销售费用增加

C. 财务费用增加　　D. 管理费用增加

6. 某企业销售产品，每件单价为120元，若客户购买100件以上，每件可得到20元的商业折扣。某客户于9月10日购买该产品200件，规定现金折扣（按货款部分）条件为2/10，1/20，n/30，增值税率为13%。该企业于9月29日收到该笔款项时，应给予客户的现金折扣为（　　）元。

A. 0　　B. 200

C. 226　　D. 240

7. 确认应收账款的时间一般与（　　）的时间相一致。

A. 确认销售收入　　B. 收到货款

C. 发出商品、提供劳务　　D. 按合同交付产品

8. 下列各项，应列为应收账款的是（　　）。

A. 投资产生的应收股利、应收利息　　B. 商业汇票结算方式形成的应收款

C. 存出保证金（支付的押金）　　D. 销售材料应收未收的款项

9. 附有现金折扣条件的销售业务，应收账款的入账价值是（　　）。

A. 未扣减现金折扣的实际销售金额

B. 扣减现金折扣的实际销售金额

C. 信用期内按扣减现金折扣的金额入账

D. 超过信用期的按不扣减现金折扣的金额入账

多项选择题

1. 应收账款包括（　　　　）。
   A. 应收职工欠款　　B. 应收赊销商品货款
   C. 应收利息　　D. 应收为购货单位垫付的销售商品运费
2. 应收账款是指（　　　　）。
   A. 因商品销售、提供劳务等经营活动形成的债权
   B. 流动资产性质的债权
   C. 本企业应收客户的销货款
   D. 本企业付出的存出保证金
3. 下列各项，应通过“应收账款”账户核算的有（　　　　）。
   A. 销货应收的增值税额
   B. 销货时代垫的运杂费
   C. 不设“预付账款”账户的企业预付的货款
   D. 出租固定资产、包装物应收的租金
4. 下列各项表述中正确的有（　　　　）。
   A. “应收账款”账户一定是资产类账户
   B. 应收账款通常是由企业赊销活动所引起的，其确认与收入的确认是一致的
   C. 应收账款一般应按扣除商业折扣以后的实际成交金额进行初始计量
   D. 应收账款是一项流动资产，超过一年未能收回应列为非流动资产

判断题

1. 应收账款是企业因销售商品、提供劳务等生产经营活动所形成的债务。（　　）

2. 企业因投资而产生的应收股利、应收利息应在“应收账款”账户进行核算。（　　）

3. 商业折扣是债权人为鼓励债务人在规定期限内尽早付款而向其提供的债务扣除。（　　）

4. 商业折扣是在交易发生时确定的，实际销售成交价格一般是扣除商业折扣后的金额，所以，商业折扣是应收账款入账价值的扣减因素。（　　）

5. 附有现金折扣条件的销售业务，商品销售时还不能确定相关的现金折扣发生情况，所以，应收账款应按照未扣减现金折扣的实际销售金额入账，即总价法。（　　）

6. 应收账款是赊销商品而形成的暂未收取的款项，企业采用分期收款方式销售商品应收取而未收到的价款也应列为应收账款。（　　）

业务核算题

［**资料**］诚然公司为一般纳税人企业，5 月份发生应收账款的有关经济业务如下：

1. 5 月 6 日，向 D 公司销售商品一批，售价 6 万元，增值税率为 13%，以存款代垫运杂费 1 200 元。全部款项已向银行办妥托收手续。

2. 5 月 7 日，接银行收款通知，上述 D 公司的款项已收妥入账。

3. 5 月 8 日，向利民公司销售产品一批，售价 2 万元，经协商给予利民公司 15% 的商业折扣，增值税率为 13%。价税款暂未收到。

4. 5 月 12 日，5 月 8 日向利民公司销货的价税款如数收存银行。

5. 5 月 12 日，向 H 公司销售产品一批，货款 5 万元，增值税率 13%，合同约定付款期为 30 天，现金折扣（货款部分）的条件为“4/10，2/20，n/30”。

（1）5 月 12 日，售出产品，价税款待收。

（2）5 月 20 日，公司收到 H 公司支付的价税款存入银行。

（3）如果公司于 5 月 25 日收到 H 公司支付的价税款存入银行。

（4）如果公司于 6 月 5 日收到 H 公司支付的价税款存入银行。

6. 公司上月向科美公司销售商品的应收价税款 17 550 元，经协商改为商业汇票结算。收到一张已承兑的为期 3 个月、金额为 17 550 元的商业承兑汇票。

［**要求**］根据上述资料，编制必要的会计分录。

第二节　应收票据

填空题

1. 商业汇票按承兑人不同，分为____________和______________两种；按照是否带息，分为____________和________________两种。

2. 企业收到开出、承兑的商业汇票无论是否带息，均按票据的____________计价入账。带息的利息收入，应列为____________。

3. 企业持应收票据向银行申请贴现，银行无追索权的，贷记“____________”账户；

银行有追索权的，贷记“________________”账户。

名词解释

1. 背书转让

2. 贴现

单项选择题

1. 下列应列为应收票据的是（　　）。
   A. 支票　　B. 银行本票
   C. 银行汇票　　D. 商业汇票
2. 超过承兑期收不回票款的应收票据，应（　　）。
   A. 转作管理费用　　B. 冲减坏账准备
   C. 转作应收账款　　D. 冲减营业收入
3. 企业收到应收票据，应按（　　）入账。
   A. 票据面值　　B. 票据到期价值
   C. 票据面值加应计利息　　D. 票据贴现额
4. “应收票据”账户的期末借方余额，反映企业（　　）。
   A. 持有商业汇票的到期价值　　B. 持有商业汇票的票面金额
   C. 签发承兑商业汇票的票面金额　　D. 无法收回商业汇票的到期价值
5. 已贴现附追索权的商业承兑汇票到期，承兑人（付款人）无力付款，贴现银行应向（　　）退票追款。
   A. 贴现企业　　B. 承兑人（付款人）
   C. 收款人　　D. 付款人开户银行
6. 一张5月26日签发的为期一个月的票据，其到期日为（　　）。
   A. 6月25日　　B. 6月26日
   C. 6月27日　　D. 6月24日
7. 某企业将一张面值为3万元、期限90天的不带息商业承兑汇票，在持有45天后向银行贴现，贴现率为6%，则企业可得贴现净额为（　　）。
   A. 30 450元　　B. 29 775元

C. 29 550 元　　　　　　　　　　D. 30 225 元

8. 公司一张面值为 8 万元的商业承兑汇票，向开户银行申请贴现得款 78 000 元，银行有追索权。现票据到期，付款人无力支付票款，贴现银行向本公司追款（退票扣款），本公司账户也无款可扣。公司的账务处理为（　　）。

A. 借记“短期借款”账户 80 000 元，贷记“银行存款”账户 80 000 元
同时：借记“应收账款”账户 80 000 元，贷记“应收票据”账户 80 000 元

B. 借记“应收账款”账户 78 000 元，贷记“应收票据”账户 78 000 元

C. 借记“应收账款”账户 80 000 元，贷记“应收票据”账户 80 000 元

D. 借记“短期借款”账户 80 000 元，贷记“应收票据”账户 80 000 元

多项选择题

1. 下列不能列为“应收票据”核算的票据包括（　　）。

A. 银行汇票　　　　　　　　　　B. 银行承兑汇票

C. 银行本票　　　　　　　　　　D. 商业承兑汇票

2. 企业将不带息应收票据申请贴现时，影响贴现利息计算的因素有（　　）。

A. 票据的面值　　　　　　　　　B. 票据贴现期

C. 票据期限　　　　　　　　　　D. 贴现利率

3. 下列各项，应列为财务费用的有（　　）。

A. 支付银行承兑汇票的承兑手续费　　B. 应收票据的贴现利息

C. 商业承兑汇票到期无法收回的票款　D. 带息应收票据的利息收入

4. 关于应收票据，下列说法正确的有（　　）。

A. 贴现的实质是企业以票据为抵押向银行融通资金的一种方式

B. 票据贴现得款一定小于票据面值

C. 银行承兑汇票到期，付款人无力付款的，应由承兑银行支付票款，所以，收款人一般都能收到票款

D. 不附追索权的已贴现商业票据到期，承兑人（付款人）无力支付票款，与贴现企业无直接关联，贴现企业是不必进行账务处理的

判断题

1. 不带息票据的到期价值等于“应收票据”账户的账面余额。（　　）

2. 企业持未到期应收票据向银行等金融机构申请贴现，应将产生的贴现利息记入“财务费用”账户。（　　）

3. 商业汇票到期，如果付款人无力付款，收款人则无法收回款项，就应将这一票款转入“应收账款”账户。（　　）

4. 应收票据到期时，若付款人拒付票款或无力支付票款，应将票据本金和利息一并转

销，记入“坏账准备”账户。（　）

5. 商业汇票的贴现期是指从票据签发日到贴现日的时间，一般应按“算头不算尾”的方法进行计算。（　）

6. 带息应收票据的利息一般是收到时计入财务费用，而不必进行应计利息的计提。这也是会计核算谨慎性要求的体现。（　）

7. 贴现是将商业汇票票据权利转让给银行的票据行为。企业持应收票据向银行申请贴现，应贷记“应收票据”账户。（　）

8. 应收票据贴现需要贴付一定利息给贴现银行，所以，票据贴现得款一定是小于票据面值的。（　）

业务核算题

［**资料**］诚然公司为一般纳税人企业，发生有关应收票据的经济业务如下：

1. 1月5日，向B公司销售商品一批，售价3万元，增值税率为13%，收到经B公司承兑的为期2个月不带息商业承兑汇票一张。

2. 3月5日，上述商业承兑汇票到期，B公司履约付款，票款收存银行。

3. 根据上述资料，假设票据到期，B公司无力支付票款。

4. 4月30日，向C公司销售商品一批，售价20万元，增值税为26 000元，收到购货方C公司交来经其开户银行承兑的不带息银行承兑汇票一张，票据期限为6个月。

5. 8月31日，该企业因急需资金周转，将上述C公司交来银行承兑汇票到其开户银行贴现，贴现年利率为8%，贴现期按实际天数（“算头不算尾”或“算尾不算头”）计算。此项票据贴现银行不附追索权，贴现得款收存银行。

6. 向A公司销售产品一批，售价6万元，增值税为7 800元，共计67 800元。取得期限为3个月的带息银行承兑汇票一张，出票日期为9月1日，票面年利率为6%。

7. 向D公司销售产品一批，售价4万元，增值税为5 200元。共计45 200元，取得期限60天的带息商业承兑汇票一张，出票日期为10月5日，票面年利率为6%。

8. 12月1日，上述向A公司销售产品所收的银行承兑汇票到期，企业收回款项，面值67 800元，面值与应计利息（3个月，年利率6%）一并转存银行。

9. 12月4日，向D公司销售产品的面值45 200元，期限为60天的商业承兑汇票到期，D公司无力偿还票款。

10. 公司将持有的账面价值为11 700元的商业承兑汇票背书转让，以取得货款为12 000元，增值税为1 560元的原材料（取得专用发票），差价款以存款支付；材料验收入库。

11. 公司一张已贴现的商业承兑汇票（付款人为B公司），贴现时面值为7万元，贴现利息3 000元，贴现得款67 000元。现票据到期，付款人无力付款，此项票据贴现银行附追索权。该票据款银行从本公司账户予以扣回。

12. 如果上述已贴现票据到期，付款人无力付款，本公司银行存款余额只有1 000元，不足扣除上述票据款。

13. C公司欠本公司一项购货款48 000元，经协商C公司以一张银行承兑的不带息商业汇票抵付，为期2个月。

［**要求**］根据上述资料，编制必要的会计分录。

第三节　预付账款和其他应收款

填空题

1. 预付账款属于企业的一项________，主要包括：（1）________；（2）________；（3）________等。

2. “预付账款”账户属于双重性质账户，期末借方余额，反映________；期末贷方余额，反映________。该账户可按________进行明细核算。

3. 企业备用金有两种报结制度：（1）________；（2）________，也称________。

单项选择题

1. 企业进行工程建设预付的工程价款，应记入的账户是（　　）。
   A. “应收账款”　　B. “在建工程”
   C. “其他应收款”　　D. “预付账款”
2. “预付账款”账户期末贷方余额，反映（　　）。
   A. 企业预付的款项　　B. 企业尚未补付的款项
   C. 企业多预付的款项　　D. 企业预付性费用
3. 下列各账户，不属于资产类账户的是（　　）。
   A. “预付账款”（贷方余额）　　B. “其他货币资金”
   C. “预付账款”（借方余额）　　D. “应付账款”（借方余额）
4. 下列各项，属于预付账款的是（　　）。
   A. 采购员出差预借的差旅费
   B. 购货按合同预付的订金
   C. 购入材料签发承兑的商业承兑汇票
   D. 向开户银行申请签发的，用于购买材料的银行汇票

5. 下列各项，属于预付账款和应收账款的不同点的是（　　）。

A. 债权的性质　　B. 对应核算账户余额的方向

C. 对应核算账户的性质　　D. 产生的原因

6. 下列各项，应列为其他应收款的是（　　）。

A. 存入保证金　　B. 存出保证金

C. 不设置“预付账款”账户企业预付的购货款

D. 应收票据到期无法收回的票据款

7. 企业应收未收的出租包装物租金应计入（　　）。

A. 应收账款　　B. 预付账款

C. 预收账款　　D. 其他应收款

8. 下列各项，不属于应收及预付款的是（　　）。

A. 应收垫付款　　B. 提供劳务应收的价款

C. 存出投资款　　D. 备用金

多项选择题

1. 下列各项，应通过“预付账款”账户核算的有（　　　）。

A. 企业购货预付的货款　　B. 预付性费用支出

C. 在建工程预付的工程价款　　D. 企业内部各单位的定额备用金

2. 下列各项中，应通过“其他应收款”账户核算的有（　　　）。

A. 存出保证金　　B. 应收的各种罚款

C. 预付购货款　　D. 应收租金（制造业）

3. 关于“预付账款”账户，下列说法正确的有（　　　）。

A. “预付账款”账户属于双重性质的账户，反映的不一定是资产

B. 预付账款不多的企业，可以不单独设置“预付账款”账户，将预付的货款并入“应付账款”账户进行核算

C. “预付账款”账户期末贷方余额反映的是负债

D. “预付账款”账户核算企业因销售业务产生的往来款项

4. 预付账款和应收账款虽都属于企业的短期债权，但预付账款具有的不同点包括（　　　）。

A. 是企业预先支付的购货款　　B. 是企业销货或提供劳务引起的

C. 是由购货或接受劳务供应引起的　　D. 是预先付给供货方的款项

判断题

1. 预付账款不多的企业，可以不单独设置“预付账款”账户，将预付的货款并入“应账收款”账户进行核算。（　　）

2. “应收账款”账户期末如为借方余额，反映企业尚未收回的应收账款；“预付账款”账户期末如为贷方余额，则表示企业尚未补付的款项，即应付款项。（ ）

3. 根据账户的性质，“应收账款”账户、“预付账款”账户和“其他应账款”账户，均属于资产类账户。（ ）

4. 预付账款和“预付账款”账户是不同的，预付账款是企业预先支付给供应单位的款项，是一项资产；“预付账款”账户是双重性账户，期末余额在借方反映的是资产，如果期末余额在贷方反映的是负债。（ ）

5. 企业（非小企业）预付报刊订阅费、预付租赁费等预付性费用支出，是不能列为预付账款的。（ ）

6. 备用金是企业拨付给内部用款单位或职工个人作为零星开支的备用款项。备用金应列为其他应收款进行核算。（ ）

7. 定额备用金制度有利于企业对备用金的使用进行控制，但会增加财会部门日常核算的工作量，适用于不太有经常性开支的内部用款单位。（ ）

8. 企业应收款项和暂付款项是有区别的，但会计核算上是将应收垫付款、应收利息、应收股利等各种其他应收及暂付款项都列为其他应收款的。（ ）

业务核算题

［**资料**］诚然公司为一般纳税人企业，发生有关预付账款和其他应收款业务如下：

1. 2 月 5 日，按购货合同规定，向新丰公司预付购料款 3 万元。

2. 2 月 25 日，新丰公司按合同要求发来原材料一批，专用发票所列的货款为 4 万元，增值税 5 200 元，共计 45 200 元。材料验收入库（按实际成本计价），差额款暂未支付。

3. 2 月 28 日，以银行存款向新丰公司支付上述购料款。

4. 职工李洋因公出差，向财务科借款 1 000 元，出纳以现金给付。

5. 企业供销部因工作需要，核定其定额备用金 3 000 元用于日常开支。出纳员开出现金支票给付。

6. 以银行汇票 9 万元，向长建公司支付公司在建工程项目预付工程价款。

7. 李洋出差归来，报销差旅费 920 元（其中含取得专用发票的住宿费 500 元的增值税 30 元），余款 80 元以现款交回。

8. 供销部前来报销文印费、业务接待费等 2 500 元（取得普通发票）。经审核有关单据及审批意见后，同意报销，并以现金支票补足其定额。

9. 公司因购货向大华公司租入包装物一批，以存款支付租入包装物押金 7 000 元。

10. 上述租入包装物退还大华公司，收回其押金 7 000 元存入银行。

11. 公司因自然灾害造成一批账面价值为 5 万元的库存商品被毁损，兴业保险公司核实确认赔偿款 3 万元。

12. 发放职工工资，扣回上月为职工垫付的报刊杂志费（个人自理）12 000 元。

［**要求**］根据上述资料，编制必要的会计分录。

第四节　应收款项减值

填空题

1. 应收款项减值有两种核算方法：（1）______________；（2）________________。

2. 坏账，是指企业确实无法收回或收回可能性很小的____________；企业由发生坏账而产生的损失称为____________。

3. 备抵法下，企业计提坏账准备的方法主要有____________和____________等。企业对于单项金额重大的应收款项，应当______________减值测试。

4. “坏账准备”账户是________类账户，它是应收款项的________账户，期末贷方余额反映________________________。

名词解释

1. 坏账

2. 备抵法

单项选择题

1. 有客观证据表明应收款项发生减值的，其处理方法是（　　）。
   A. 进行减值测试　　B. 计提坏账准备
   C. 应确认为坏账　　D. 转为非流动资产

2. 企业（非小企业）应收款项减值（坏账损失）应采用的核算方法是（　　）。
   A. 直接转销法　　B. 间接法
   C. 备抵法　　D. 成本法

3. 企业计提坏账准备，应记入的账户是（　　）。
   A. “管理费用”　　B. “财务费用”
   C. “资产减值损失”　　D. “营业外支出”

4. 企业应收款项有确凿证据表明确实无法收回或收回可能性很小的，应确认为（　　）。

A. 坏账　　B. 应收款项减值

C. 营业外支出　　D. 资产减值损失

5. 有客观证据表明应收款项发生减值的，应当根据（　　）低于账面价值的差额，确认有减值损失，计提坏账准备。

A. 预计未来现金流量　　B. 预计未来现金流量现值

C. 账面余额　　D. 可收回净额

6. 企业确认坏账，应按管理权限和程序进行报批，报经批准后才能予以转销。备抵法下，企业确认的坏账，是列入（　　）账户的。

A. "管理费用"　　B. "坏账准备"

C. "营业外支出"　　D. "资产减值损失"

7. 下列各项，会计期末坏账准备的调整计提不必考虑的因素是（　　）。

A. 应收款项期末余额

B. 已计提的坏账准备

C. 期末已确认为坏账的应收款项本期收回的情况

D. 产品销售采用结算方式

8. "坏账准备"账户期末余额是在贷方的，它是（　　）的备抵账户。

A. 应收账款　　B. 应收款项

C. 流动资产　　D. 应收及预付款

9. 某企业"坏账准备"账户期初贷方余额为 4 000 元，"应收账款"和"其他应收款"的年初余额分别为 30 000 元和 10 000 元。当年确认的坏账为 2 000 元。"应收账款"和"其他应收款"的年末余额分别为 50 000 元和 20 000 元，假定该企业年末确定的坏账提取比例为 10%。该企业年末应提取的坏账准备为（　　）元。

A. 1 000　　B. 3 000

C. 5 000　　D. 7 000

10. 某企业应收款项减值采用应收款项余额百分比法，坏账准备计提比例为 5%。12 月初，"坏账准备"账户贷方余额为 40 万元，本月实际确认坏账为 12 万元，12 月 31 日经减值测试和计算，应调整计提坏账准备 22 万元。不考虑其他因素，该企业 12 月 31 日"应收账款"期末余额为（　　）万元。

A. 1 000　　B. 600

C. 550　　D. 560

多项选择题

1. 企业应在资产负债表日对应收款项的账面价值进行检查测试，分析各项应收款项的（　　　）等因素，对应收款项是否发生减值作出判断。

A. 特征　　B. 金额大小

C. 信用期限　　D. 债务人的信誉和生产经营情况

2. 判断应收款项发生减值的客观证据，包括（　　）。

A. 债务人发生严重财务困难

B. 债务人违反合同条款，如发生违约或逾期等

C. 债务人很可能倒闭或进行其他财务重组

D. 债务人法人代表发生变动

3. 企业应收款项符合下列条件之一的，应确认为坏账（　　）。

A. 债务人死亡或破产，其破产财产或遗产清偿后，仍然无法收回的

B. 因债务单位撤销、资不抵债或现金流量严重不足，确实无法收回的

C. 因发生严重自然灾害导致债务单位停产而在短期内无法偿付债务，确实不能收回的

D. 债务人未履行其偿债义务超过 2 年，并有足够的证据表明收回的可能性很小的

4. 下列各项中，应记入“坏账准备”账户借方的有（　　）。

A. 提取坏账准备　　B. 冲回多提坏账准备

C. 收回以前确认并转销的坏账　　D. 实际发生的坏账

5. 下列项目，应计提坏账准备的有（　　）。

A. 长期应收款　　B. 应收账款

C. 预付账款　　D. 其他应收款

6. 下列各项中，应记入“坏账准备”账户贷方的有（　　）。

A. 按规定提取的坏账准备　　B. 存出保证金被没收

C. 确认发生的坏账　　D. 收回过去已确认并转销的坏账

7. 下列说法正确的有（　　）。

A. 计提坏账准备是谨慎性核算要求的体现

B. “坏账准备”账户属于资产类账户

C. 单项金额非重大的应收款项可以单独进行减值测试，也可以划分为若干组合进行减值测试

D. 小企业应收款项减值（坏账损失）的核算可以采用备抵法，也可以采用直接转销法

判断题

1. 企业各项应收款项包括应收账款、应收票据、预付账款、其他应收款、长期应收款等，存在发生坏账风险，确认发生减值的，应按规定计提坏账准备。（　　）

2. 采用备抵法核算应收款项减值（坏账损失）的，应设置“坏账准备”账户；企业确认坏账时，应贷记“坏账准备”账户。（　　）

3. 计提坏账准备的应收款项余额百分比法，是根据企业本期赊销金额和估计的坏账准备计提比例来计算提取坏账准备的。（　　）

4. 企业坏账准备计提的方法和提取的比例应由国家统一规定的。（　　）

5. 个别认定法是指对应收款项明细账上的客户逐一进行分析，据以估计可能的坏账损失，确定本期期末坏账准备的应有余额及应计提的坏账准备的方法。（　）

6. 年末，企业应根据应收款项余额的一定比例计提坏账准备，账务处理是借记“管理费用”账户，贷记“坏账准备”账户。（　）

7. 企业已确认并转销的坏账，如果以后又收回，可以在收回时，按照收回的金额借记“银行存款”账户，贷记“坏账准备”账户。（　）

8. 资产负债表日，企业应对各项应收款项的账面价值进行检查，有客观证据表明该应收款项发生减值的，就应当计提其坏账准备。（　）

9. 商业承兑汇票到期，如果付款人无力付款，收款人则无法收回款项，应将这一票款转为坏账损失。（　）

10. 已确认为坏账的应收账款，并不意味着企业放弃了其追索权，一旦重新收回，应及时入账，其账务处理上是冲减已计提的坏账准备。（　）

业务核算题

（一）练习坏账准备计提的应收款项余额百分比法

［资料］ 某公司发生有关经济业务如下：

20×7 年初，“坏账准备”账户贷方余额为 4 600 元，计提坏账准备金的比例为 1%。同年 3 月，债务人恒达公司因长期亏损已逾期 3 年未偿还前欠本企业货款 5 000 元，经批准，本公司将其确认为坏账；该年年末，公司应收账款余额为 60 万元。20×8 年 7 月恒达公司扭亏为盈，首批偿还原欠债务 2 000 元。20×8 年末，公司应收账款余额为 65 万元。

1. 20×7 年 3 月核销坏账。
2. 20×7 年末计提坏账准备。
3. 20×8 年 7 月收回已核销的坏账。
4. 20×8 年末计提坏账准备。

［要求］ 根据上述资料，编制必要的会计分录。

（二）练习坏账准备计提的核算

［资料］ 某公司本年 12 月 1 日，应收账款余额为 10 万元，“坏账准备”账户贷方余额为 2 000 元；采用“应收款项余额百分比法”核算应收账款减值和坏账准备，坏账准备的提取比例为 2%。本年 12 月发生有关经济业务如下：

1. 12 月 7 日，向 B 公司销售产品 210 件，单价 1 000 元，增值税率为 13%，销售价款尚未收到。

2. 12 月 24 日经批准，将甲公司所欠货款 9 000 元确认为坏账予以核销。

3. 12 月 29 日收回前期已确认为坏账的应收账款 3 000 元，款已转存银行。

4. 12 月 31 日调整计提本年末应计提的坏账准备。

［**要求**］根据上述资料，编制必要的会计分录。

（三）练习坏账准备计提的核算

［**资料**］某公司 20×7 年起采用“应收款项余额百分比法”计提坏账准备，计提坏账准备的比例为 5%。20×7 年初“坏账准备”账户无余额，20×7 年末应收款项余额为 50 万元。20×8 年 8 月确认坏账 5 万元，10 月收回已核销坏账 2 万元，20×8 年末应收账款余额为 60 万元。

1. 20×7 年末计提坏账准备。

2. 20×8 年 8 月核销坏账 5 万元。

3. 20×8 年 10 月收回已核销的坏账 2 万元。

4. 20×8 年末调整计提坏账准备。

［**要求**］根据上述资料，编制必要的会计分录。

（四）练习坏账准备计提的核算

［**资料**］甲公司坏账准备计提采用账龄分析法，本年 12 月 31 日坏账准备计提前“坏账准备”账户贷方余额为 3 000 元，应收账款账龄和坏账估计的比例资料见下表。

应收账款账龄分析表

单位：元

账龄	应收账款金额	估计损失率（%）	估计损失额（减值）
未逾期	45 000	0.5	
逾期六个月	10 000	1	
逾期一年	22 000	3	
逾期超一年	35 000	5	
逾期超两年	18 000	10	
合　计	130 000	—	

［要求］计算本年末应调整计提的坏账准备，并编制会计分录。

（五）练习坏账准备计提的核算

［资料］某公司上年末至本年度发生下列有关经济业务：

1. 20×8 年末应收款项具体资料见下表，据以调整计提坏账准备。

单位：元

	应收款项账面余额	已提坏账准备	预计未来现金流量现值
应收账款——A 公司	500 000	25 000	420 000
预付账款——B 公司	200 000	20 000	185 000
其他应收款——甲企业	150 000	10 000	120 000
——B 企业	100 000	0	90 000
合计	950 000	55 000	815 000

2. 20×9 年 9 月应收甲企业的其他应收款 15 万元，因甲公司财务状况恶化，经确认收回可能性很小，经批准确认为坏账予以核销。

3. 20×9 年 11 月，上年已作为坏账核销的应收 C 公司货款 6 万元，收回并存入银行。

［要求］根据上述资料，编制必要的会计分录。

第四章 *Chapter 4*

存　　货

第一节　存货概述

填空题

1. 从存货的特点看，存货经常处于不断销售、耗用、购买或重置中，说明存货具有较强的____________________；存货有可能变为积压物资或降价销售，说明存货具有________________。

2. 按其存放地点的分类，存货包括__________、__________、__________、__________等。

3. 存货盘存制度有____________、____________两种。

名词解释

1. 存货

2. 永续盘存制

单项选择题

1. 存货的确认，首先，要符合（　　）；其次，要同时满足存货确认的两个条件。

A. 存货的定义　　B. 持有目的是使用或销售

C. 是否验收入库　　D. 是否取得发票

2. 下列各项，不属于企业存货的是（　　）。

A. 委托加工物资

B. 在产品

C. 顾客已交款购买，发票（提货单）已开出，因顾客原因而暂未提取的货物

D. 货款已付尚在运输途中的外购材料

3. 一项相关资产，判断确认为存货的时点标准是（　　）。

A. 支付款项时　　B. 取得其所有权时

C. 收到货物时　　D. 交付定金或签订合同时

4. 通过盘点先确定期末结存存货的数量，然后推算出本期发出存货的数量，这种方法称为（　　）。

A. 永续盘存制　　B. 实地盘存制（定期盘存法）

C. 权责发生制　　D. 收付实现制

5. 企业持有存货的目的，在于准备在正常经营过程中（　　）。

A. 使用　　B. 获得增值

C. 予以出售或耗用　　D. 提供劳动资料

多项选择题

1. 存货与其他资产相比，其特点包括（　　）。

A. 具有实物形态

B. 是流动性最强的流动资产

C. 具有发生潜在损失的可能性

D. 持有目的在于准备在正常经营过程中予以出售或耗用

2. 下列各项，属于存货的有（　　）。

A. 包装物和低值易耗品　　B. 工程物资

C. 在产品、半成品　　D. 消耗性生物资产

3. 下列各项，（　　）应列为企业的存货。

A. 为建造厂房等各项工程而专项储备的各种材料、物资

B. 汽车制造厂生产的汽车

C. 一般企业管理用的汽车

D. 已经运出企业用于委托代销的商品和用于展览的商品

判断题

1. 凡是存放在企业仓库的产品、材料、商品等，均应列为本企业的存货。（　　）

2. 企业原材料、周转材料、库存商品、委托加工物资、在途物资均属于企业存货，但受托代销产品、代制品、代修品就不一定属于企业存货。 （ ）

3. 永续盘存制下，应对存货分品种、规格等设置明细账，逐笔或逐日记录存货收入、发出的数量和金额，并结出期末结余的数量和金额。企业存货一般应采用永续盘存制。 （ ）

4. 实地盘存制是“以存计耗”或“以存计销”的，其期末结存数计算公式为：期末结存数 = 期初结存数 + 本期收入数 - 本期发出数。 （ ）

5. 企业已经购入尚在运输途中的各种在途物资，已经发出并已办妥托收手续的发出商品，也应列为企业存货。 （ ）

第二节　存货收发的计量

填空题

1. 构成外购存货的成本的采购费用，包括________、________和________等。

2. 企业自制存货成本是其制造过程中发生的________，包括在制造过程中发生的________、________和________。

3. 存货发出成本确定的加权平均法，分为________和________两种。存货发出成本确定的其他方法主要还有________、________。

名词解释

1. 移动加权平均法

2. 先进先出法

单项选择题

1. 取得存货入账价值的基础应采用（　　）。
A. 重置成本　　B. 实际成本
C. 可变现净值　　D. 计划成本或定额成本
2. 下列外购存货支付的款项，不应列入存货成本的是（　　）。
A. 入库前的挑选整理费用
B. 一般纳税人企业专用发票所列的增值税
C. 进口货物支付的关税、消费税
D. 委托加工存货支付的运杂费、加工费
3. 材料采购运输途中的合理损耗应（　　）。
A. 计入材料采购成本　　B. 计入管理费用
C. 计入财务费用　　D. 计入销售费用
4. 企业投资者投入存货的入账价值是（　　）。
A. 评估价值或实际成本　　B. 投资合同或协议约定的价值
C. 市场价格 − 增值税进项税　　D. 实际成本 + 增值税进项税额
5. 要求每次收到存货后就计算一次新的加权平均单价的存货发出计价方法是（　　）。
A. 先进先出法　　B. 月末一次加权平均法
C. 移动加权平均法　　D. 个别计价法
6. 下列发出成本的计价方法中，成本计算最准确且又最符合实际情况的是（　　）。
A. 先进先出法　　B. 移动加权平均法
C. 月末一次加权平均法　　D. 个别计价法
7. 在物价上涨情况下，（　　）可使库存存货的账面价值比较接近于市场价格。
A. 月末一次加权平均法　　B. 个别计价法
C. 先进先出法　　D. 移动加权平均法
8. 物价持续上涨的情况下，采用先进先出法进行发出存货的计价，会使（　　）。
A. 期末库存降低，当期利润减少　　B. 期末库存升高，当期利润增加
C. 期末库存降低，当期利润增加　　D. 期末库存高升，当期利润减少
9. 下列发出存货计价方法，平时无法从账簿记录上反映发出和结存存货的单价和金额的方法是（　　）。
A. 月末一次加权平均法　　B. 个别计价法
C. 先进先出法　　D. 移动平均法
10. 某工业企业（一般纳税人）从外地购入乙材料 9 000 千克，单价 8 元，以存款支付价款和税费为：专用发票所列价款 72 000 元，增值税 9 360 元；专用发票所列的运输费 5 000 元，增值税 450 元；普通发票入库前的挑选整理费用 1 000 元（含增值税）。此项业务还发生采购人员差旅费 1200 元。该项乙材料的入账成本是（　　）。
A. 91 220 元　　B. 79 200 元

C. 78 000 元　　D. 90 020 元

11. 某企业采用先进先出法计算发出材料的成本。4 月 1 日结存 A 材料 100 吨，每吨实际成本为 400 元；4 月 4 日和 4 月 17 日分别购进 A 材料 300 吨和 400 吨，每吨实际成本分别为 350 元和 420 元；4 月 10 日和 4 月 27 日分别发出 200 吨 A 材料。A 材料 4 月末账面余额为（　　）元。

A. 159 000　　B. 156 500

C. 178 000　　D. 168 000

12. 一般纳税人企业购进存货，用于非应纳增值税项目或免征增值税项目以及未能取得增值税专用发票或完税凭证的，其支付的增值税应计入（　　）。

A. 购入存货的成本　　B. 应交增值税的“进项税额”

C. 应交增值税的“待抵扣进项税额”　　D. 营业外支出

多项选择题

1. 企业取得存货时，应当按照其成本入账。存货成本，是指存货取得过程中发生的全部实际支出，存货成本有（　　）三种类型。

A. 采购成本　　B. 加工成本

C. 完全成本　　D. 其他成本

2. 企业发出存货，可选择的计价方法有（　　）。

A. 先进先出法　　B. 月末一次加权平均法

C. 个别计价法　　D. 移动加权平均法

3. 对一般纳税人企业而言，下列（　　）不应计入外购存货的采购成本。

A. 购入存货准予抵扣的增值税　　B. 购入存货应负担的消费税

C. 入库前的挑选整理费用　　D. 采购人员的差旅费

4. 下列应列入外购存货成本的有（　　）。

A. 运输途中的合理损耗

B. 一般纳税人企业专用发票所列的增值税

C. 进口货物支付的关税、消费税

D. 委托加工存货支付的运杂费、加工费

5. 发出存货计价方法选择，可能影响下列（　　）金额的确定。

A. 资产总额　　B. 负债总额

C. 企业损益　　D. 应纳税所得额

6. 商品流通企业购进商品采购过程中发生的进货费用的处理方法有（　　）三种。

A. 直接计入商品采购成本

B. 先进行归集，期末根据所购商品的存销情况进行分摊

C. 直接计入当期损益

D. 直接列为商品进销差价

7. 下列发出存货计价方法，能够使存货明细账的记录及时完整、便于存货日常管理的

有（　　　　）。

A. 月末一次加权平均法　　B. 移动加权平均法

C. 个别计价法　　D. 先进先出法

判断题

1. 企业购入存货支付的价内税（如消费税）应列入存货成本；支付的价外税（如增值税），只要是取得增值税专用发票的就不能列入存货成本。（　　）

2. 小规模纳税人企业，购入存货支付的增值税应计入外购存货的采购成本。（　　）

3. 外购存货的入账成本，应包括运输途中发生的所有损耗；自制存货的入账成本应包括存货制造过程中发生的全部支出。（　　）

4. 企业采购人员差旅费、入库后的整理挑选费用、入库后发生的短缺和损耗均不能列入购进存货的成本。（　　）

5. 企业接受外来原材料加工制造的代制品，其入账成本应包括外来原材料的成本和加工成本。（　　）

6. 经过相当长时间的购建或者生产活动才能达到可使用或可销售的存货，其符合资本化条件的借款费用，也应计入存货成本。（　　）

7. 由于相同存货的单位成本会因为取得的方式、采购时间、采购地点的不同而不同，这样，在每次发出存货时，就会产生发出存货的计价问题。（　　）

8. 个别计价法是指对库存和发出的每一特定货物或每一批特定货物的个别成本加以认定的一种方法。（　　）

9. 企业发出存货采用先进先出法计价，在物价上涨时，会使发出存货的成本接近市场价格。（　　）

10. 物价持续上涨时，发出存货选择移动加权平均法，会导致高估本期利润。（　　）

11. 移动加权平均法每次收入存货都要重新计算一次加权平均单位成本，计算工作量较大，适用于进货和发出次数不多，单位成本变动不大的存货。（　　）

业务核算题

（一）练习外购存货入账价值的确定

[资料]

1. 某工业企业（一般纳税人企业）从外地购入甲材料一批 2 000 千克，单价 20 元，增值税率 13%，专用发票所列的货款 4 万元，增值税 5 200 元；支付运输部门专用发票所列运输费 1 000 元，增值税 90 元；支付普通发票所列的装卸费 300 元。为采购此项材料，发生采购人员差旅费 500 元；材料验收入库发现短缺 20 千克，经确认此项短缺属定额内合理损耗。

2. 某企业为增值税小规模纳税人企业，购入乙材料 600 千克，单价 50 元，专用发票所列的货款 3 万元，增值税 3 900 元；支付普通发票所列的运输费 900 元，保险费 200 元；发生入库前挑选整理费300元。材料验收入库发现短缺5千克，经确认此项短缺属定额内合理损耗。

［要求］根据上述资料，分别计算确定购入材料的总成本和单位成本。

（二）练习发出存货计价方法的运用

［资料］甲公司8月份A材料有关收、发、存的明细资料见下表。

A材料明细账（基本格式）

单位：千克

××年		摘要	收入			发出			结存		
月	日		数量	单价	金额	数量	单价	金额	数量	单价	金额
8	1	月初余额							1 200	5	6 000
	3	购　入	600	5.30	3 180				1 800		
	7	发　出				800			1 000		
	12	购　入	1 000	5.40	5 400				2 000		
	16	发　出				1 200			800		
8	31	本月合计	1 600		8 580	2 000			800		

［要求］

1. 分别采用先进先出法、加权平均法和移动平均法，计算本月发出材料的成本和月末结存材料的成本。

2. 分别完成三种方法下材料明细账的设置和登记工作。

第三节　原材料

填空题

1. 按其经济内容，原材料包括：______________、______________、______________、______________、包装材料和燃料等。

2. “在途物资”账户的期末借方余额，反映______________________；“原材料”账户的期末借方余额，反映______________________；“材料成本差异”账户的期末贷方余额，反映______________________。

3. 企业外购材料采购途中发生的短缺和毁损，应区别情况进行处理：定额内合理的途中损耗，记入____________账户；应由供应单位赔偿的，记入“____________”账户；应由运输单位、保险公司或其他过失人负责赔偿的，记入“______________”账户；待查明原因或需要报经批准才能转销处理的，记入“______________”账户。

名词解释

1. 原材料

2. 账卡合一

3. 材料成本差异

单项选择题

1. “在途物资”账户，可按（　　）设置明细账，进行明细账核算。

A. 物资品种　　　　B. 供应单位

C. 物资类别　　　　D. 供应单位和物资品种

2. 企业购入材料已验收入库，但发票账单尚未收到的，其会计处理应是（　　）。

A. 按暂估价入账，并进行材料明细核算

B. 不必进行会计处理

C. 进行材料明细核算，按暂估价列为“应付账款”

D. 进行材料明细核算，收到发票账单后，按正常情况处理；至月终仍未收到发票账单的，进行暂估入账

3. 购入存货过程中因供应单位原因造成，应由供应单位赔偿的短缺，应（　　）。

A. 记入“应收账款”账户　　B. 记入“应付账款”账户

C. 记入“其他应收款”账户　　D. 计入材料采购成本

4. 企业购入材料，材料已验收入库，但至月终仍未收到发票账单的，月终的会计处理应是（　　）。

A. 暂时不进行账务处理　　B. 列为“预计负债”

C. 按估计成本或计划价格等暂估入账　　D. 进行红字冲销

5. 某公司（一般纳税人）从外地购入材料 20 000 千克，单价 15 元/千克，增值税税率 13%，专用发票所列增值税 39 000 元；支付专用发票所列的运输费 15 000 元，增值税 1 350 元；支付普通发票所列的装卸费 1 850 元，入库前挑选整理费用 3 000 元；支付采购人员差旅费 7 800 元。材料验收入库发现短缺 100 千克，经确认属运输途中合理损耗。该材料的单位成本是（　　）。

A. 18.49 元/千克　　B. 18.10 元/千克

C. 16.07 元/千克　　D. 15.99 元/千克

6. “材料采购”账户的期末借方余额，反映（　　）。

A. 材料采购成本　　B. 在途材料的采购成本（实际成本）

C. 采购材料的节约差异　　D. 在途材料的计划成本

7. 某工业企业采用计划成本进行原材料的核算。月初结存原材料的计划成本为 5 万元，本月收入原材料计划成本为 10 万元，本月发出材料计划成本为 8 万元，原材料成本差异的月初余额为 1 000 元（超支），本月收入材料成本差异为 2 000 元（超支）。本月结存材料实际成本为（　　）。

A. 81 600 元　　B. 71 400 元

C. 80 800 元　　D. 68 600 元

8. 材料的收发采用计划成本计价核算，收入材料计划成本大于实际成本的差额，结转“材料采购”账户的账务处理为（　　）。

A. 借：材料采购
　　贷：材料成本差异

B. 借：材料成本差异
　　贷：材料采购

C. 借：生产成本
　　贷：材料成本差异

D. 借：材料成本差异
　　贷：生产成本

9. 企业在材料收入的核算中，需在月末暂估入账，并于下月初红字冲回的是（　　）。

A. 月末购货发票账单未到，货款未付但已入库的材料

B. 月末购货发票账单已到，货款未付但已入库的材料

C. 月末购货发票账单已到，货款已付且已入库的材料

D. 月末购货发票账单已到，货款已付但未入库的材料

10. 某企业A材料采用计划成本核算，已知期初A材料计划成本12万元，材料成本差异为贷方余额6 000元，该材料计划单位成本为24元，本期两次分别购进材料为2 000千克和3 000千克，单价分别为22元和28元，本月领用4 000千克，则期末“材料成本差异”账户的余额为（　　）。

A. 借方余额1 200元　　B. 贷方余额1 200元

C. 借方余额800元　　D. 贷方余额800元

11. “材料成本差异”账户和“材料采购”账户，按性质均属于（　　）账户。

A. 负债类　　B. 资产类

C. 成本类　　D. 所有者权益类

12. 原材料已验收入库，月末尚未收到结算凭证，入库材料按暂估价入账时，应贷记的账户是（　　）。

A. “在途物资”　　B. “应付账款”

C. “其他应付款”　　D. “其他货币资金”

多项选择题

1. 下列各项，列入“原材料”账户进行核算的有（　　）。

A. 外购半成品　　B. 周转材料

C. 包装材料　　D. 燃料

2. 购入材料、商品采购途中发生短缺或损耗，应根据不同情况进行处理，可能列支的账户（借方）有（　　）。

A. “应付账款”账户　　B. “其他应收款”账户

C. “应收账款”账户　　D. “待处理财产损溢”账户

3. 企业购进材料一批，已验收入库，但到月终时结算凭证仍未收到，货款尚未支付。对该项业务，企业应做如下处理（　　）。

A. 材料验收入库时按暂估价入账　　B. 材料验收入库时只登记原材料明细账

C. 月末进行暂估入账　　D. 下月初用红字冲回

4. 企业原材料采用计划成本核算，应设置的账户有（　　）。

A. “原材料”　　B. “在途物资”

C. “材料采购”　　D. “材料成本差异”

5. “材料采购”账户的借方登记（　　）。

A. 购入材料采购（实际）成本

B. 购入材料实际成本大于计划成本的差异

C. 购入材料实际成本小于计划成本的差异

D. 验收入库材料计划成本

6. 材料按计划成本计价核算，“材料成本差异”账户期末余额（　　）。

A. 一定为借方余额　　B. 一定为贷方余额

C. 可能为借方余额　　D. 可能为贷方余额

7. “材料成本差异”账户的贷方登记（　　）。

A. 收入材料转入的节约差异　　B. 收入材料转入的超支差异

C. 发出材料应负担的节约差异　　D. 发出材料应负担的超支差异

8. 下列各项，明细账需采用横线（平行登记式）进行登记的有（　　）。

A. “材料采购”账户　　B. “材料成本差异”账户

C. “原材料”账户　　D. “在途物资”账户

判断题

1. 企业的原材料无论是按实际成本计价核算，还是按计划成本计价核算，其计入生产成本的原材料成本最终均应为所耗用材料的实际成本。（　　）

2. “在途物资”账户是核算外购材料、商品的实际成本的，它应按物资的品种设置明细账。（　　）

3. “原材料”账户的期末借方余额，反映的是库存材料的实际成本；“材料成本差异”账户的期末借方余额，反映库存材料的超支差异。（　　）

4. 材料已验收入库，但月末仍未收到发票账单，入库材料按暂估价入账时，应贷记的账户是“在途物资”账户。（　　）

5. 材料收发存的数量核算，由仓库保管人员负责；而金额核算则由财会人员负责。（　　）

6. 企业购入材料发生的短缺，经确认系运输单位责任造成，应由其赔偿的价值，应借记“应收账款”账户。（　　）

7. 一般纳税人企业购入材料用于在建工程和职工生活福利等，均应按使用材料的规定税率，计算结转增值税进项税额。（　　）

8. 材料按计划成本计价核算，运输途中发生的定额内合理损耗，是反映在“材料成本差异”账户的。（　　）

9. 材料的明细核算采用“两套账”形式，即“账卡分设”的，仓库和会计部门能够相互制约、相互核对，有利于材料管理工作，但核算工作量较大，而且存在重复记账的情况。（　　）

10. 发出材料平时根据发料凭证登记材料明细分类账，月末根据当月的发料凭证，按领用部门和用途进行归类汇总，编制“发料凭证汇总表”，并据以进行发出材料的总分类核算。（　　）

业务核算题

（一）练习原材料按实际成本计价的核算

[资料] 某公司为增值税一般纳税人，原材料按实际成本计价核算，A、B 材料均为原料及主要材料。6 月份发生有关经济业务如下：

1. 2 日，从本市购入 A 材料 100 千克，专用发票所列货款 1 万元，增值税 1 300 元。开出转账支票一张支付价税款，材料已验收入库。

2. 5 日，从外地购进 B 材料一批，专用发票所列货款 3 万元，增值税 3 900 元；专用发票所列运输费 600 元，增值税 54 元。签发并承兑一张为期 3 个月、面值为 34 554 元的商业承兑汇票一张支付价税款，材料已验收入库。

3. 8 日，按合同规定，向利丰公司预付购料款 4 万元，开出转账支票支付。

4. 10 日，从外地康佳公司购入 B 材料 500 千克，材料单价为 40 元/千克，专用发票所列货款 2 万元，增值税 2 600 元。上述款项已通过银行划转，但材料尚未收到。

5. 16 日，用预付款方式向利丰公司采购的 A 材料已验收入库，专用发票列明材料价款 5 万元，增值税 6 500 元，当即开出一张转账支票补付货款 16 500 元。

6. 20 日，从康佳公司购买的 B 材料运达，验收入库 450 千克，短缺 50 千克，原因待查。材料单价为 40 元/千克，进项税额一并予以结转。

7. 25 日，上述 B 材料短缺 50 千克的原因已查明，是康佳公司少发货所致，康佳公司同意退款，但款项尚未收到。

8. 基本生产车间制造 H 产品回收下脚废料一批，列为辅助材料验收入库，作价 2 000 元。

9. 30 日，向上诚公司购入 A 材料，材料已验收入库，但发票单据尚未收到。按合同价 1 万元暂估入账。

10. 30 日，根据发料凭证汇总表，本月生产产品领用 A 材料 3 万元，B 材料 2 万元，车间一般性消耗领用 A 材料 1 000 元，职工生活福利领用 B 材料 1 万元。

［要求］ 根据资料，编制必要的会计分录。

（二）练习材料按计划成本计价的核算

［资料］ 某公司为增值税一般纳税人，原材料按计划成本核算，甲材料为原料及主要材料。7 月初 A 材料计划成本 10 万元，材料成本差异为超支 2 000 元，该公司 7 月份发生有关经济业务如下：

1. 10 日，购入甲材料一批，专用发票上注明材料的货款 20 万元，增值税 26 000 元。价税款以银行存款支付，材料已验收入库。该批材料计划成本为 218 400 万元。

2. 15 日，向大理公司购入甲材料一批，普通发票上标明价税合计为 10 万元，其中货款 88 495. 58 元，增值税 11 504. 42 元。价税款尚未支付，材料已验收入库。该批材料的计划成本 96 600 元。

3. 20 日，向求实公司购买甲材料 1 000 千克，专用发票所列货款 4 万元，增值税 5 200 元。款项均已通过银行支付，材料尚未收到。

4. 28 日，上述 20 日求实公司购买的甲材料已运达，实际验收入库 980 千克，短缺 20 千克，属定额内的合理损耗。甲材料计划单位成本为 42 元。

5. 31 日，生产车间自制完工验收入库甲材料一批，计划成本为 42 840 元，实际成本为 42 030 元。

6. 31 日，结计本月收入甲材料的计划成本和材料成本差异，计算 7 月份材料成本差异率。

7. 31 日，根据发料凭证汇总表，本月领用甲材料计划成本 25 万元，其中生产产品领用 20 万元，车间一般性消耗 2 万元，专设销售机构领用 5 000 元，厂部领用 25 000 元。

8. 31 日，计算发出材料应分摊的成本差异，并予以结转。

［**要求**］根据以上经济业务，完成必要计算，并编制必要的会计分录。

（三）练习材料成本差异的计算

［**资料**］某公司乙材料采用计划成本核算，月初乙材料计划成本为 8 万元，材料成本差异为超支差异 6 000 元；本月收入材料的计划成本为 28 万元，实际成本为 26. 68 万元；本月发出乙材料计划成本为 25 万元。

［**要求**］列式计算下列各项：

（1）材料成本差异率 =

（2）发出材料应分摊的成本差异 =

（3）发出材料实际成本 =

（4）结存材料应分摊的成本差异 =

（5）结存材料实际成本 =

第四节　周转材料

填空题

1. 周转材料包括____________和____________以及施工企业的钢模板、木模板、脚手架等。

2. 低值易耗品和周转使用的包装物的摊销方法有______________、______________、______________三种。

名词解释

1. 周转材料

2. 分次摊销法

单项选择题

1. 下列属于周转材料的是（ ）。
A. 包装材料　　B. 生产工具
C. 消耗性生物资产　　D. 自制半成品
2. 企业不符合固定资产确认条件的劳动资料，一般应确认为（ ）。
A. 原材料——辅助材料　　B. 材料——修理用备件
C. 周转材料——低值易耗品　　D. 周转材料——包装物
3. 低值易耗品采用计划成本进行日常核算的，领用的低值易耗品还应在（ ）结转应分摊的成本差异。
A. 领用月份　　B. 报废月份
C. 使用期满月份　　D. 领用月份或报废月份
4. 下列各项，不能列为“周转材料——包装物”核算的包装用品是（ ）。
A. 生产过程中使用的包装物　　B. 出租的包装物
C. 出借的包装物　　D. 各种包装材料
5. 随同产品出售但不单独计价的包装物，领用时，应做的账务处理是（ ）。
A. 借记“营业外支出”账户，贷记“周转材料——包装物”账户
B. 借记“主营业务成本”账户，贷记“周转材料——包装物”账户
C. 借记“销售费用”账户，贷记“周转材料——包装物”账户
D. 借记“其他业务成本”账户，贷记“周转材料——包装物”账户
6. 企业出租包装物的摊销应作为（ ）处理。
A. 其他业务成本　　B. 营业外支出

C. 管理费用　　D. 销售费用

7. 采用一次摊销法核算的情况下，企业（非小企业）将报废的出租包装物残料价值入账时，应作为（　　）。

A. 增加其他业务收入处理　　B. 增加营业外收入处理

C. 冲减其他业务成本处理　　D. 冲减销售费用处理

8. 下列各项应列为制造费用的是（　　）。

A. 生产车间生产工具的成本摊销

B. 专设销售机构管理用具的成本摊销

C. 公司管理部门管理用具的成本摊销

D. 公司购进一批劳保用品验收入库

多项选择题

1. 不符合固定资产确认条件的下列各项，应列为低值易耗品的有（　　）。

A. 一般工具　　B. 劳动保护用品

C. 替换设备　　D. 管理工具

2. 低值易耗品的摊销方法有（　　）。

A. 余额百分比法　　B. 一次摊销法

C. 分次（分期）摊销法　　D. 五五摊销法

3. 下列各项，应列为包装物核算的有（　　）。

A. 随同产品出售而不单独计价的包装物

B. 随同产品出售而单独计价的包装物

C. 出租或出借给购买单位使用的包装物

D. 用于储存和保管产品而不对外出售的包装容器

4. 出租、出借包装物的收入包括（　　）。

A. 出租包装物的租金收入　　B. 出租包装物收到的押金

C. 没收逾期未退还出租包装物的押金　　D. 没收逾期未退还出借包装物的押金

5. 下列各项应列为销售费用的有（　　）。

A. 随同产品出售而不单独计价的包装物成本

B. 随同产品出售而单独计价的包装物成本

C. 出借包装物的成本摊销

D. 出租包装物的成本摊销

6. 周转材料采用分次摊销法和五五摊销法的，应分别设置（　　）三项进行明细核算。

A. “在库”　　B. “在用”

C. “周转”　　D. “摊销”

判断题

1. 企业的生产工具、管理用具，可以多次参加生产周转而不改变其原有实物形态，所以，应列为固定资产进行管理和核算。 （　）

2. 低值易耗品也属于劳动资料，存在与固定资产一致的价值转移、使用过程的维修和报废残值的处理，但其价值较低、使用期限较短，价值转移是采用一定的方法进行摊销的。 （　）

3. 低值易耗品的分次摊销法，各期成本费用的负担比较均衡的，主要适用于使用期限较长、单位价值较高或可供反复使用的低值易耗品。 （　）

4. 随同产品出售单独计价的包装物成本，应计入销售费用；随同产品出售不单独计价的包装物成本，应计入其他业务成本。 （　）

5. 出借包装物采用一次摊销法的，结转其成本的账务处理是：借记“其他业务成本”账户，贷记“周转材料——包装物”账户。 （　）

6. 生产过程中领用，用于包装产品的包装物，应按领用包装物的成本，计入产品的生产成本。 （　）

7. “周转材料——包装物”账户的核算内容，包括与产品或商品出售有关的包装容器以及包装产品用的包装纸、铁皮等包装材料。 （　）

8. 企业用于储存和保管商品、材料，而不对外出售的包装物，应按其是否符合固定资产确认条件，分别列为“固定资产”或“周转材料（低值易耗品）”进行管理与核算。 （　）

业务核算题

（一）练习低值易耗品摊销的核算

［资料］某公司对低值易耗品生产工具采用计划成本计价核算；管理用具采用实际成本计价核算。5 月份有关经济业务如下：

1. 基本生产车间领用生产工具一批，计划成本 36 000 元，材料成本差异率为超支 2%。采用分次摊销法，摊销期为 24 个月。

2. 公司管理部门领用管理用具一批，实际成本 5 000 元，采用五五摊销法摊销其成本。

3. 公司专设销售机构领用办公用具一批，实际成本 2 000 元，采用一次摊销法摊销其成本。

4. 本月公司管理部门报废管理用具一批，实际成本 3 000 元（五五摊销法）。收回残料验收入库，作价 50 元；摊销 50%；结转全部摊销额。

［要求］根据以上经济业务，编制必要的会计分录。

（二）练习包装物的核算

［资料］ 某公司（非小企业）包装物采用实际成本计价核算，出租、出借包装物采用五五摊销法进行摊销，发生有关经济业务如下：

1. 向四平公司出租库存未用包装物 200 件，每件单位成本 100 元，本次使用每件租金 20 元，收取租金 4 000 元及应交增值税 520 元；收取押金 24 000 元。收取的租金及增值税、押金均收存银行，进行领用月份的成本结转及摊销账务处理。

2. 上述出租给四平公司的包装物租赁期满，收回包装物 150 件，以存款退还押金 18 000 元；其余 50 件包装物逾期未能收回，按合同规定没收其余押金（增值税税率为 13%）。

3. 上述收回 150 件包装物已重新入库，列为在库（已用包装物），成本 15 000 元。

4. 生产车间领用包装物一批，实际成本 16 000 元。

5. 销售过程领用随同产品出售不单独计价包装物一批，实际成本 12 000 元，结转其成本。

6. 销售过程领用随同产品出售单独计价的包装物一批，售价 5 000 元，增值税 650 元，价税款收存银行。该批包装物实际成本 3 600 元，结转其成本。

7. 五湖公司购买本公司产品，出借库存未用包装物一批，实际成本 1 万元，结转其成本。收取押金 12 000 元存入银行。

8. 上述出借给五湖公司的包装物如期收回，以存款退还押金 12 000 元；收回包装物已无法正常使用，经批准予以报废，残料列为辅助材入库，作价 1 000 元。

［要求］ 根据以上资料，编制必要的会计分录。

第五节　库存商品

填空题

1. 工业企业的库存商品，主要包括：（1）_______________；（2）_______________；（3）_______________；（4）_______________等。

2. 商品流通企业库存商品按售价金额核算的，“库存商品”账户期末借方余额，反映的是库存商品的________；对商品售价与进价（实际成本）的差额，设置“____________”账户单独进行核算的方法。

名词解释

1. 产成品

2. 自制半成品

单项选择题

1. 下列各项，不属于库存商品的是（　　）。

A. 库存产成品　　B. 存放在门市部准备出售的商品

C. 验收入库准备出售的自制半成品　　D. 验收入库准备继续加工用的自制半成品

2. 月终，结转发出和销售的产品成本，对已发出但未满足收入确认条件的商品，应借记的账户是（　　）。

A. “发出商品”　　B. “主营业务成本”

C. “其他业务成本”　　D. “营业外支出”

3. 商品流通企业商品的采购成本就进货费用来讲是（　　）。

A. 包括进货费用　　B. 不包括进货费用

C. 进货费用与商品采购成本无关　　D. 可能包括也可能不包括进货费用

4. 已销商品的进销差价，应结转记入的账户是（　　）。

A. “主营业务成本”　　B. “主营业务收入”

C. “本年利润”　　D. “营业外收入”

5. 工业企业外购生产产品用的半成品应列为（　　）。

A. 库存商品　　B. 原材料

C. 周转材料　　D. 生产成本——自制半成品

6. “商品进销差价”账户是（　　）的备抵调整账户。

A. “主营业务收入”账户　　B. “库存商品”账户

C. “主营业务成本”账户　　D. “在途物资”账户

7. 下列各项说法中，不正确的是（　　）。

A. 代制品、代修品，应按发生的加工成本入账

B. 产成品按实际成本计价的，对发出和销售的产成品，可以采用先进先出法、加权平均法或者个别计价法等方法确定其实际成本

C. 验收入库的自制半成品，应列为库存商品

D. 外购商品价款已付，商品尚未验收入库的，应通过“在途物资”账户核算

多项选择题

1. 工业企业的库存商品包括（　　　）。

A. 已完成全部生产过程并已验收入库的合格品

B. 库存的可降价出售的不合格品

C. 已经完成销售手续，但购买单位至月末仍未提取的库存商品

D. 受托加工制造完成并已验收入库的代制品

2. 工业企业下列各项，不属于产成品的有（　　）。

A. 验收入库准备继续加工用的自制半成品

B. 验收入库准备出售的自制半成品

C. 为外单位加工修理的代修品

D. 生产车间之间直接转移的自制半成品

3. 商品流通企业（非小企业）商品采购过程中发生的进货费用的处理方法有（　　）三种。

A. 直接计入商品采购成本

B. 先进行归集，期末根据所购商品的存销情况进行分摊

C. 直接计入当期损益（销售费用）

D. 直接列为商品进销差价

判断题

1. 企业加工完成并验收入库准备出售的半成品，应作自制半成品在“生产成本”账户核算。（　）

2. 由于产品生产成本是按月计算的，所以，企业产成品收入和发出，平时只记数量不记金额；月度终了，计算结转本月全部验收入库产成品的生产成本。（　）

3. 商品流通企业的库存商品包括库存的外购商品、存放在门市部准备出售的商品，发出展览的商品，但不包括自制商品和寄存在外的商品。（　）

4. 商品流通企业采购商品所发生的进货费用和手续费等，应计入管理费用。（　）

5. 库存商品采用售价金额核算的，“库存商品”账户期末借方余额减去“商品进销差价”账户期末贷方余额，应是期末库存商品的实际成本（不考虑发出商品因素）。（　）

6. 库存商品采用售价金额核算的商品流通企业，月末结转已销售商品应分摊的进销差价，贷记的账户是“本年利润”账户。（　）

7. 企业库存商品、发出商品、自制半成品、在产品都属于企业存货。（　）

业务核算题

（一）练习工业企业产成品的核算

[资料]

1. 大华公司本月末汇总编制的“产成品入库汇总表”见表1。

表 1 **产成品入库汇总表** 单位：元

产品名称	单　位	数　量	单位成本	总成本
A 产品	件	1 200	110	132 000
B 产品	件	2 800	200	560 000
C 产品	吨	1 000	158	158 00
合　计				850 000

2. 大华公司本月“产成品发出（销售）汇总资料”见表 2。

表 2 **产成品发出（销售）汇总表** 单位：元

产品名称	单　位	数　量	单位成本	总成本
A 产品	件	1 000	115	115 000
B 产品	件	2 000	193	386 000
C 产品（发出未实现销售）	吨	500（科美商场）	158	79 000
合　计				580 000

［**要求**］根据上述资料，编制必要的会计分录。

（二）练习商品流通企业库存商品的核算

［**资料**］科新公司为商业零售企业（一般纳税人），库存商品采用售价核算，采购商品的进货费用，设置“待摊进货费用”账户进行归集。本月份发生有关经济业务如下：

1. 向四新公司购入甲商品一批，专用发票所列的商品货款为 20 万元，增值税 26 000 元；专用发票所列的运输费 3 000 元，增值税 270 元；普通发票所列的装卸费 1 000 元。价税款及运杂费以存款支付，商品尚未收到。

2. 向五洋公司购入甲商品一批，专用发票所列的商品货款为 10 万元，增值税 13 000 元；专用发票所列的运输费 1 500 元，增值税 135 元；普通发票所列的入库前的整理挑选费用 500 元。价税款及运杂费以银行汇票支付，商品已验收入库，售价为 15 万元。

3. 上述向四新公司购入的甲商品收到并验收入库，售价 29 万元。

4. 销售甲产品取得营业收入 30 万元，增值税 39 000 元，款项收存银行。同时，结转此项收入的主营业务成本。

5. 月末，该企业“库存商品”月末余额为 25 万元，本月销售甲产品取得“主营业务收入”95 万元，结转前“商品进销差价”账户贷方余额为 192 000 元；“待摊进货费用”账户借方余额为 36 000 元。计算本月甲商品的进销差价率，并计算结转本月销售商品应分摊的进销差价和进货费用。

[要求]
(1) 根据资料，编制必要的会计分录。
(2) 假定企业采购商品的进货费用直接列为销售费用，编制必要的会计分录。

第六节　委托加工物资

单项选择题

1. "委托加工物资"账户期末借方余额，反映（　　）。
A. 委托外单位加工物资的实际成本
B. 委托外单位加工物资的实际成本（或计划成本）
C. 委托外单位加工尚未完成物资的实际成本
D. 委托外单位加工尚未完成物资的加工成本

2. 一般纳税人企业委托加工物资支付的加工费、往返运杂费未取得专用发票的以及小规模纳税人企业的，其增值税均应计入（　　）。
A. 委托加工物资成本
B. 应交税费——应交增值税（进项税额）
C. 管理费用
D. 其他业务成本

3. 委托加工物资加工完成验收入库后，退回的剩余材料应作为材料入库，同时将其列为（　　）。
A. 营业外收入　　B. 其他业务收入
C. 冲减委托加工物资成本　　D. 材料成本差异

4. 委托加工物资属于应纳消费税的应税消费品的，应由受托方在向委托方交货时代收代缴消费税。委托加工物资收回后用于连续生产应税消费品的，支付的消费税应借记的账户是（　　）。
A. "应交税费——应交增值税（进项税额）"
B. "应交税费——应交消费税"
C. "委托加工物资"
D. "税金及附加"

5. A企业委托B企业（A、B企业均为增值税一般纳税人，增值税税率为13%）加工应税消费品一批，发出材料成本67.5万元，支付给B企业加工费用4.5万元（不含增值税，取得专用发票)，由 B 企业代收代缴消费税为 8 万元，材料已经加工完毕验收入库，收回后用于直接销售。该委托加工物资加工后的入账成本是（　　）万元。

A. 75　　　　B. 72

C. 72.585　　　　D. 80

多项选择题

1. 委托加工物资应按实际成本计价核算，其实际成本包括（　　　）。

A. 支付的加工费

B. 往返运杂费

C. 支付的消费税、支付的未取得专用发票的增值税

D. 发出加工材料、半成品或商品的实际成本

2. 一般纳税人企业委托加工物资支付的相关税费，可以列为抵扣税费的有（　　　）。

A. 加工费、往返运杂费取得专用发票的增值税

B. 加工费、往返运杂费未取得专用发票的增值税

C. 加工物资收回后用于连续生产的应税消费品支付消费税

D. 加工物资收回后用于直接出售的应税消费品支付消费税

3. 下列各项，应列入资产负债表“存货”项目的有（　　　）。

A. “材料成本差异”账户期末借方余额

B. “委托加工物资”账户期末借方余额

C. “商品进销差价”账户期末贷方余额

D. “发出商品”账户期末借方余额

判断题

1. 企业发出委托外单位加工的物资，应将物资的成本结转记入“委托加工物资”账户，如果发出物资采用是计划成本计价核算的，还应同时结转其成本差异。（　　）

2. 委托加工物资收回后，其实际成本应包括支付的加工费、往返运杂费和受托方代扣代缴的消费税。（　　）

3. 委托加工物资收回后，直接用于对外销售的，其支付的由受托方代扣代缴的消费税列入“应交税费——应交消费税”账户，等待抵扣。（　　）

4. “委托加工物资”账户应按加工合同、委托加工单位以及加工物资的品种进行明细核算。（　　）

业务核算题

[资料]

1. 某公司为增值税一般纳税人企业，发出辅助材料 A 材料委托财茂公司加工成包装物一批。发出原材料实际成本为 8 万元。以存款支付：加工费为 15 000 元，增值税 1 950 元（取得专用发票）；往返运杂费 800 元（未取得增值税专用发票）。包装物加工完毕收回并验收入库。A 材料、包装物均按实际成本计价核算。

2. 某公司为增值税一般纳税人，发出原料及主要材料 A 材料委托万达公司加工成原料及主要材料 G 材料（属于应税消费品）。

（1）发出 A 材料的成本为 23 万元。

（2）以存款支付：专用发票所列的加工费为 4 万元，增值税 13%；专用发票所列的往返运输费 3 000 元，增值税 270 元；普通发票所列的装卸费、保险费 800 元。

（3）万达公司交付加工完成的 G 材料时，按照 10% 税率代扣代缴消费税 3 万元，以存款支付。加工收回的 G 材料用于连续生产应税消费品。

（4）加工完成的 G 材料收到并验收入库。G 材料按计划成本计价核算，确认的计划成本为 281 000 元。

[要求] 根据上述资料，编制必要的会计分录。

第七节　存货清查和期末存货价值的确定

填空题

1. 企业在财产清查中查明的各种财产物资的盘盈、盘亏和毁损，应通过“__________”账户进行核算。存货盘亏和毁损，应根据不同的原因报经批准后进行处理：属于计量收发差错和管理不善等原因造成的存货短缺或毁损的净损失计入__________；属于自然灾害或意外事故造成的存货毁损的净损失列为__________。

2. 企业期末存货的成本低于可变现净值，则____________；期末存货的可变现净值低于成本，则应在当期确认____________，设置“______________”账户进行核算。

名词解释

1. 实地盘点法

2. 成本与可变现净值孰低法

单项选择题

1. 财产清查发现存货盘盈时，应贷记的账户是（　　）。
   A. “管理费用”　　B. “营业外收入”
   C. “其他业务收入”　　D. “待处理财产损溢”
2. 下列库存原材料相关损失项目，应计入营业外支出的是（　　）。
   A. 意外灾害造成的原材料损失　　B. 管理不善造成材料的短缺净损失
   C. 运输途中发生的合理损耗　　D. 计量差错引起的材料盘亏损失
3. 企业存货需要进行期末计量，存货期末计量采用的是（　　）。
   A. 历史成本　　B. 可变现净值
   C. 成本与可变现净值孰低法　　D. 月末一次加权平均法
4. 存货按“成本与可变现净值孰低法”计价，是（　　）核算要求的运用。
   A. 真实性　　B. 权责发生制
   C. 实质重于形式　　D. 谨慎性
5. “成本与可变现净值孰低法”中的成本是指（　　）。
   A. 计划成本　　B. 历史成本
   C. 重置成本　　D. 估计成本
6. 下列各项，应列为资产减值损失的是（　　）。
   A. 库存商品自然灾害或意外事故造成的毁损
   B. 计提存货跌价准备
   C. 出售材料售价低于成本的损失
   D. 库存存货属于计量收发差错和管理不善造成的净损失

多项选择题

1. 经批准后转销的下列各项，应列为管理费用的有（　　）。

A. 存货由于收发计量原因形成的盘盈

B. 存货属于自然损耗产生的定额内损耗

C. 属于计量收发差错和管理不善等原因造成的存货短缺或毁损的净损失

D. 存货期末可变现净值低于成本跌价损失

2. 企业进行存货清查时，对于盘亏或毁损的存货，应先记入“待处理财产损溢”账户，报经批准后根据不同的原因可分别结转记入的账户有（　　）。

A. “管理费用”　　B. “资产减值损失”

C. “其他应收款”　　D. “营业外支出”

3. 下列关于存货盘点盈亏的说法，正确的有（　　）。

A. 存货盘盈时，经批准后，存在记入“管理费用”账户的情况

B. 存货盘亏时，经批准后，存在记入“管理费用”账户的情况

C. 企业发生存货盘盈盘亏，会涉及“待处理财产损溢”账户

D. 企业发生存货盘盈盘亏，不会涉及“其他应收款”账户

4. 下列关于“成本与可变现净值孰低法”的表述，正确的有（　　）。

A. 其“成本”是指存货的历史成本

B. 当“成本”低于“可变现净值”时，存货按成本计价

C. 当“可变现净值”低于“成本”时，存货按可变现净值计价

D. 当“可变现净值”高于“成本”时，存货按可变现净值计价

5. 期末存货成本与可变现净值进行比较，可以采用的方法有（　　）。

A. 单项比较法　　B. 分类比较法

C. 备抵法　　D. 综合比较法

判断题

1. 企业清查发现的各种存货损溢，在年末结账前尚未批准处理的，可以留转下年度处理，这样“待处理财产损溢”账户是存在年末余额的。（　　）

2. 采用计划成本（或售价）核算的存货，发生盘亏和毁损的在计算结转计划成本（或售价）的同时还应结转其成本差异（或进销差价）。（　　）

3. 企业对存货可变现净值低于成本的损失，可直接冲减“存货”类账户的期末余额。（　　）

4. 存货可变现净值，即存货预计未来净现金流量，是指库存商品、材料、在产品、自制半成品等存货的预计市场售价或合同价。（　　）

5. 企业计提的存货跌价准备，应记入“资产减值损失”账户。存货出售后应将其计提的存货跌价准备转入“营业外支出”账户。（　　）

6. 已计提跌价准备的存货，以后得以恢复的，可以按恢复部分，冲销已计提的存货跌价准备；存货出售后应将其计提的存货跌价准备转入“主营业务成本”账户。（ ）

业务核算题

（一）练习存货盘点盈亏的核算

［**资料**］某公司期末对存货进行清查，清查结果及批准处理情况如下：

1. 发现盘盈原料及主要材料 A 材料 50 千克，实际单位成本 30 元。

2. 发现盘亏原料及主要材料 B 材料 200 千克，实际单位成本 15 元，增值税率 13%。

3. 发现 C 产品毁损 100 件，每件实际成本 400 元，其应负担的进项增值税为 3 500 元。

4. 上述原因已查明，A 材料盘盈是收发计量误差造成；B 材料短缺是公司管理不善造成；C 产品毁损是因发生自然灾害公司管理不规范造成，其残料回收作价 200 元，可获保险公司赔偿 16 000 元（赔偿款待收）。经公司办公会议批准，对上述清查结果作出处理。

［**要求**］根据上述资料，编制必要的会计分录。

（二）练习存货跌价准备计提的核算

［**资料**］某公司对期末存货采用“成本与可变现净值孰低”法进行计价。20×7 年末，存货 A 产品实际成本 75 万元，确定的可变现净值为 70 万元；20×8 年末，存货成本 75 万元，已提跌价准备 5 万元，确定的可变现净值为 72 万元；20×9 年 2 月结转本月出售的 A 产品已提跌价准备 6 000 元。

［**要求**］根据上述资料，编制必要的会计分录。

第五章 *Chapter 5*

投　　资

第一节　投资概述

填空题

1. 投资有广义和狭义之分，会计核算中的投资，一般是指＿＿＿＿＿＿的投资，包括＿＿＿＿＿＿、＿＿＿＿＿＿＿＿、＿＿＿＿＿＿＿等。

2. 企业购买普通股股票并准备长期持有，以参股、合营、合资方式进行投资等，属于＿＿＿＿＿＿；企业购买公司债券，属于＿＿＿＿＿＿＿。

名词解释

1. 投资

2. 权益性投资

单项选择题

1. 取得该金融资产的目的，主要是为了近期出售的金融资产，应列为（　　）。

A. 持有至到期投资　　B. 交易性金融资产

C. 长期股权投资　　D. 可供出售金融资产

2. 下列各项，不属于金融资产的是（　　）。

A. 库存现金、银行存款、应收票据、应收账款

B. 存货、其他应付款

C. 其他应收款、股权投资、债券投资

D. 衍生金融工具形成的资产

3. 企业购买优先股股票，从投资性质看属于（　　）。

A. 权益性投资　　B. 债权性投资

C. 混合性投资　　D. 股权性投资

4. 企业为赚取租金或资本增值，或两种兼有而持有的房地产，称为（　　）。

A. 投资性房地产　　B. 长期股权投资

C. 固定资产　　D. 可供出售金融资产

多项选择题

1. 会计核算中的投资具有的特点包括（　　　）。

A. 目的是为了增加财富，或谋求其他利益

B. 是通过让渡一项资产而换取另一项资产

C. 获取收益的直接性

D. 获取收益的间接性

2. 按照投资的目的，企业购买股票可能列为的投资类别有（　　　）。

A. 交易性金融资产　　B. 持有至到期投资

C. 长期股权投资　　D. 投资性房地产

判断题

1. 投资是指企业为通过分配来增加财富，或为谋求其他利益，而将资产让渡给其他单位所获得的权益。（　　）

2. 企业购买普通股股票、优先股股票并准备长期持有、联营、参股，以及购买公司债权并准备持有至到期的，均属于权益性投资。（　　）

3. 投资有广义和狭义之分，会计核算中的投资是狭义的投资。（　　）

4. 企业投资是通过让渡一项资产而换取另一项投资，其目的就是为了通过取得投资收益而增加财富。（　　）

第二节　交易性金融资产

填空题

1. 交易性金融资产是企业利用________________的一种投资方式。企业取得的交易性金融资产，应按照取得时________________进行初始计量；取得过程中发生的交易费用应列为________________。

2. “交易性金融资产”账户，可按照其类别和品种，并分别“________________”和“________________”进行明细核算。

名词解释

1. 交易性金融资产

2. 公允价值

单项选择题

1. 企业取得以获取差价为目的从二级证券市场购入的基金，属于（　　）。
   A. 可供出售金融资产　　B. 持有至到期投资
   C. 交易性金融资产　　D. 其他货币资金
2. 企业取得交易性金融资产的已宣告但尚未发放的现金股利，应列为（　　）。
   A. 投资收益　　B. 应收利息
   C. 交易性金融资产　　D. 应收股利
3. 交易性金融资产出售时，该项金融资产的公允价值变动额应结转计入（　　）。
   A. 投资收益　　B. 财务费用
   C. 应收股利　　D. 资产减值损失
4. 企业持有交易性金融资产期间，取得被投资单位宣告发放的现金股利，或债券性投资的应计利息，应列为（　　）。

A. 投资成本的减少　　B. 投资收益

C. 账务费用　　D. 营业外收入

5. 某公司本月初以7元/股的价格从证券市场购入B种股票10万股（列为交易性金融资产），股票价格中含已宣告但尚未发放的现金股利0.20元/股，并支付普通发票所列的购入股票手续费6 000元。当股票价格至8元/股时，公司将此项股票全部出售，扣除手续费后取得转让收入792 000元。公司此项投资的净收益是（　　）。

A. 106 000元　　B. 126 000元

C. 86 000元　　D. 80 000元

6. 20×7年2月5日，公司以7元/股的价格购入海福控股股票10万股，支付普通发票所列的手续费1 200元，公司不准备长期持有，将在价格合适时予以出售。20×8年12月31日，海福股份价格为9元/股。20×9年2月15日，海福公司宣告发放现金股利0.80元每10股，公司于3月15日收到此项现金股利0.8万元。20×9年4月10日，公司以11.60元/股的价格（已扣除交易费用）将此项股票全部出售。不考虑其他因素，公司因此项股票投资在20×9年应确认的投资收益为（　　）。

A. 26万元　　B. 26.8万元

C. 46.66万元　　D. 46.8万元

多项选择题

1. 下列各项关于企业交易性金融资产的会计处理方法，正确的有（　　）。

A. 企业取得列为交易性金融资产的股票、债券，应当按照取得时的公允价值和相关的交易费用作为初始确认金额

B. 支付的价款中包含已宣告但尚未发放的现金股利或债券利息，应当确认为交易性金融资产的入账成本

C. 企业在持有期间取得的利息或现金股利，应当确认为投资收益

D. 资产负债表日，公允价值变动计入当期损益

2. 交易性金融资产是指企业（　　）的金融资产。

A. 为交易目的而持有　　B. 准备近期出售

C. 准备持有至到期　　D. 为了控制被投资单位而持有

3. “交易性金融资产”账户，应当按照其类别和品种设置明细账，并分别（　　）进行明细分类核算。

A. “成本”　　B. “利息调整”

C. “公允价值变动”　　D. “应计利息”

4. 下列各项，应当划分为交易性金融资产的有（　　）。

A. 取得主要是为了近期内出售的金融资产

B. 有客观证据表明企业近期采用短期获利方式进行集中管理的可辨认金融工具组合

C. 取得属于衍生工具的金融资产

D. 直接指定为以公允价值计量且其变动计入当期损益的金融资产

判断题

1. 交易性金融资产是企业利用闲散资金获利的一种投资方式，主要包括企业从证券市场购入的债券投资、股票投资、基金投资等。（　　）

2. 企业取得的交易性金融资产，应按取得时的公允价值（含交易费用）作为初始确认金额计价入账。（　　）

3. 交易性金融资产持有期间，被投资单位宣告发放现金股利，或在资产负债表日计算确认的债券利息，应列为当期损益，记入“投资收益”账户。（　　）

4. 企业持有的交易性金融资产的公允价值与其账面余额的差额，应记列为“公允价值变动损益”账户，交易性金融资产出售时，应将该项金融资产的公允值变动结转计入营业外收支。（　　）

5. 企业处置交易性金融资产其公允价值发生过变动的，还应将该项金融资产的公允价值变动，结转记入“公允价值变动损益”账户。（　　）

业务核算题

（一）练习交易性金融资产的核算

［资料］四新公司发生有关交易性金融资产的经济业务如下：

1. 2 月 15 日，公司以存入证券公司专款购入高科股份股票 5 万股，以备近期出售，每股价格 6.80 元，并支付普通发票所列的相关交易税费 2 000 元；2 月 5 日高科公司已宣告发放现金股利 0.20 元/股，拟订于 2 月 25 日支付；3 月 20 日公司将此项股票全部出售，取得价款 418 000 元，收到股利及出售价款均转存证券公司存款专户。

（1）2 月 15 日，购入股票。

（2）2 月 25 日，收到购入前已宣告发放但尚未支付的现金股利 1 万元。

（3）3 月 20 日，出售此项股票。

2. 公司于 12 月 2 日，以存入证券公司专款购入远明控股股票 3 万股，每股价格 7.50 元，并支付普通发票所列的相关税费 1 500 元；这一股票公司拟在近期于价格合适时出售；12 月 31 日，经核实这一投资的总市价为 21 万元；下年度 1 月 20 日，公司将这一股票全部出售，取得价款 208 000 元存入证券公司专户。

（1）本年 12 月 2 日，购入股票。

（2）本年 12 月末，结转公允价值变动。

（3）下年度 1 月 20 日，公司出售股票。

（4）结转该股票的公允价值变动额。

［要求］根据上述经济业务，分步编制必要的会计分录。

（二）练习交易性金融资产的核算

[资料] 四新公司发生有关交易性金融资产的经济业务如下：

1. 公司于本年 1 月 1 日以银行存款购入兴旺公司发行的两年期、票面年利率为 6% 的可上市交易的债券 10 万元，公司实际支付价款 101 000 元，其中 1 000 元为相关交易费用（未取得专用发票）。该债券列为交易性金融资产，票面利率与实际利率差异很小，每半年计付利息一次。

（1）公司以存款购入债券。

（2）6 月 30 日，按票面利率计提此项债券上半年利息。

（3）7 月 5 日收到此项债券上半年利息。

（4）9 月 30 日，公司将此项债券出售，取得价款 105 000 元存入银行。

2. 7 月 1 日，公司以存入证券公司专款购入本年 1 月 1 日中铁公司发行的两年期、票面年利率为 7% 的可上市交易的债券 20 万元。该债券列为交易性金融资产，票面利率与实际利率差异很小，每半年计付利息一次，到期还本。公司实际支付价款 208 500 元，其中 1 500 元为普通发票所列的相关交易费用；7 000 元为上半年的利息。

（1）公司以证券公司专款购入债券。

（2）7 月 5 日，收到此项债券本年度上半年利息，转入证券公司专户。

（3）12 月 31 日按票面利率计提此项债券下半年利息。

（4）次年 1 月 5 日收到此项债券上年度下半年利息，转入证券公司专户。

（5）次年 12 月 31 日按票面利率计提此项债券最后半年的利息。

（6）此项债券到期，收到此项债券本金及最后半年的利息共计 207 000 元转入证券公司专户。

[要求] 根据上述经济业务，分步编制必要的会计分录。

第三节　持有至到期投资

填空题

1. 持有至到期投资是一种符合确认条件的__________________资产。一项投资仅是到期日固定、收回金额固定或可确定，并不一定可以确认为持有至到期的投资，更要注意强调

______________。

2. 企业持有至到期投资应当按照取得时的______________作为初始确认金额计价入账；持有至到期投资取得投资支付的相关交易费用，应记入“______________”账户。企业持有至到期投资确认的减值，应记入（借记）“________”账户。

名词解释

1. 持有至到期投资

2. 有能力持有至到期

单项选择题

1. 企业持有的到期日固定、收回金额或可确定，且企业有明确意图和能力持有至到期的债券投资，应列为（　　）。

A. 交易性金融资产　　B. 持有至到期投资

C. 可供出售金融资产　　D. 长期股权投资

2. “持有至到期投资”账户的期末借方余额，反映（　　）。

A. 持有至到期投资的摊余成本　　B. 持有至到期投资的面值

C. 持有至到期投资的本息　　D. 持有至到期投资的投资成本

3. 一项债券投资到期日固定、收回金额也可以确定，确认为持有至到期投资，必须具备的条件是（　　）。

A. 债券期限为一年以上的　　B. 债券利息是到期一次支付的

C. 有明确意图和能力持有至到期　　D. 债券利率是固定的

4. 企业取得持有至到期投资时，支付价款中已到付息期但尚未领取的利息，应列为（　　）。

A. 应收利息　　B. 持有至到期投资

C. 投资收益　　D. 财务费用

5. 企业对单项金额重大的持有至到期投资，应（　　）进行减值测试。

A. 有计划　　B. 分批次

C. 单独　　D. 划分为若干组

6. 已计提减值准备的持有至到期投资价值以后又得到恢复的，（　　）。

A. 应全部冲转已计提的减值准备

B. 不应冲转已计提的减值准备

C. 应计列为投资收益

D. 应在原已计提的减值准备金额内，冲转已计提的减值准备

7. 未发生减值的到期一次还本付息的持有至到期投资，资产负债表日按票面利率计算确定的应收未收利息，应借记的账户是（　　）。

A. "持有至到期投资（应计利息）"

B. "持有至到期投资（利息调整）"

C. "应收利息"

D. "投资收益"

8. 20×7 年 1 月 1 日，甲公司从二级市场购入乙公司分期付息、到期还本的债券 12 万张，以银行存款支付价款 1 050 万元，另支付普通发票所列的相关交易费用 12 万元。该债券系乙公司于 20×6 年 1 月 1 日发行，每张债券面值为 100 元，期限为 3 年，票面年利率为 5%，每年年末支付当年度利息。甲公司有明确意图和能力将该债券持有至到期。

（1）甲公司购入乙公司债券的入账价值是（　　）。

A. 1 050 万元　　B. 1 062 万元

C. 1 200 万元　　D. 1 212 万元

（2）甲公司持有乙公司债券至到期累计应确认的投资收益是（　　）。

A. 120 万元　　B. 108 万元

C. 180 万元　　D. 168 万元

多项选择题

1. 持有至到期投资的确认，应考虑的条件包括（　　）。

A. 到期日固定、回收金额固定

B. 到期日固定、回收金额固定或可确定

C. 有明确意图持有至到期

D. 期限在一年以上

2. "持有至到期投资"账户，可按持有至到期投资的类别和品种，分别（　　）等进行明细核算。

A. "成本"　　B. "利息调整"

C. "公允价值变动"　　D. "应计利息"

3. 关于持有至到期投资的核算，下列说法不正确的有（　　）。

A. 持有至到期投资在持有期间，应当按照实际利率法确认利息收入，计入投资收益

B. 持有至到期投资确认的利息收入，应借记"应收利息"账户

C. 持有至到期投资应按照一定标准划分为若干组进行减值测试

D. 企业取得持有至到期投资，投资面值与支付价款的差额应列为"持有至到期投资（利息调整）"

4. 下列与持有至到期投资相关的业务，应列为投资收益的有（　　）。

A. 取得持有至到期投资价款中包含的已到付息期但尚未领取的利息

B. 持有期间计提的应计利息

C. 取得持有至到期投资支付价款与投资入账价值和应收利息之和的差额

D. 处置持有至到期投资取得价款与该投资账面价值的差额

判断题

1. 持有至到期投资是指到期日固定，企业准备长期持有的债券投资、股票投资。（　　）

2. 企业持有至到期投资在持有期间应当按照实际利率法确认利息收入，并计入投资收益。实际利率与票面利率差别很小的，可以按票面利率计算利息收入，计入投资收益。（　　）

3. 资产负债表日，分期付息、一次还本的持有至到期投资，应按票面利率计算确定的应收未收利息，应借记“持有至到期投资（应计利息）”账户，贷记“投资收益”账户。（　　）

4. 持有至到期投资通常具有长期性质，但期限较短（1 年以内）的债券投资，如符合持有至到期投资条件，也可以将其划分为持有至到期投资。（　　）

5. 交易性金融资产和持有至到期投资，资产负债表日按规定确认的减值，均应列为资产减值损失。（　　）

6. 企业持有至到期投资计提减值准备是不涉及“持有至到期投资”账户的，所以，持有至到期投资的减值是不影响其投资账面价值的。（　　）

业务核算题

（一）练习持有至到期投资的核算

［资料］四新公司发生有关持有至到期投资的经济业务如下：

1. 本年 1 月 1 日，公司以存款购入新发公司同日发行的两年期债券一批，债券面值 30 万元，票面年利率 6%，按年计息，到期一次还本付息；公司有明确意图和能力持有至到期，另以存款支付普通发票所列的相关交易费用 1 500 元；该债券票面利率与实际利率相差很小。

（1）本年 1 月 1 日，公司以存款购入债券。

（2）第一年末，按票面利率计提本年应计利息。

（3）第二年末，按票面利率计提本年应计利息。

（4）债券到期兑付，收到债券本息存入银行。

2. 公司于本年 7 月 1 日，从证券市场购入大明公司本年 1 月 1 日发行的两年期债券一批，债券面值 50 万元，票面年利率 5%，半年付息一次，到期还本；以存款支付价款 512 500 元，其中 12 500 元为已到付息期但尚未领取的利息；7 月 15 日收到此项利息；该债券实际利率与票面利率相差很小；公司有明确意图和能力持有至到期。

（1）本年 7 月 1 日以存款购入债券。

（2）7 月 15 日，收到购入时已到付息期的利息 12 500 元存入银行。

（3）本年末、第二年 6 月 30 日、第二年末计提本期利息（每半年计息一次）。

（4）分期收到半年期利息 12 500 元存入银行。

（5）第二年末，债券到期收回本金已存入银行。

［**要求**］根据上述资料，分步编制必要的会计分录。

（二）练习持有至到期投资的核算

［**资料**］

1. 公司于本年 1 月 1 日购入万里公司同日发行的三年期债券一批，债券面值 80 万元，票面年利率 7%，按年计息，到期还本付息；以存款支付价款 827 000 元，支付普通发票所列的相关交易费用 3 000 元；该债券公司有明确意图和能力持有至到期；假定债券实际利率与票面利率相差很小，利息调整按持有期限平均分摊。

（1）本年 1 月 1 日以存款购入债券。

（2）本年末、第二年末、第三年末计息，并分摊利息调整。

（3）第三年末，债券到期收到债券本息存入银行。

2. 公司于本年 1 月 1 日从证券市场购入五洋公司同日发行的债券一批，有明确意图和能力持有至到期，债券面值 70 万元，公司按面值购入，债券票面利率 5%，按年计息，到期还本付息，每年年末按单项金额重大项目进行减值测试。

（1）本年 1 月 1 日以存款购入债券。

（2）第一年末，计提第一年应计利息。

（3）第一年末，根据市场利率变化等情况，测试确认此项投资发生减值 12 000 元。

（4）第二年末，计提第二年应计利息。

（5）第二年末，经测试此项投资发生减值为 9 000 元，即投资价值回升了 3 000 元。

（6）第三年 2 月，公司将债券出售，取得价款 766 000 元存入银行。

［**要求**］根据上述资料，分步编制必要的会计分录。

第四节　长期股权投资

填空题

1. 企业以支付货币资金取得的长期股权投资，应按照____________作为初始投资成本；取得投资支付的相关税费，应记入“____________”账户。投资者投入的长期股权投资，应按照____________作为初始投资成本。

2. 长期股权投资的核算方法有________和________两种。“长期股权投资”账户，能够反映其投资成本的方法是________。

3. 长期股权投资采用权益法核算的，应分别设置明细分类账户，包括“______”、“________”、“________”。

名词解释

1. 长期股权投资

2. 权益法

单项选择题

1. 企业取得长期股权投资，实际支付价款或对价中包含的已宣告但尚未发放的现金股利或利润，应（　　）。

A. 作为长期股权投资成本　　B. 作为应收项目

C. 作为投资收益　　D. 作为资本公积

2. 投资企业能够对被投资单位实施控制的长期股权投资，应采用的核算方法是（　　）。

A. 成本法　　B. 权益法

C. 权益法为主，成本法为辅　　D. 成本法或权益法

3. 权益法下，长期股权投资投资企业收到被投资单位宣告发放的现金股利，应列为（　　）。

A. 投资收益　　B. 其他业务收入

C. 长期股权投资的减少　　D. 资本公积的增加

4. 长期股权投资核算的，权益法下，被投资单位除净损益、其他综合收益、分配利润以外的所有者权益其他变动，投资企业享有的份额应列为（　　）。

A. 投资收益　　B. 资本公积

C. 营业外收入　　D. 应收项目

5. 长期股权投资，应在资产负债表日，将有客观证据表明该类投资的账面价值与一定方法确定的（　　）之间的差额，确认为资产减值。

A. 预计未来现金流量　　B. 可收回金额

C. 预计未来现金流量的现值　　D. 公允价值

6. 以支付现金取得的长期股权投资，应当按照（　　）作为初始投资成本。

A. 实际支付的购买价款和相关税费

B. 被投资企业所有者权益账面价值的份额

C. 被投资企业所有者权益公允价值的份额

D. 被投资企业所有者权益

7. 权益法下“长期股权投资”账户的期末借方余额，反映（　　）。

A. 投资企业享有被投资单位的权益份额

B. 投资企业占有被投资单位的注册资本额

C. 投资企业享有被投资单位可辨认净资产公允价值的份额

D. 长期股权投资的成本

8. 下列与长期股权投资相关的经济业务事项，应记入“长期股权投资”账户的是（　　）。

A. 权益法下取得长期股权投资的初始投资成本小于投资时应享有被投资单位可辨认净资产公允价值的份额

B. 计提的长期股权投资减值准备

C. 成本法下被投资单位宣告发放现金股利，投资企业应享有的份额

D. 成本法下被投资单位发生亏损，投资企业应享有的份额

9. 20×8 年 5 月 10 日，甲公司以银行存款 5 000 万元从二级市场购入乙公司股票 500 万股，准备长期持有，占乙公司 30% 的股份，对乙公司有重大影响。甲公司为取得该部分股权另支付普通发票所列的手续费等必要支出共 50 万元。购入股票时，乙公司可辨认净资产的公允价值为 20 000 万元，甲公司取得长期股权投资的入账价值为（　　）万元。

A. 20 000　　B. 5 050

C. 5 000　　D. 6 000

10. 企业发生的下列事项中，影响“投资收益”账户金额的是（　　）。

A. 长期股权投资购入前已宣告但尚未发放的现金股利

B. 持有期间，持有至到期投资的面值和票面利率确定的利息

C. 处置权益法核算的长期股权投资时，结转持有期间确认的其他权益变动金额

D. 取得可供出售金融资产发生的交易费用

多项选择题

1. 下列长期股权投资，应采用权益法的有（　　）。
A. 投资企业能够对被投资单位实施控制的
B. 投资企业对被投资单位具有共同控制的
C. 投资企业对被投资单位具有重大影响的
D. 投资企业持有债券占被投资单位发行债券总额50%以上的
2. 下列与长期股权投资相关的经济业务事项，应记入“长期股权投资”账户的有（　　）。
A. 权益法下被投资单位宣告发放现金股利，投资企业应享有的份额
B. 成本法下被投资单位宣告发放现金股利，投资企业应享有的份额
C. 权益法下被投资单位发生的其他综合收益变动，投资企业应享有的份额
D. 权益法下被投资单位发生亏损，投资企业应享有的份额
3. 下列应列入投资收益的有（　　）。
A. 购入交易性金融资产支付的交易费用
B. 权益法下，被投资单位实现利润，投资企业应享有的份额
C. 取得长期股权投资支付价款中包含的已宣告但尚未发放的现金股利
D. 出售长期股权投资，实际收取价款大于其账面价值的差额
4. 权益法下，“长期股权投资”账户应设置的明细账户有（　　）。
A. “成本”　　B. “损益调整”
C. “其他权益变动”　　D. “其他综合收益”
5. 长期股权投资核算成本法的优点包括（　　）。
A. “长期股权投资”账户，能够反映长期股权投资的初始成本
B. 投资收益实现与现金流入的时间不一致
C. “长期股权投资”账户，能反映投资企业在被投资所有者权益中所占的份额
D. 能体现会计核算的谨慎性核算要求
6. 下列应列为“应收股利”的有（　　）。
A. 投资企业获得的现金股利或利润超过投资后产生的累计净利润的分配额的部分
B. 取得长期股权投资实际支付价款中所包含的已宣告但尚未发放的现金股利
C. 计提的长期股权投资减值准备
D. 权益法下，被投资单位宣告发放现金股利，投资企业应享有的份额

判断题

1. 权益法下，投资企业确认被投资企业发生亏损的，应当按投资企业应负担的数额列

为投资损失，并调减长期股权投资（一般减到零为限）。（　）

2. 企业取得长期股权投资支付的税金及相关费用，应作为投资初始成本，记入“长期股权投资”账户。（　）

3. 投资企业对被投资单位能够实施控制和不具有共同控制或重大影响的长期股权投资，应采用成本法进行核算。（　）

4. 权益法下，资产负债表日，投资企业应根据被投资单位实现的净利润和所有者权益的其他变动，计算应享有的份额，确认为当期的投资收益。（　）

5. 长期股权投资核算的成本法和权益法，其初始投资成本的确定是一致。（　）

6. 长期股权投资减值损失确认以后，如果以后会计期间长期股权投资的价值得以回升，已经计提的减值准备也不得转回。（　）

7. 企业长期股权投资、持有至到期投资确认处置的投资损失，经批准后，应列为营业外支出。（　）

8. 企业购入准备近期出售的股票、债券属于交易性金融资产；企业购入债券准备长期持有的，属于持有至到期投资；购入股票准备长期持有的，属于长期股权投资。（　）

9. 企业持有并准备增值后转让的房屋、土地使用权，应列为企业投资性房地产，它是企业投资的一种特殊形式。（　）

10. 可供出售金融资产是不属于交易性金融资产、持有至到期投资、贷款和应收款项的金融资产；可供出售金融资产按规定确认的持有收益应列为其他业务收入。（　）

业务核算题

练习长期股权投资成本法、权益法的核算

［资料］四新公司发生有关长期股权投资的经济业务如下：

1. 公司于1月15日，以存款58万元购入黎明公司的股份作为长期投资，支付价款中含已宣告但预定于2月5日支付的现金股利12 000元，取得投资时另以存款支付普通发票所列的相关税费3 200元；四新公司这一投资能够对黎明公司实施控制；本年12月25日黎明公司宣告发放现金股利38 000元；两年后公司将此项投资予以出售。

（1）1月15日，以存款583 200元取得投资。

（2）2月5日，收到购入前黎明公司已宣告但尚未发放的现金股利12 000元存入银行。

（3）12月25日，黎明公司宣告发放本年度现金股利38 000元。

（4）两年后，公司将此项投资予以出售，取得价款63万元存入银行，此项投资未计提过减值准备，有上月已宣告但尚未发放的现金股利22 000元。

2. 公司于本年1月10日，以存款500万元购买博远公司普通股，占博远公司股本总额的35%，并对其具有重大影响，该项投资采用权益法进行核算。同日博远公司可辨认净资产账面价值（公允价值）为1 200万元。

（1）本年1月10日，以存款500万元进行投资，并以存款支付相关税费2万元。

（2）本年末，资料列明博远公司本年实现净利润200万元，公司应享有35%。

（3）第二年2月5日，博远公司宣告发放现金股利90万元，公司应享有35%。

（4）第二年2月20日，公司收到博远公司于2月5日宣告发放现金股利315 000元，存入银行。

（5）第二年末，博远公司可供出售金融资产公允价值确认减值22万元，本公司占比35%（列为其他综合收益）。

（6）第二年末，资料列明博远公司发生亏损80万元，本公司占比35%。

（7）第二年末，结计此项长期股权投资的账户余额。

（8）第三年初，公司将上述投资出售，取得价款579万元存入银行。

3. 公司收到投资者投入一项长期股权投资（科盛公司），投资合同约定的价值为15万元，投资各方约定对其增加的资本为10万元。

4. 公司与科发公司联营，公司以一项生产设备进行投资，投资转出固定资产结转列入“固定资产清理”账户的账面价值为28万元，并以存款支付普通发票所列的相关税费5 000元，支付补价款15 000元。此项投资属于不满足两个条件的以非货币性资产交换取得的长期股权投资。

5. 公司对盛业公司采用权益法核算的一项长期股权投资，本年末账户余额为：

长期股权投资——盛业公司——成本（借方）	360 000元
——损益调整（贷方）	200 000元
总分类账户余额（借方）	160 000元

（1）本年末，根据发生减值迹象，测算确定此项投资的可收回金额为150 000元，计提其减值准备。

（2）次年末，经核实盛业公司继续发生亏损，亏损额为150 000元，本公司占30%的股份。

（3）次年末，根据发生减值迹象，测算确定此项投资的可收回金额为100 000元，其账面余额115 000元，已提减值准备10 000元，账面价值为105 000元。继续计提减值准备。

（4）此后公司将此项投资出售，取得价款99 000元存入银行。

［**要求**］

1. 根据上述经济业务，编制必要的会计分录。

2. 根据1、2题的会计分录，分别设置并登记“长期股权投资”账户的丁字形账户。

第六章 *Chapter 6*

固 定 资 产

第一节 固定资产概述

填空题

1. 固定资产指为__________、__________、________或经营管理而持有的、使用寿命超一年的________________。

2. 固定资产的确认，首先要符合____________________；其次，还需要同时符合两个条件：（1）______________________________；（2）______________________________。

3. 固定资产按照使用情况分类，可以分为__________、__________和__________三类。

4. 固定资产的计量基础有：______________、______________、______________。

名词解释

1. 固定资产

2. 原始价值

3. 净值

单项选择题

1. 一项资产，确认为固定资产的前提是（　　）。

A. 使用寿命一年以上
B. 单位价值较高
C. 符合固定资产定义
D. 与该资产有关的经济利益很可能流入企业

2. 为建造固定资产而发生的借款利息，在固定资产达到预定可使用状态后发生的，应列为（　　）。

A. 在建工程成本
B. 财务费用
C. 销售费用
D. 管理费用

3. 某公司固定资产建造过程中发生非正常中断时间连续超过三个月的，中断期间发生的借款费用应计入（　　）。

A. 生产成本
B. 当期损益
C. 固定资产购建成本
D. 长期待摊费用

4. 企业购置需要安装设备的安装费应列为（　　）。

A. 固定资产成本
B. 未确认融资费用
C. 管理费用
D. 制造费用

5. 企业已投入使用，但尚未办理竣工决算的固定资产，可先按（　　）入账，待实际价值确定后再进行调整。

A. 计划成本
B. 重置成本
C. 市场价格
D. 估计入账价值

6. 下列不应计入固定资产价值的项目是（　　）。

A. 购置固定资产发生的运杂费
B. 购置固定资产发生的采购人员差旅费
C. 购置固定资产发生的包装费
D. 购建固定资产发生的安装调试费

7. 一般纳税人企业，下列不应列入购建固定资产入账成本的是（　　）。

A. 购进固定资产专用发票所列增值税额
B. 固定资产建设工程领用库存原材料的进项税额
C. 固定资产改扩建过程中发生的工程支出
D. 进口固定资产支付的关税、消费税

8. 关于固定资产的初始计量，下列说法正确的是（　　）。

A. 盘盈的固定资产，按同类或类似固定资产的市场价格，减去按该项资产的新旧程度估计折旧后的余额，作为入账价值
B. 建造固定资产专项借款的利息支出，应计入固定资产的建造成本
C. 自行建造的固定资产，按建造该资产达到设计要求前发生的全部支出作为入账价值
D. 投资者投入固定资产的成本，应当按照投出单位的账面价值确定

9. 为专项建造固定资产而发生的利息支出，在固定资产达到预定可使用状态前发生（符合资本化条件的）的，应记入（　　）账户。

A. “在建工程”　　B. “财务费用”

C. “销售费用”　　D. “管理费用”

10. 企业投资转入的固定资产入账价值为（　　）。

A. 投资单位固定资产账面价值　　B. 市场价格

C. 评估确认的原价　　D. 投资合同或协议约定的价值

11. 盘盈固定资产、接受捐赠的固定资产入账价值的确定，依据的是（　　）。

A. 原始价值　　B. 重置价值

C. 公允价值　　D. 现值

12. 反映企业固定资产实际占用的资金额，即现有价值的是（　　）。

A. 原始价值　　B. 重置价值

C. 重置完全价值　　D. 净值

多项选择题

1. 固定资产所具有的基本特点为（　　）。

A. 使用寿命超过一年　　B. 是有形资产

C. 不使用中不会发生价值损耗　　D. 用于生产经营活动，不是为了出售

2. 一般纳税人企业购入固定资产的入账价值，应包括支付的（　　）。

A. 买价　　B. 运输费、包装费、途中保险费

C. 专用发票所列的增值税　　D. 安装成本

3. 下列与固定资产购建相关的支出，构成一般纳税人企业固定资产入账价值的有（　　）。

A. 达到预定可使用状态前的专业人员服务费

B. 支付的耕地占用税、关税

C. 固定资产投入使用后发生的不符合资本化条件的后续支出

D. 自营在建工程达到预定可使用状态前发生的借款利息（符合资本化条件）

4. 关于固定资产初始计量，下列说法正确的有（　　）。

A. 盘盈的固定资产，按同类或类似固定资产的市场价格，减去按该项资产的新旧程度估计折旧后的余额，作为入账价值。

B. 投资者投入的固定资产，应按照投资合同或协议约定的价值作为入账价值

C. 自行建造的固定资产，按建造该资产达到设计要求前发生的全部支出作为入账价值

D. 固定资产改扩建过程中回收残料价值是不计入固定资产入账价值的

5. 下列各项，应列为固定资产的有（　　）。

A. 融资租入生产设备

B. 购置计算机硬件附带购入未单独计价的软件

C. 经营性租入的房屋

D. 有偿取得的土地使用权

6. 下列各项，不能对固定资产账面原值进行调整的有（　　）。

A. 为了维护固定资产的正常运转和使用，对固定资产进行必要的维护和修理

B. 国有企业改制为股份制公司对固定资产评估的增值

C. 根据实际价值调整原暂估入账价值

D. 计提固定资产减值准备

7. 下列各项，可以对已入账的固定资产原始价值进行调整的有（　　）。

A. 固定资产大修工程支出　　B. 将固定资产的一部分拆除

C. 发现原记的固定资产价值有误　　D. 计提固定资产折旧

判断题

1. 固定资产是指同时具有以下特征的有形资产，一是使用寿命超过一个会计年度；二是企业单位价值较高的主要劳动资料。（　）

2. 固定资产是企业的劳动资料，企业所拥有的工具、模具、管理用具等，也属于劳动资料，所以，应当列为固定资产进行核算。（　）

3. 企业环保设备、安全设备等资产，有助于企业从相关资产获得经济利益，或者将减少企业未来经济利益的流出，只要符合固定资产定义和确认条件的，应将其确认为固定资产。（　）

4. 固定资产在达到预定可使用状态前，由于某些特殊原因发生非正常中断的现象，其中断期间发生的借款费用，不计入所购建固定资产的价值，可将其列为当期损益。（　）

5. 固定资产的入账价值，应当包括为取得固定资产而缴纳的增值税、消费税、契税、耕地占用税、车辆购置税等相关税费。（　）

6. 历史成本具有客观性和可验证性的特点，因而它成为固定资产的基本计量标准，同时它也是计提固定资产折旧的基本依据。（　）

7. 固定资产进行改建、扩建，应将改建、扩建过程中发生的各项支出计入改建、扩建后的固定资产原价。对于改建、扩建过程中取得的变价收入，也应冲减计入相应的固定资产入账价值。（　）

8. 企业购置旧的固定资产、接受捐赠旧的固定资产，其入账价值应是该项固定资产的净值。（　）

9. 专项用于固定资产建设的长期借款、应付债券按期计提的应付利息，应计入所建的固定资产成本。（　）

10. 企业消防设备、监控设备等是不能给企业带来直接经济利益的，所以不能作为固定资产进行核算。（　）

11. 企业发生的借款费用属于专项用于固定资产建设的，并且是在竣工决算前的，应计入固定资产的入账成本，其余均应列为财务费用。（　）

12. 企业季节性生产停用、大修理停用的固定资产，是不在生产经营活动中发挥作用

的，所以，应列为未使用固定资产。 (　　)

业务核算题

练习固定资产的计价

[资料]

1. 某公司（一般纳税人企业）购置一台需要安装的设备，支付专用发票所列的设备买价 100 万元，增值税 13 万元，支付专用发票所列的运费 2 000 元，增值税 180 元。设备安装中领用库存原材料 3 000 元，购进该批物资时支付的增值税额为 390 元。设备安装时支付工程人员职工薪酬 2 万元。

2. 某公司（一般纳税人企业）购入设备一台，支付专用发票所列的买价 38 000 元，增值税 4 940 元；普通发票所列的包装费 375 元。设备当即投入安装，安装过程中领用工程物资 2 240 元；领用生产用库存原材料实际成本 500 元，原进项税额 65 元；领用自产库存商品实际成本 1 800 元，市场售价 2 000 元，增值税率为 13%。设备安装完毕交付使用。

3. 某企业为小规模纳税人，购入一项生产设备，支付专用发票所列的货款 9 万元，增值税 11 700 元；支付普通发票所列的运输费 1 800 元，包装费 300 元。应负担安装工程成本 5 000 元。设备安装完工交付生产使用。

[要求] 根据资料，计算确定固定资产的入账价值。

第二节　固定资产的取得

填空题

1. “固定资产”账户期末借方余额反映____________________；“在建工程”账户期末借方余额反映________________。

2. 企业应设置“______________”、“______________”进行固定资产的明细分类核算。

3. “在建工程”账户可按照“____________”、“____________”、“_____________”、“_____________”以及单项工程等进行明细核算。

4. 按规定向承建企业预付工程价款，应借记“____________”账户；固定资产达到预定可使用状态后剩余的工程物资，转作企业库存材料的，应按其成本_____________。

单项选择题

1. 企业购入不需要安装生产设备，交付生产使用的，应按其入账成本借记的账户是（　　）。

A. “工程物资”　　B. “在建工程”

C. “固定资产”　　D. “在建工程”或“固定资产”

2. 购买固定资产的价款超过正常信用条件延期支付的，实质上具有融资性质，固定资产的入账成本是（　　）。

A. 购买价款　　B. 公允价值

C. 购买价款 + 融资费用　　D. 购买价款的现值

3. “固定资产卡片”是进行固定资产明细核算的账簿，它是按照（　　）分别设置的。

A. 固定资产项目　　B. 固定资产类别

C. 固定资产类别、项目　　D. 固定资产使用部门

4. 固定资产建设工程领用库存原材料，应按照（　　）结转记入“在建工程”账户。

A. 实际成本 + 应负担的进项税额　　B. 实际成本

C. 市场价格 + 应负担的进项税额　　D. 市场价格

5. 固定资产建设工程领用自产商品产品，应按照（　　）结转记入“在建工程”账户。

A. 市场价格　　B. 市场价格 + 售价 × 增值税税率

C. 生产成本　　D. 生产成本 + 应负担的进项税额

6. “固定资产”账户和“在建工程”账户的期末借方余额，分别反映的是（　　）。

A. 固定资产现有价值和在建工程成本

B. 固定资产净值和未达到可使用状态的在建工程成本

C. 固定资产原值和未达到可使用状态的在建工程成本

D. 固定资产原值和达到可使用状态的在建工程成本

7. 一般纳税人企业，购入需要安装的生产设备直接交付安装，专用发票所列的增值税额应记入的账户是（　　）。

A. “在途物资”　　B. “工程物资”

C. “在建工程——在安装设备 ”　　D. “应交税费——应交增值税”

8. 某公司为增值税一般纳税人，自营方式建造一条生产线（生产设备），领用工程物资成本的 280 万元，专用发票所列的增值税 36.4 万元；领用原材料一批，账面成本 20 万元（不含增值税）；领用本公司所生产的产品一批，账面成本为 80 万元，该产品适用增值税税率为 13%，销售价格为 100 万元；发生的在建工程人员的职工薪酬 98.2 万元。假定该生产线已达到预定可使用状态，不考虑其他相关税费，该项固定资产的入账成本为（　　）万元。

A. 530.2　　B. 493.8

C. 491.2　　D. 478.2

9. 某公司的注册资本为150万元，现接受乙公司以一台设备进行投资：设备的原价为84万元，已计提折旧24.93万元；投资各方经协商确认投入资产的价值为63.57万元（未取得增值税专用发票），约定乙公司的资本额为公司注册资本的30%。假定不考虑其他相关税费，此项投入固定资产的入账价值为（　　）万元。

A. 63.57　　B. 59.07

C. 84　　D. 45

10. 某公司采用出包方式建造固定资产，按合同规定预付的工程款，应通过（　　）账户核算。

A. “应付账款”　　B. “预付账款”

C. “在建工程”　　D. “其他应收款”

11. 中大公司于年初从银行取得一项两年期借款300万元，专项用于自建一条流水生产线（设备工程），年利率为6%。借款当即一次全部用于工程建设。工程领用本企业生产的A产品一批，实际成本为16万元，产品售价为20万元，增值税税率13%。工程建设期为一年，工程如期完工并达到预定可使用状态，生产线设备交付生产使用。该项固定资产的入账成本是（　　）万元。

A. 334　　B. 338

C. 340.6　　D. 352

多项选择题

1. 下列项目，应通过“在建工程”账户核算的有（　　）。

A. 融资租入不需要安装的固定资产

B. 购入需要安装的固定资产

C. 固定资产的改、扩建工程

D. 不应计入固定资产入账价值的后续支出

2. 企业以自营方式建造固定资产，下列项目应计入固定资产取得成本的有（　　）。

A. 工程耗用库存原材料发生的进项增值税

B. 工程人员的职工薪酬

C. 工程领用本公司商品产品的实际成本

D. 工程达到预定可使用状态前进行试运转时发生的支出

3. 一般纳税人企业购入固定资产的入账成本，应包括（　　）。

A. 买价+运输费

B. 增值税专用发票所列的增值税

C. 支付消费税、契税、车辆购置税

D. 安装工程成本

4. 固定资产建设的工程物资发生盘亏、报废、毁损的净损失的处理包括（　　）。

A. 工程项目尚未达到预定可使用状态的，计入所建工程项目的成本

B. 工程项目已达到预定可使用状态后的，列为营业外支出

C. 工程项目已达到预定可使用状态的，列为管理费用

D. 工程项目尚未达到预定可使用状态的，列为营业外支出

5. 下列不能列入“固定资产”账户进行核算的有（　　）。

A. 购入需要安装的设备，正在安装中

B. 经营性租入的设备

C. 融资租入需要安装的设备，准备交付安装

D. 预付的工程款

6. 关于固定资产的取得，下列说法不正确的有（　　）。

A. 在建工程领用库存存货，需要进行增值税的结转处理

B. 购入需要安装设备直接交付安装，应借记“在建工程——安装工程”账户

C. 购入旧的固定资产，其入账价值是售出单位的原始价值

D. 自建固定资产结转形成固定资产的时间点是达到预定可使用状态

判断题

1. 企业购入需要安装的固定资产，应通过“在建工程”账户进行核算；企业购入不需要安装的固定资产，应通过“工程物资”账户进行核算。（　　）

2. 企业接受其他单位的固定资产投资时，“固定资产”账户和“实收资本”账户均要按投资合同约定的价值入账。（　　）

3. 企业在建工程领用库存原材料，应按原材料成本和销售价格确定销项税额之和，计入在建工程成本。（　　）

4. 企业以一笔款项购买多项没有单独标价的固定资产时，应当按照各项固定资产公允价值比例对总成本进行分配，分别确定各项固定资产的入账价值。（　　）

5. 按现行规定企业购建固定资产支付的增值税，全部可以列为“进项税额”，而不必计入固定资产的成本。（　　）

6. 企业在建工程领用本公司生产的商品产品，应按产品的成本和销售价格确定增值税销项税额之和，计入在建工程成本。（　　）

7. 企业专项用于固定资产购建的长期借款发生的利息支出，在达到预定可使用状态前发生的（符合资本化条件），应计入固定资产的建造成本；在达到预定可使用状态后发生的，则应作为当期财务费用处理。（　　）

8. 企业外购固定资产取得专用发票的增值税是可以抵扣的，而不计入固定资产成本；接受投资、接受捐赠、非货币资产交换的固定资产是不存在可以抵扣的“进项税额”的。（　　）

9. “固定资产”账户可按固定资产类别和项目进行明细核算；“在建工程”账户按单项工程项目进行明细核算。（　　）

10. 购入工程物资验收入库的，应借记“工程物资”账户；直接交付工程使用的，应借记“在建工程”账户。（　　）

业务核算题

（一）练习固定资产取得的核算

［**资料**］某公司（一般纳税人企业）发生有关固定资产取得的经济业务如下：

1. 购买不需要安装生产设备一台，专用发票所列的价款100万元，增值税率为13%；普通发票所列不能单独计价的控制设施及软件等相关费用10万元。价税款以银行存款支付，设备交付生产使用。

2. 公司购入一台需要安装的机器设备一台，发生有关经济业务如下：

（1）购入设备，专用发票列明的货款为39万元，增值税50 700元；专用发票列明的运输费为3 000元，增值税270元。价税款以银行汇票支付，设备直接交付安装；

（2）安装设备时，领用本公司原材料一批，价值36 000元，购进该批原材料支付的增值税额为4 680元；

（3）领用本公司所生产的产品一批，成本为5万元，市场售价7万元，增值税率13%；

（4）结转安装人员的职工薪酬7 200元；

（5）设备安装完毕达到预定可使用状态，交付车间使用。

3. 公司自行建造一条流水生产线（生产设施），发生有关经济业务如下：

（1）以存款购入为工程准备的各种物资10万元，专用发票所列增值税额为13 000元；

（2）领用工程物资10万元；

（3）领用生产用的原材料一批，实际成本为15 000元，购进增值税为1 950元；

（4）结转工程人员的职工薪酬25 000元；

（5）公司辅助生产车间为工程提供有关劳务，应分摊成本5 000元；

（6）工程达到预定可使用状态，交付生产使用。

4. 以出包方式委托长城建筑公司购建一项固定资产，工程总造价预计为50万元。1月20日按规定预付工程款20万元；6月10日，结算工程进度款，专用发票所列的本期应付工程进度款45万元，增值税40 500元，以存款支付本次工程进度价税款；6月20日工程达到预定可使用状态，结算实际工程造价52万元，以银行存款补付专用发票所列工程款7万元，增值税6 300元。固定资产经验收后交付生产使用。

（二）练习固定资产取得的核算

［**资料**］某公司（一般纳税人企业）发生有关固定资产取得的经济业务如下：

1. 公司的注册资本为500万元，接受乙公司以一台不需要安装设备进行投资，该台设备的原价为66万元，已计提折旧5万元，已计提固定资产减值准备1万元，投资合同约定的价值为57万元，并约定此项投资占公司注册资本的10%。此项业务未取得专用发票。

2. 公司以一项账面余额51万元的长期股权投资与乙公司交换汽车一辆，长期股权投资公允价值为56万元；汽车的账面价值为50万元，公允价值为58万元，假定双方均未计提存货跌价准备，此项交换符合非货币性资产交换的两个条件（资产按换出资产公允价值计量）。另外，此项交换本公司向乙公司支付普通发票所列的补价款1万元。

3. 大明公司（一般纳税人企业）自建一条流水生产线（生产设备），购入工程建设所需的各种设备、物资90万元，支付的增值税额为11.7万元（取得专用发票），验收后一次全部直接用于工程建设；工程建设领用库存原材料一批，实际成本为2万元，购进增值税为2 600元；领用本企业生产的A产品一批，生产成本为20万元，产品售价为30万元，增值税税率13%；工程人员应计职工薪酬15万元。工程完工并达到预定可使用状态，交付生产使用。

［**要求**］根据资料，编制必要的会计分录。

第三节　固定资产折旧

填空题

1. 固定资产由于________和___________的客观存在，一般均应计提折旧。

2. 应计折旧额是指_______________________扣除其_____________后的金额。

3. 固定资产折旧率是指固定资产折旧额与____________之比，它反映固定资产的损耗程度。可分为___________、___________、_____________三种。

4. 固定资产折旧的计算方法有______________，______________、______________和______________四种。

名词解释

1. 固定资产折旧

2. 预计净残值

3. 年限平均法

单项选择题

1. 固定资产的应计折旧额（未发生减值）是（　　）。

A. 固定资产原值－实际净残值　　B. 固定资产原值－累计折旧

C. 固定资产原值＋预计清理费用　　D. 固定资产原值－预计净残值

2. 固定资产折旧率是指固定资产折旧额与固定资产原值之比。下列各项，不是折旧率表现形式的是（　　）。

A. （1－预计净残值率）÷预计使用年限

B. ｛［固定资产原值×（1－预计净残值率）］÷预计使用寿命｝÷固定资产原价

C. 预计净残值÷原固定资产原价

D. 固定资产原值×（1－预计净残率）÷预计总工作量

3. “累计折旧”账户是“固定资产”账户的备抵账户，期末余额是在贷方的。从性质看属于（　　）账户。

A. 负债类　　B. 资产类

C. 双重性　　D. 权益类

4. 下列固定资产不应计提折旧的是（　　）。

A. 季节性、大修理停用的固定资产　　B. 融资租入的固定资产

C. 已提足折旧继续使用的固定资产　　D. 当月减少的固定资产

5. 下列固定资产，应计提折旧的是（　　）。

A. 当月购入并投入使用的机器　　B. 以经营租赁方式租入的生产用设备

C. 已提足折旧额继续使用的厂房　　D. 未使用、不需用的固定资产

6. 以一个逐期递减的折旧率乘以一个固定基数计算各期固定资产应提折旧额的方法是（　　）。

A. 工作量法　　B. 双倍余额递减法

C. 平均年限法　　D. 年数总和法

7. 工作量法将固定资产折旧额与其使用期间的负荷相关联，有一定的合理性。它适用于（　　）。

A. 使用不均衡的大型机械、大型施工设施、运输设备

B. 房屋、建筑物

C. 技术进步较快的生产设备

D. 预计使用寿命较短的固定资产

8. 某公司6月期初应计提折旧的固定资产原值7 000万元，6月份增加的固定资产入账价值为500万元，减少的固定资产原值为100万元。则6月份该某公司应提折旧的固定资产原值为（　　）。

A. 7 000万元　　B. 7 100万元

C. 7 400万元　　D. 6 900万元

9. 某项固定资产原值302 000元，预计使用寿命为5年，预计净残值为2 000元，按年数总和法第三年的折旧额为（　　）元。

A. 80 000　　B. 60 000

C. 72 000　　D. 65 000

10. 某项固定资产原值为15 500元，预计使用寿命为5年，预计净残值为500元，按双倍余额递减法计提折旧，则第二年末该固定资产的账面净值为（　　）元。

A. 5 580　　B. 6 320

C. 5 900　　D. 6 500

11. 某公司2017年12月28日自行建造的一条生产线投入使用，该生产线建造成本为370万元，预计使用年限为5年，预计净残值为10万元。采用年数总和法计提折旧，2018年应计提的折旧额为（　　）万元。

A. 120　　B. 123.33

C. 10　　D. 72

12. 某公司一项机器设备采用工作量法计提折旧：原值为100万元，预计使用寿命为10年，预计生产产品产量为400万件，预计净残值率为4%，本月生产产品5万件。则该台机器设备的本月折旧额为（　　）万元。

A. 8.33　　B. 0.8

C. 1.2　　D. 1.25

多项选择题

1. 下列各项，是固定资产折旧的影响因素的有（　　）。

A. 固定资产原值　　B. 固定资产预计使用寿命

C. 固定资产折旧方法　　D. 固定资产预计净残值

2. 企业在确定固定资产预计使用寿命时，应当考虑的因素包括（　　）。

A. 该资产的预计生产能力或实物产量

B. 该资产预计的有形损耗

C. 该资产预计的无形损耗

D. 有关资产使用的法律或者类似规定的限制

3. 下列各项固定资产，不计提折旧的有（　　）。

A. 融资租入固定资产　　B. 持有待售的固定资产

C. 已提足折旧继续使用的固定资产　　D. 大修理停用的固定资产

4. 计提固定资产折旧一开始就需要考虑其预计净残值的折旧方法有（　　）。

A. 年限平均法　　B. 工作量法

C. 双倍余额递减法　　D. 年数总和法

5. 下列各项固定资产，应计提折旧的有（　　）。

A. 未提足折旧提前报废的固定资产　　B. 经营性出租固定资产

C. 当月减少的固定资产　　D. 未使用的固定资产

6. 下列固定资产折旧方法中，折旧率是固定的有（　　）。

A. 工作量法　　B. 年限平均法

C. 双倍余额递减法　　D. 年数总和法

7. 下列固定资产折旧方法中，属于快速折旧方法的有（　　）。

A. 年限平均法　　B. 工作量法

C. 双倍余额递减法　　D. 年数总和法

8. 计提固定资产折旧，可能列支的账户有（　　）。

A. “生产成本——基本生产成本”　　B. “制造费用”

C. “其他业务成本”　　D. “研发支出”

判断题

1. 固定资产折旧的过程，是将固定资产的取得成本在其使用寿命内进行合理分摊，使之合理地收回投资。它与企业确认损益是无关联的。（　　）

2. 固定资产使用寿命一般是指固定资产预期使用的年限，也可以用该资产所能生产的产品或提供的服务的数量来表示。（　　）

3. 企业应当根据固定资产的性质和使用情况，确定固定资产的预计使用年限和预计净残值；根据与固定资产有关的经济利益的预期实现方式，选择确定固定资产的折旧方法。一经确定，不得随意变更。（　　）

4. 应计折旧额是指应当计提折旧的固定资产净值扣除其净残值后的金额。已计提减值准备的固定资产，还应当扣除已计提的固定资产减值准备累计金额。（　　）

5. 企业当月增加的固定资产，当月应计提折旧；当月减少的固定资产，当月不提折旧。（　　）

6. 当月增加的固定资产，当月不提折旧；当月减少的固定资产，当月照提折旧。这一做法说明企业计提折旧的固定资产是月初应计提折旧的固定资产。（　　）

7. 企业融资租入固定资产应视同自有固定资产计提折旧；季节性、大修理停用的固定资产应列为未使用固定资产，不应计提折旧。（　　）

8. 固定资产折旧的双倍余额递减法是不考虑预计净残值的；年限平均法、工作量法和年数总和法均考虑固定资产的预计净残值。（　　）

9. 融资租入固定资产，租入企业需要计提折旧；经营性出租固定资产，出租企业应计提折旧。（　　）

10. 年限平均法和工作量法计提折旧的特点是每期提取的折旧额是相等的。 ( )

11. 采用直线法计提固定资产折旧，应该按照月初在用固定资产的账面原值乘以固定的月折旧率计算。 ( )

12. 采用年数总和法计提固定资产折旧，应该按照固定资产原值减去预计净残值后的余额乘以逐年递减的折旧率计算应提折旧额。 ( )

13. 固定资产折旧方法的年限平均法属于直线法，而工作量法、双倍余额递减法、年数总和法则属于加速折旧法。从收支配比的要求看直线法比加速折旧法合理。 ( )

14. 企业无论采用何种方法计提固定资产折旧，最终都是要考虑固定资产预计净残值的。 ( )

15. 双倍余额递减法是以不变固定资产净值为基数，以逐年递减的折旧率计算各期折旧额，各期折旧额前多后少，逐年递减，体现加速折旧法的优点。但这种方法最后两年需改为直线法。 ( )

业务核算题

（一）练习固定资产折旧计算年限平均法的运用

[资料] 某公司（一般纳税人企业）购入设备一台，专用发票所列的价款 12 万元，增值税 15 600 元；专用发票所列的运输费 2 000 元，增值税额为 180 元；普通发票所列的包装费、装卸费 1 000 元（含增值税）。设备当即投入安装，安装过程中领用库存原材料实际成本 2 000 元，原进项税额为 260 元；安装人员的职工薪酬 5 000 元。设备安装完毕交付使用。该项固定资产预计使用寿命为 8 年，预计净残值率为 4%。

[要求]

1. 计算该设备的入账成本；
2. 采用年限平均法计算该项固定资产的年折旧率、月折旧率、年折旧额、月折旧额。

（二）练习固定资产折旧工作量法的运用

[资料] 某公司的一台设备原价为 55 万元，预计生产工时为 8 万小时，预计净残值率为 4%，本月设备开动工时为 600 小时。

[要求] 采用工作量法计算该台设备的本月折旧额。

本月折旧额 =

（三）练习固定资产折旧年数总和法和双倍余额递减法的运用

[资料]

1. 某公司自行建造的一条生产线投入使用，该生产线建造成本 1 110 万元，预计使用年限为 5 年，预计净残值为 30 万元。

2. 某公司一项生产设备，账面原值 50 000 元，预计使用寿命为 5 年，预计净残值率为 4%。

［要求］

1. 根据资料 1，采用年数总和法计算各期折旧额，并填入表 1。
2. 根据资料 2，采用双倍余额递减法计算各期折旧额，并填入表 2。

表 1　　各年折旧额计算表（年数总和法）　　金额单位：万元

时间	尚可使用年限	原值 - 预计净残值	年折旧率	年折旧额	累计折旧	年末账面折余价值

表 2　　各年折旧额计算表（双倍余额递减法）　　金额单位：元

时间	年初账面净值	年折旧率	年折旧额	累计折旧	年末账面折余价值

（四）练习计提固定资产折旧的账务处理

［资料］5 月份，某公司本月固定资产计提折旧资料如下表所示。

固定资产折旧计算汇总表　　单位：元

使用部门	固定资产项目	上月折旧额	上月增加固定资产		上月减少固定资产		本月折旧额
			原值	月折旧额	原值	月折旧额	
基本生产车间	厂房	5 000					
	机器设备	53 000	115 000	1 200	58 000	700	
	小计	58 000	115 000	1 200	58 000	700	
无形资产研发	厂房	2 000					
	机器设备	11 000	87 000	1 050			
	小计	13 000	87 000	1 050			
厂部	房屋	10 000					
	设备设施	7 000			25 000	500	
	交通工具	5 000					
	小计	22 000			25 000	500	
专设销售机构	房屋	1 000					
出租	机器设备	2 600					
总　计							

［要求］根据资料计算完成折旧计算汇总表，并据以编制本月计提折旧的会计分录。

第四节　固定资产的后续支出

填空题

1. 固定资产的后续支出可以分为两类：____________、______________。企业对原有固定资产的更新改造、装修工程等，一般属于__________的后续支出。

2. 固定资产不符合资本化条件的后续支出，应当在费用发生时直接计入________。企业生产车间发生固定资产修理费用，属于________化的后续支出，应列入“________”账户。

单项选择题

1. 下列应列入购建固定资产入账价值的是（　　）。
   A. 固定资产发生的大修理费用
   B. 公司管理自行建造固定资产项目发生的管理费用
   C. 固定资产改扩建工程人员的职工薪酬
   D. 固定资产改扩建工程领用库存原材料应负担的增值税进项税额
2. 固定资产改建扩建过程中取得的残料变价收入，应记入（　　）账户。
   A. “其他业务收入”　　B. “在建工程”
   C. “营业外收入”　　D. “固定资产清理”
3. 专设销售机构固定资产的修理费用应列入（　　）账户。
   A. “主营业务成本”　　B. “其他业务成本”
   C. “销售费用”　　D. “营业外支出”
4. 下列应列为长期待摊费用的是（　　）。
   A. 已提足折旧固定资产的改建支出
   B. 生产经营用固定资产（符合资本化条件）的更新改造支出
   C. 固定资产发生的大修理费用
   D. 预付固定资产改扩建工程的工程款
5. 下列各项，不应通过“在建工程”账户核算的是（　　）。
   A. 正在进行改扩建固定资产的净值
   B. 需要安装的固定资产
   C. 固定资产改扩建工程发生的支出
   D. 固定资产费用化的后续支出

多项选择题

1. 下列各项发生的支出，属于固定资产后续支出的有（　　　　）。
   A. 对厂房改造其结构使其更加坚固耐用
   B. 对生产设备更新改造，以提高设备的生产能力
   C. 对原有固定资产进行装修
   D. 对固定资产进行的修理和维护
2. 下列各项，不应计入固定资产入账成本的有（　　　　）。
   A. 更新改造固定资产原账面价值
   B. 固定资产更新改造工程发生的支出
   C. 固定资产更新改造过程中回收残料价值
   D. 固定资产更新改造工程、维护修理购入物资专用发票所列的增值税
3. 固定资产修理支出（非小企业），可能列支的账户有（　　　　）。
   A. “主营业务成本”　　B. “管理费用”
   C. “制造费用”　　D. “销售费用”

判断题

1. 固定资产后续支出是指固定资产在使用过程中发生的更新改造、计提折旧和减值、进行修理等方面的支出。（　　）

2. 与固定资产有关的后续支出，符合企业会计准则规定资本化条件的，应当计入固定资产成本；不符合资本化条件的，应当在发生时计入当期损益。（　　）

3. 固定资产发生的后续支出，同时满足下列两个条件的，应列为资本化支出：（1）支出达到取得固定资产时计税基础 50% 以上；（2）使固定资产的使用寿命延长 2 年以上。（　　）

4. 对原有固定资产进行改建、扩建，应将改建、扩建过程中发生的各项支出计入改建、扩建后的固定资产原值。对于改建、扩建过程中取得的变价收入，应作为固定资产清理净收益转入营业外收入。（　　）

5. 固定资产修理费用（非小企业），无论大修理或中小修理，应当在费用发生时直接计入当期损益。（　　）

业务核算题

练习固定资产后续支出的账务处理

[资料] 某公司发生有关固定资产后续支出的业务如下：

1. 公司决定对现有生产线设备进行更新改造，以提高其生产力能力，发生有关经济业

务如下：

（1）生产线设备原值160万元，已提折旧50万元。设备交付更新改造。

（2）设备进行更新改造，购入专用物资一批直接交付工程使用，以存款支付的专用发票列明的货款为30万元，增值税3.9万元；发生的工程施工人员的职工薪酬为50万元；更新改造过程中取得的残料作为辅助材料验收入库，作价5万元。

（3）设备更新改造工程达到预定可使用状态，交付生产使用，结转工程成本。

2. 公司对厂部办公用房进行维修，领用库存材料（修理用备件）12 000元，发生修理人员职工薪酬9 000元。

3. 月末结转辅助生产机修车间成本：生产车间设备修理应负担15 000元；对厂部设施修理应负担5 000元；出租设施修理应负担2 000元。

4. 公司对专设销售机构用房进行修理（修缮服务），以存款支付专用发票列明的修理费为16 000元，增值税1 440元。

［**要求**］根据资料，编制必要会计分录。

第五节　固定资产租赁

填空题

1. 固定资产租赁按其性质可以分为____________和______________两项。

2. 企业经营性租入固定资产不能作为_____________计价入账，应列为____________；经营性租入固定资产发生的初始直接费用（如合同签订、中介费等），应当列为____________。

3. 企业经营性出租固定资产应当作为________________在资产负债表中列示；经营出租固定资产取得的收入应列为____________；经营出租固定资产计提的折旧应列为________________。

单项选择题

1. 企业（非小企业）预付一年期以上的经营租入固定资产租金，应列为（　　）。

A. 长期待摊费用　　B. 其他应收款

C. 预付账款　　D. 未确认融资费用

2. 企业经营租入固定资产应付未付的租金，应列为（　　）。

A. 预付账款　　B. 其他应付款

C. 长期待摊费用　　D. 长期应付款

3. 企业用于赚取租金的房屋、建筑物，应确认为（　　）。

A. 固定资产——出租固定资产　　B. 长期股权投资

C. 投资性房地产　　D. 其他非流动资产

4. 企业融资租入固定资产交付使用时，应（　　）。

A. 列为固定资产　　B. 列为代管物资

C. 列为在建工程　　D. 列为其他长期资产

5. 企业（非小企业）融资租入的固定资产，应按照（　　），加上初始直接费用作为其初始成本入账。

A. 租赁资产公允价值

B. 最低租赁付款额现值

C. 租赁资产公允价值与最低租赁付款额现值两者中较低者

D. 租赁资产公允价值与最低租赁付款额现值两者中较高者

多项选择题

1. 下列各项，应列为固定资产的有（　　　）。

A. 经营租入固定资产

B. 经营租赁租入固定资产的改良工程支出

C. 融资租入固定资产

D. 经营出租固定资产

2. 企业经营租入固定资产支付属于当期的租赁费，可能列支的账户有（　　　）。

A. “制造费用”　　B. “销售费用”

C. “研发支出”　　D. “管理费用”

3. 融资租入固定资产的所有权不属于租入企业，但按资产确认条件在会计处理时“视同自有”的，就其会计处理下列各项正确的有（　　　）。

A. 列入“固定资产”账户

B. 与自有固定资产一样计提折旧

C. 这也是会计核算实质重于形式要求的体现

D. 发生初始直接费用不列固定资产的初始入账成本

判断题

1. 经营性出租的固定资产，由于是租入企业在使用，所以，应由租入方计提折旧，出租方不必计提折旧。（　　）

2. 企业经营性租入的固定资产，支付租赁费用，应通过“长期待摊费用”账户，分摊计入各期成本费用。（　　）

3. 企业支付经营租入固定资产租赁费，专用发票的增值税，应列为增值税的“进项税额”；取得出租固定资产收入应计的增值税，应列为增值税的“销项税额”。（　）

4. 企业融资租入的固定资产，最低租赁付款额与确认的固定资产初始成本的差额，应列为“未确认融资费用”。（　）

5. 企业经营租赁固定资产出租人为出租资产发生的初始直接费用和应交增值税以外的相关税费，应列为其他业务成本。（　）

业务核算题

（一）练习固定资产经营租赁的核算

［**资料**］A 公司将一项生产设备租赁给乙公司使用，发生的有关经济业务如下：

1. A 公司（出租方）出租的生产设备（未使用）的有关经济业务：

（1）生产设备原值 300 万元，预计使用寿命为 20 年，已提折旧 150 万元，设备交付乙公司，予以结转。

（2）租赁期 5 年，年租金为 50 万元，增值税率 13%。第一年的价税款 56.5 万元收存银行。

（3）每月对此项设备计提折旧 2 万元。

（4）第二年租金已到约定收款期，乙公司未能如期支付，价税款 56.5 万元尚未收到。

（5）以存款支付此项设备应由出租方承担的专用发票所列的使用指导劳务费 1 万元，增值税 600 元。

（6）租期满后公司收回此项设备，设备暂列为未使用固定资产。

2. 乙公司（租入方）租入生产设备的有关经济业务：

（1）租入时，以银行存款支付专用发票所列相关直接费用 15 000 元，增值税 900 元。

（2）收到租入设备，交付生产车间使用。（安装工程略）

（3）设备年租金 50 万元。以存款支付专用发票所列的第一年租赁费 50 万元，增值税 65 000 元。

（4）第二年合同约定租金付款期已到，出租方开出的专用发票已收到，因缺少货币资金而暂未支付价税款 56.5 万元。

（5）租期满后 A 公司收回设备。

［**要求**］根据上述资料，编制必要的会计分录。

（二）练习融资租入固定资产的核算

［**资料**］大力公司融资租入一项固定资产，发生有关经济业务如下：

（1）公司以融资方式租入一台需要安装设备，设备公允价值为 100 万元，双方商定的最低租赁付款额为 150 万元（不含增值税），最低租赁付款额的现值为 105 万元，以存款支付普通发票所列的运杂费 5 000 元。租入设备收到验收后直接交付安装。

（2）以存款支付专用发票所列的租入设备安装费 3 万元，增值税 2 700 元。

（3）租入设备安装完成，达到预定可使用状态，交付生产使用。

（4）租赁期限 5 年，每年以存款支付租赁费 30 万元，增值税 3.9 万元（取得专用发票）。

（5）租赁期满，租入固定资产的所有权转归公司。

［**要求**］根据上述资料，编制必要的会计分录。

第六节　固定资产处置、清查和减值

填空题

1. 固定资产的处置是固定资产退出企业，包括固定资产的__________、__________、__________、对外投资、重组债务、对外捐赠等。固定资产出售以外的处置清理，应通过“________________”账户进行核算。

2. 固定资产清理处置取得残料收入、确认保险赔款等，应贷记“____________”账户；____处置固定资产收入应交增值税，应贷记“________________________”账户。

3. 固定资产在使用过程中，由于存在有形损耗和无形损耗以及其他原因，导致其________低于其____________，这种情况即为固定资产减值。

单项选择题

1. 下列各项，不属于固定资产处置（清理）的是（　　）。

A. 固定资产报废　　B. 固定资产出售

C. 固定资产盘亏　　D. 固定资产对外投资

2. 企业发生固定资产的毁损，应通过下列（　　）账户进行核算。

A. “在建工程”　　B. “固定资产清理”

C. “待处理财产损溢”　　D. “管理费用”

3. 企业出售固定资产取得的收入，应贷记的账户是（　　）。

A. “营业外收入”　　B. “投资收益”

C. “固定资产清理”　　D. “其他业务收入”

4. 企业投资转出固定资产，符合非货币性资产交换条件的，转出资产账面价值（净值+相关税费）与投资确认价值的差额列为当期损益，计列为（　　）。

A. 营业外收入或营业外支出　　B. 资产处置损益

C. 其他业务收入或其他业务成本　　D. 未确认融资费用

5. 企业发现固定资产盘盈，应作为前期会计差错通过（　　）进行核算。

A. “待处理财产损溢”账户　　B. “营业外收入”账户

C. “以前年度损益调整”账户　　D. “长期应付款”账户

6. 固定资产盘亏净损失审批后的结转，应记列的账户是（　　）。

A. “其他业务成本”　　B. “管理费用”

C. “营业外支出——盘亏损失”　　D. “营业外支出——非常损失”

7. 已提取了固定资产减值准备的资产，以后其可收回金额又高于其账面价值，其正确处理是（　　）。

A. 冲减已提减值准备　　B. 不得冲减已提减值准备

C. 将已提减值准备转为营业外收入　　D. 恢复固定资产账面价值

8. 出售一项固定资产（持有待售），原值 30 万元，已提折旧 15 万元，取得收入 103 000元（其中应交增值税 2 000 元），支付清理费用 3 000 元。企业处置此项固定资产的净损益（不考虑增值税外的其他应交税费）是（　　）。

A. 营业外支出 52 000 元　　B. 营业外收入 52 000 元

C. 营业外支出 248 000 元　　D. 资产处置损益 52 000 元

9. 企业已计提减值准备的固定资产报废清理，其已计提的减值准备，应结转记列的账户是（　　）。

A. “其他业务成本”　　B. “管理费用”

C. “固定资产清理”　　D. “营业外支出”

10. 企业预计将在近期出售，且满足划分为持有待售类别的相关条件的，应划分列为（　　）。

A. 固定资产清理　　B. 待处理非流动资产

C. 持有待售资产——固定资产　　D. 持有待处置资产

多项选择题

1. 通过“固定资产清理”账户核算的报废毁损等转出固定资产的净损益，结转计列的账户可能有（　　　）。

A. “营业外支出——非流动资产毁损报废损失”

B. “营业外支出——公益性捐赠支出

C. “营业外支出——非常损失”

D. “资产处置损益”

2. “固定资产清理”账户借方登记的内容包括（　　）。

A. 转入清理的固定资产净值　　B. 发生的清理费用

C. 结转固定资产清理的净损失　　D. 结转固定资产清理的净收益

3. 固定资产报废处理中，最终的净损益应作为（　　）处理。

A. 管理费用　　B. 营业外收入

C. 投资收益　　D. 营业外支出

4. “固定资产清理”账户的核算内容包括（　　）。

A. 固定资产报废　　B. 固定资产毁损

C. 固定资产投资转出　　D. 固定资产大修理

5. 确定固定资产账面价值，应考虑下列（　　）账户的期末余额。

A. “固定资产”　　B. “累计折旧”

C. “固定资产减值准备”　　D. “在建工程”

6. 企业期末对固定资产进行检查，如果发现存在（　　），应当计算固定资产的可收回金额，以确定资产是否已经发生减值，并计提相应的固定资产减值准备。

A. 企业所处经营环境，如技术、市场、经济或法律环境，在当期发生或在近期发生重大变化，并对企业产生负面影响

B. 固定资产陈旧过时或发生实体损坏等

C. 固定资产预计使用方式发生重大不利变化，如企业计划终止或重组该资产所属的经营业务、提前处置资产等情形，而对企业产生负面影响

D. 固定资产市价大幅度下跌，其跌幅大大高于因时间推移或正常使用而预计的下跌，并且预计在近期内不可能恢复

判断题

1. 企业固定资产报废、毁损的净损益，均应结转计入营业外收入或营业外支出。（　　）

2. 企业（非小企业）清查发现的固定资产盘盈，应作为前期会计差错处理，通过“以前年度损益调整”账户进行核算；固定资产毁损、盘亏，均应通过“待处理财产损溢”账户进行核算。（　　）

3. 固定资产报废和毁损，均列为固定资产清理，无论是正常原因造成还是非正常原因造成，其账务处理是相同的。（　　）

4. 企业应定期对固定资产账面净值进行检查，由于使用过程中损耗及其他原因导致账面净值低于其可收回金额的，应将其差额作为固定资产减值准备，并确认为资产减值损失。（　　）

5. 企业发现盘盈、盘亏的固定资产，应通过“以前年度损益调整”账户进行核算。（　　）

6. 固定资产出售、报废以及由于意外事故、自然灾害而产生的毁损，均应通过“固定资产清理”账户核算，其发生的净损益，应直接转入资产处置损益。（　　）

7. 企业出租固定资产和出售固定资产应交的增值税以外的税费，应列入“税金及附加”账户。（　）

8. 固定资产投资转出、报废、毁损以及盘亏，均应通过“固定资产清理”账户核算；企业处置固定资产的净损益，应列为营业外收支。（　）

9. 固定资产计提减值后，固定资产的账面价值发生变化，其以后期间应提折旧额、月折旧额均应加以调整计算。（　）

10. 持有待售固定资产出售产生的净损益列为资产处置损益，未列为持有待售资产的固定资产出售、处置产业的净损益，应列为营业外收入或营业外支出。（　）

业务核算题

（一）练习固定资产处置清理的账务处理

［**资料**］大力公司（一般纳税人）发生有关固定资产处置清理的经济业务如下：

1. 某设备（2007 年 6 月购置）无法正常使用（已列为不需用）经批准予以提前报废，原值为 56 万元，已提折旧 50 万元，清理过程中以存款支付普通发票所列的清理费用 2 000 元，残料变价收入款共计 13 390 元（增值税率 3%，减按 2%）存入银行。报废清理完毕。

2. 某项已转为未使用的设备（2012 年 3 月购置）经批准予以转为持有待售资产，原值为 9 万元，预计使用寿命为 5 年，累计已提折旧 48 000 元。2 个月后予以出售，取得收入 56 500 元（含增值税，增值税率 13%）存入银行。以存款支付专用发票所列为出售费用 5 000元，增值税 450 元。出售清理完毕。

3. 以一台在用设备对甲公司进行投资，设备的原值为 66 万元，累计已计提折旧 5 万元，已计提固定资产减值准备 1 万元，双方经协商确认的投资价值为 57 万元。此项投资不符合非货币性资产交换的两个条件。无清理费用。投资设备已经交付甲公司。

4. 因遭受一场突然的台风导致原值为 96 万元、已提折旧 55 万元的厂房报废；清理时以银行存款支付普通发票所列清理费用 2 万元，取得残料变卖收入为 3 万元银行存款（不考虑增值税）；公司财产已投保，保险公司赔偿清单注明赔偿金额为 25 万元，款未到账。此项净损失于当期结转。

［**要求**］根据上述资料，编制必要的会计分录。

（二）练习固定资产盘点盈亏和减值的账务处理

［**资料**］大力公司（一般纳税人）发生有关固定资产盘点盈亏和减值的经济业务如下：

1. 公司在财产清查中发现盘盈设备一台，其重置价值为 20 万元，有六成新，估计折旧

8 万元。

2. 清查发现盘亏一项生产设备，原价为 50 万元，已提折旧 18 万元。（不考虑增值税的计算结转）

3. 盘盈设备审批后进行结转。所得税税率为 25%，法定盈余公积提取比例为 10%。

4. 盘亏生产设备审批后结转完毕。

5. 年末，公司对一项使用不正常的设备进行检测，发现存在减值迹象，设备账面原值 50 万元，预计净残率为 4%，预计使用寿命为 8 年，已提折旧为 32 万元。经确认设备公允价值（净值）为 17 万元，清理处置费用预计为 5 000 元；设备尚可使用期间和处置的预计未来现金流量的现值为 15 万元。确认其发生的减值。

6. 上述固定资产计提减值后，预计尚可使用年限为 2 年。计算确定其计提减值后的年折旧额、月折旧额。

[要求] 根据上述资料，完成相关计算，编制必要的会计分录。

（三）练习固定资产取得、折旧和处置的核算

[资料] 甲公司（一般纳税人）购建一套生产线（生产设备），发生有关的经济业务如下：

1. 2019 年 6 月 30 日，为购建该生产线向建设银行专门借入资金 50 万元，并存入银行。该借款期限为 3 年，年利率为 9.6%，到期一次还本付息。次日用此项借款的存款购入生产线设备：专用发票注明的买价为 42 万元，增值税 54 600 元；支付专用发票注明的运输费 8 000 元，增值税 720 元；支付普通发票注明装卸费 2 000 元。设备直接交付工程。

2. 生产线建设工程，领用本公司产品一批，该批产品实际成本为 6 万元，市场售价 8 万元，增值税率为 13%。

3. 工程施工人员应计职工薪酬 101 000 元。

4. 银行存款支付专用发票注明的工程费用 60 000 万元，增值税 5 400 元。

5. 2019 年 12 月 31 日，计提本年（半年）应计借款利息（本金按 50 万元计算）。

6. 2019 年 12 月 31 日，工程达到预定可使用状态，生产线投入生产使用。

7. 该生产线预计使用寿命 6 年，采用年限平均法按月计提折旧（预计净残值率为 4%）。

8. 2021 年 12 月 31 日（两年后），甲公司该生产线设备准备予以出售，转为持有待售固定资产。

9. 2022 年 2 月，出售此项资产，以存款支付专用发票所列的出售费用 1 万元，增值税 900 元；出售该生产线设备所得款项 45.2 万元（含增值税，增值税率 13%），款项全部存入银行，设备交付购买单位。计算此项出售资产的净损益。

［**要求**］根据上述资料，完成下列会计业务处理：

1. 2019 年度用此项借款购建生产线设备及年末计提利息的会计分录；

2. 按年限平均法计算该生产线设备的年折旧额、月折旧额，并编制按月计提折旧的会计分录；

3. 出售该生产线设备有关的会计分录。

第七章 *Chapter 7*

无形资产和长期待摊费用

第一节　无形资产

填空题

1. 无形资产是指企业拥有或控制，________________的可辨认的________________。

2. 无形资产一般包括____________、____________、____________、____________和________、____________等。

3. 企业自行开发无形资产，研究开发发生的支出，应当于发生时记入“__________”账户。属于研究阶段的支出，应分期转入________________。属于开发阶段的发生支出分为：（1）符合资本化条件的，应结转记入________________账户；（2）不符合资本化条件的，结转记入______________账户。

4. 无形资产一般应自________________起，按______________进行摊销。

5. 企业需要摊销的无形资产仅是________________。企业来源于合同性权利或者其他法定权利的无形资产的摊销期为_________________________________。

6. 企业出租无形资产的收入应列为__________________，出租无形资产的摊销应列为____________。出售无形资产的净损益应列为__________________。

名词解释

1. 无形资产

2. 可辨认资产

3. 专利权

4. 无形资产减值

单项选择题

1. 下列应列为无形资产的是（　　）。

A. 商誉　　B. 行政划拨的土地使用权

C. 政府授予的特许权　　D. 外购专利权

2. 下列属于无期限的无形资产是（　　）。

A. 非专利技术　　B. 专利权

C. 商标权　　D. 土地使用权

3. 企业自创并依法申请取得的无形资产，申请取得前研究阶段发生的费用，应计入（　　）。

A. 无形资产价值　　B. 研发支出

C. 长期待摊费用　　D. 管理费用

4. 下列反映企业无形资产账面价值的是（　　）。

A. “无形资产”账户借方余额

B. “无形资产”账户借方余额与“资产减值损失——无形资产减值”账户借方余额之和

C. “无形资产”账户借方余额与“无形资产减值准备”和“累计摊销”账户贷方余额之差

D. “无形资产”账户借方余额与“无形资产减值准备”账户借方余额之和

5. 出租无形资产的收入应列为（　　）。

A. 营业外收入　　B. 资本公积

C. 其他业务收入　　D. 主营业务收入

6. 企业行政划拨未入账的土地使用权有偿转让时，按规定补交的土地出让金，应当（　　）。

A. 作为固定资产价值处理　　B. 作为无形资产处理

C. 作为当期损益处理　　D. 作为长期待摊费用处理

7. “研发支出”账户的期末借方余额，反映（　　）。

A. 企业正在进行研发项目费用化的支出

B. 企业研发项目发生成本

C. 企业正在进行研发项目满足资本化条件的支出

D. 企业正在进行研发项目发生的各项支出

8. 无形资产预期不能为企业带来经济利益时，应予以报废，其账面价值应列入（　　）。

A. 营业外支出　　B. 管理费用

C. 其他业务成本　　D. 资产减值损失

9. 下列各项，一般不会引起无形资产账面价值发生增减变动的是（　　）。

A. 对无形资产计提减值准备　　B. 摊销无形资产

C. 无形资产可收回金额大于账面价值　　D. 转让无形资产所有权

10. 无形资产出售所发生的净收益，应列为（　　）。

A. 其他业务收入　　B. 资本公积

C. 资产处置损益　　D. 投资收益

11. 下列应列为管理费用的是（　　）。

A. 研究开发无形资产发生的支出　　B. 生产经营用无形资产的摊销

C. 出售无形资产的净损益　　D. 计提无形资产减值准备

12. 投资者投入无形资产的入账成本是（　　）。

A. 无形资产的公允价值　　B. 投资方无形资产的账面价值

C. 投资合同或协议约定的价值　　D. 同类或类似无形资产的市价

13. 企业自行研发无形资产发生的费用化支出，应借记的账户是（　　）。

A. "研发支出"　　B. "管理费用"

C. "无形资产"　　D. "营业外支出"

14. 确定无形资产摊销期限，对来源于合同性权利或者其他法定权利，而且合同规定或法律规定有明确使用年限的，其摊销期限（预计使用寿命）的确定是（　　）。

A. 合同规定或法律规定的年限　　B. 参考历年经验，合理加以估计

C. 不应超过合同或法律规定的年限　　D. 不应超过 10 年

15. 下列关于无形资产摊销的说法，不正确的是（　　）。

A. 使用寿命不确定的无形资产不需进行摊销

B. 无形资产应当自取得当月起进行摊销

C. 无形资产有预计残余价值的，应在摊销时从入账成本中扣除

D. 企业无形资产的摊销是不可能计入相关资产成本的

16. 无形资产减值是无形资产可收回金额低于其（　　）的差额。

A. 公允价值　　B. 账面余额

C. 账面价值　　D. 预计未来现金流量

多项选择题

1. 下列属于无形资产基本特征的有（　　　）。

A. 有偿取得　　B. 是可辨认的资产

C. 未来经济利益的不确定性　　D. 必须是企业自用的

2. 下列应列为无形资产的有（　　）。

A. 外购商标权

B. 自创商标权

C. 有偿取得的土地使用权

D. 自行研究开发无形资产研究过程中发生的支出

3. 关于无形资产摊销，下列说法正确的有（　　）。

A. 无形资产应当自取得当月起进行摊销

B. 无形资产的应摊销金额为其入账价值

C. 使用寿命不确定的无形资产不应摊销

D. 无形资产摊销的预计使用寿命，是按合同规定或法律规定的年限确定的

4. 企业无形资产摊销可能列支的账户有（　　）账户。

A. “其他业务成本”　　B. “管理费用”

C. “制造费用”　　D. “财务费用”

5. 企业在自行开发并取得专利权的过程中所发生的下列费用，应记入该专利权入账价值的有（　　）。

A. 依法取得专利权发生的注册费

B. 依法取得专利权发生的聘请律师费

C. 研究阶段发生的费用

D. 开发阶段发生的符合资本化条件的支出

6. 下列关于无形资产会计处理的表述中，正确的有（　　）。

A. 无形资产均应确定预计使用年限并分期摊销

B. 有偿取得的自用土地使用权应确认为无形资产

C. 内部研发项目开发阶段支出应全部确认为无形资产

D. 无形资产减值损失一经确认在以后会计期间不得转回

7. 关于自行研究开发的无形资产，下列说法中不正确的有（　　）。

A. 研究阶段的支出，应当资本化，确认为无形资产

B. 研究阶段的支出，应当费用化，月末转入当期损益

C. 研发支出，应当区分研究阶段支出与开发阶段支出

D. 开发阶段的支出，一律资本化，确认为无形资产

8. 下列各项能引起无形资产账面价值发生增减变动的有（　　）。

A. 摊销无形资产　　B. 转让无形资产所有权

C. 发生无形资产的后续支出　　D. 对无形资产计提减值准备

9. 企业自行研究开发项目开发阶段的支出，确认为无形资产应同时满足的条件包括（　　）。

A. 具有完成该无形资产并使用或出售的意图

B. 归属于该无形资产开发阶段的支出能够可靠地计量

C. 完成该无形资产以使其能够使用或出售在技术上具有可行性

D. 有足够的技术、财务资源和其他资源支持，以完成该无形资产的开发，并有能力

使用或出售该无形资产

10. 无形资产摊销金额的确定，下列应从无形资产成本中扣除的有（　　）。

A. 预计残值　　B. 已计提的无形资产减值准备累计金额

C. 预计可收回金额　　D. 账面价值

判断题

1. 无形资产的取得成本应该能够可靠地计量。凡是取得成本不能可靠计量的不具有实物形态的资产，不能列为无形资产入账。（　　）

2. 企业无形资产不论是外购的，还是自创的，都是受法律保护的。（　　）

3. 企业拥有的土地使用权，都应作为无形资产入账核算。（　　）

4. 无形资产出租和出售的收入均应列为其他业务收入。（　　）

5. 当无形资产预期不能为企业带来经济利益的，应将该项无形资产的账面价值予以转销，计入转销当月的营业外支出。（　　）

6. 无形资产确认后发生的支出，金额较大的应增加无形资产的价值，金额较小的可确认为发生当期的费用。（　　）

7. 企业用于生产某种产品的、已确认为无形资产的非专利技术，其摊销金额应记入当期制造费用。（　　）

8. 企业自行开发无形资产，发生的研究、开发费用，会计核算上一般应将其全部列为当期管理费用。（　　）

9. 商誉是不具有实物形态的资产，并也能够给企业带来经济利益，但其存在无法与企业自身分离，不具有可辨认性，所以，不能列为无形资产。（　　）

10. 企业需要摊销的无形资产仅是指使用寿命有限的那部分，使用寿命不确定的无形资产不必进行摊销。（　　）

11. 企业自行开发无形资产，无法区分研究阶段支出和开发阶段支出的，应当将其所发生的研发支出全部费用化，计入当期损益。（　　）

12. 企业所持有的无形资产其账面成本低于其可收回金额的，其差额应确认为无形资产减值，计入“资产减值损失”账户。无形资产减值损失一经确认，在以后会计期间不得转回。（　　）

13. 商标权是指企业专门在某种指定的产品或商品上使用特定的名称、图案和标记的权利。企业拥有的商标权均应列为无形资产。（　　）

14. 无形资产确认入账后发生的后续支出，符合资本化条件的应记入“无形资产”账户；不符合资本化条件的则计入当期损益。（　　）

15. 某项无形资产不再受法律保护，且不能给企业带来经济利益，则应将其账面价值结转计入营业外支出。（　　）

16. 无形资产的应摊销金额为其成本扣除预计残值后的金额。已经计提减值准备的无形资产，还应扣除已计提的无形资产减值准备累计金额。（　　）

业务核算题

（一）练习无形资产取得的核算

［资料］某公司发生有关无形资产的经济业务如下：

1. 从技术市场购入一项专利权，专用发票所列的价款3万元，增值税1 800元；普通发票所列的注册登记费、律师费用等2 000元。价款均以存款支付。该项专利权已投入使用。

2. 接受H公司以某项非专利技术向本企业投资，投资协议确定的价值为15万元，按比例确认的资本额为10万元，取得的票据为普通发票。该项著作权已投入使用。

3. 本公司接受外单位捐赠一项著作权，捐赠单位提供专用发票确认的价值为6万元，增值税3 600元。并以存款支付普通发票所列的相关费用7 000元。

4. 为适应生产经营的需要，公司有偿取得一项土地的使用权，使用年限为30年，以存款支付专用发票所列的土地出让金900万元，增值税81万元。已办妥相关手续。

5. 公司自行研究开发一项新技术，研究试制过程中领用原材料5万元，应付职工薪酬2万元，应负担的固定资产折旧费1万元。

6. 月末，将上述研究阶段发生的支出予以转销。

7. 公司上述自行开发项目取得初步成功，进入开发阶段，发生应付职工薪酬26 000元；以存款支付相关专用发票所列的服务费用2万元，增值税1 200元。经确认开发阶段支出全部符合资本化条件。

8. 上述自行开发项目，取得成功，申请取得专利权。以存款支付专用发票所列登记及律师费用15 000元，增值税900元，并结转开发阶段的资本化支出。

［要求］根据上述经济业务，编制必要的会计分录。

（二）练习无形资产出租、出售和处置等业务的核算

［资料］某公司发生有关无形资产的经济业务如下：

1. 本月份公司无形资产摊销资料如下表所示。

无形资产摊销表

××年6月

金额单位：元

项目	无形资产账面余额	摊销期限	每月摊销
土地使用权	2 700 000	30年	7 500
专利权A	180 000	5年	3 000
商标权	192 000	10年	1 600
著作权（出租）	86 400	6年	1 200
合计	27 458 400	—	13 300

2. 公司出租的著作权，本月取得出租收入 3 万元，增值税 1 800 元，款项转存银行。以存款支付普通发票所列的此项出租业务的技术指导费 9 000 元，应付职工薪金 6 000 元。

3. 公司出售一项商标权，账面余额 192 000 元，累计摊销额为 96 000 元，取得收入 15 万元，增值税率为 6%（其他税费略），价税款共计 15. 9 万元收存银行。此项商标权未计提过减值准备。

4. 公司于本月检查发现某项专利权 A 由于技术进步等原因已不能为企业带来经济利益，应予以报废转销。该专利权账面成本 18 万元，已累计摊销 15 万元，已计提无形资产减值准备 1 万元。

5. 年末公司对现有无形资产进行检查，各项无形资产的账面价值与可收回金额对比资料如下表所示。计算提取本期应计提的无形资产减值准备。

项　目	账面价值确定				可收回金额	减值
	账面成本	累计摊销	已提减值准备	余　额		
土地使用权	54 000 000	1 500 000	—	52 500 000	90 000 000	
著作权	86 400	43 200	7 000	36 200	30 000	6 200
非专利技术	156 000	9 750	—	146 250	150 000	

6. 公司用于出租的著作权，账面成本 86 400 元，预计使用年限为 6 年，已使用 3 年，累计已计摊销 43 200 元，已提减值准备 13 200 元，重新估计尚可使用 2 年。确定该项专利权从下月起每月应计的摊销额，并进行其账务处理。

［要求］根据上述经济业务，编制必要的会计分录。

（三）练习无形资产的核算

［资料］大源公司发生有关无形资产的业务如下：

1. 2×17 年 1 月购入一项特许经营权，以存款支付专用发票所列的价款 85 万元，增值税 5. 1 万元。并以存款支付普通发票所列的相关费用 5 万元。该无形资产的有效使用年限为 8 年，公司确定的预计使用寿命为 6 年。该项无形资产交付使用。

2. 该无形资产合同约定的有效使用年限为 8 年，公司确定的预计使用寿命为 6 年。按月进行该项无形资产的摊销。

3. 2×17 年 12 月 31 日，由于与该无形资产相关的经济因素发生不利变化，致使其发生减值，公司估计可收回金额为 72 万元。计提此项无形资产的减值准备。

4. 计提减值后，该无形资产的预计使用寿命不变，2×18 年 1 月起按月进行此项无形资产的摊销。

5. 2×18 年 12 月 31 日，由于与该无形资产相关的经济因素发生继续不利变化，致使其继续发生减值，公司估计的可收回金额为 54 万元。

6. 2×18 年 12 月计提减值后，该无形资产公司估计的预计使用寿命为 5 年，即还可使用 3 年。2×19 年 1 月起按月进行此项无形资产的摊销。

7. 2×20 年 12 月 31 日公司将此项无形资产出售，取得收入 14 万元，增值税率 6%（不考虑其他税费），价税款共计 14. 84 万元收存银行，资产交付购买单位。

［**要求**］根据上述经济业务，编制必要的会计分录。

第二节　长期待摊费用

填空题

1. 长期待摊费用是指企业________________，应由________________负担的，摊销期在一年以上的________________。

2. 企业经营租赁租入固定资产改良支出的摊销期限是________________________。车间经营租赁方式租入固定资产改良支出的摊销应计入____________________。

单项选择题

1. 下列应列为长期待摊费用的是（　　）。

A. 公司开办费　　B. 经营性租入固定资产的改良支出

C. 数额较大的固定资产修理费用　　D. 长期借款的应付利息

2. 企业预付租入固定资产 1 年以上的租赁费应列为（　　）。

A. 主营业务成本　　B. 长期待摊费用

C. 固定资产或无形资产　　D. 制造费用或管理费用

3. 关于长期待摊费用的核算，下列说法不正确的是（　　）。

A. 长期待摊费用的摊销期一定在 1 年以上

B. 长期待摊费用是一项非流动资产

C. 长期待摊费用核算的正确与否，影响企业资产，但不会影响企业利润

D. “长期待摊费用”账户可按费用项目进行明细核算

多项选择题

1. 企业（非小企业）下列各项，属于长期待摊费用的有（　　　）。
   A. 预付租入固定资产两年的租金
   B. 经营性租入固定资产改良支出
   C. 固定资产大修理费用
   D. 分期摊销法下，使用期为24个月的生产工具
2. 关于长期待摊费用，下列说法正确的有（　　　）。
   A. 长期待摊费用的确认与摊销是权责发生制核算基础的具体体现
   B. 小企业长期待摊费用的内容与执行具体准则的企业是不同的
   C. 长期待摊费用的摊销是按照费用项目，在其受益期平均摊销
   D. 企业经营性租入固定资产改良支出的摊销期限是租赁期限

判断题

1. 企业已经发生，应由以后各期负担的、摊销期在1年以上的各项费用，均应列为长期待摊费用。（　）

2. 企业经营性租入固定资产的改良支出应在租赁期限内平均摊销。（　）

3. 无形资产摊销和长期待摊费用摊销都应计入管理费用。（　）

4. 企业发生修理间隔期在1年以上的大修理费用，领用使用期限在1年以上的低值易耗品的成本，应列为长期待摊费用。（　）

业务核算题

练习长期待摊费用的核算

[资料] 某公司发生长期待摊费用的有关经济业务如下：

1. 公司专设销售机构租入经营用房屋2间，合同约定租赁期为5年，承租日以存款一次支付前3年的房租225 000元（取得普通发票），房屋已交付使用。分别进行预付租赁费和3年租赁期内摊销租赁费的账务处理。

2. 生产车间以经营租赁方式租入一项生产设备，租赁期为5年，预计尚可使用年限为10年，公司对该设备进行改良。改良工程购入工程物资一批直接交工程使用，以存款支付专用发票所列的买价15万元，增值税19 500元；应付职工薪酬36 000元。工程完工交付生产使用。分别进行发生工程支出、完工结转和分月摊销改良工程支出的账务处理。

[要求] 根据上述经济业务，编制必要的会计分录。

第八章 Chapter 8

流 动 负 债

第一节　流动负债概述

填空题

1. 负债是指企业负债，是企业在__________下已承担的义务；负债是企业承担的能够以____________的义务；企业现行的负债代表着企业__________________的流出。

2. 企业负债按其流动性可分为____________和____________两大类。流动负债是指企业将在__________内或者__________________内偿还的各种债务。

名词解释

1. 负债

2. 流动负债

单项选择题

1. 下列各项不属于流动负债的是（　　）。

A. 应交税费　　B. 应付职工薪酬

C. 应付及预收款　　D. 预计负债

2. 流动负债通常是按（　　）计价入账的。

A. 未来应付金额　　B. 未来现金流量

C. 未来应付金额的现值　　D. 负债本金加应付利息

3. 企业负债的形成是（　　）。

A. 现在的交易或者事项

B. 未来的交易或者事项

C. 过去的交易或者事项

D. 一年或超过一年的一个营业周期的交易或者事项

4. 负债的实质是（　　）。

A. 企业承担的未来义务　　B. 企业承担的现时义务

C. 企业承担和未承担的债务　　D. 企业缺乏货币资金

5. 关于负债确认，正确的说法是（　　）。

A. 确认负债应同时满足下列两个条件：①与该义务有关的经济利益很可能流出企业；②未来流出利益的金额能够可靠地计量

B. 确认负债应符合定义，并是企业承担的现时义务

C. 符合负债定义并同时满足下列两个条件的，应确认为负债：①与该义务有关的经济利益很可能流出企业；②未来流出利益的金额能够可靠地计量

D. 确认负债应同时满足下列两个条件：①符合负债定义；②与该义务有关的经济利益很可能流出企业

多项选择题

1. 下列属于负债的有（　　　）。

A. 预收账款　　B. 预付账款

C. 递延所得税负债　　D. 盈余公积

2. 下列应列为流动负债的有（　　　）。

A. 应付股利　　B. 应付债券

C. 应交税费　　D. 一年内到期的长期借款

3. 关于负债，下列说法正确的有（　　　）。

A. 负债是能够用货币计量的

B. 负债是企业承担的现时义务

C. 企业承担的不能用货币计量的义务，也应确认为负债

D. 负债也是企业一项资金来源

4. 流动负债的特点包括（　　　）。

A. 偿还期限短

B. 举借目的是满足生产经营资金周转的需要

C. 是一年内必须偿还的债务

D. 需要用资产、提供劳务或者举借新的负债来偿还

判断题

1. 流动负债是指过去的交易、事项形成的现时义务，发生该义务预期会导致经济利益流出企业。（　　）

2. “预计负债”是预先计提的负债，其实质是一项费用，而不是真正的负债。（　　）

3. 负债是企业承担的现时义务，企业现时未承担（或不能承担）的义务不能确认为负债。（　　）

4. 企业承担的不能用货币计量的义务（或承诺）不能确认为负债，但可以列为预计负债。（　　）

5. 流动负债是指企业将在一年内偿还的各种债务。企业超过一年未能偿还的应付账款应转为非流动负债。（　　）

第二节　短期借款和应付款项

填空题

1. 短期借款是企业向银行或其他金融机构借入的、期限在________的各种借款；短期借款的利息支出，应作为______________，计入当期损益。

2. 短期借款利息是按季支付的，或者是在借款到期时连同本金一起支付，数额较大的，应通过“__________”按月预提计入______________。

3. 应付账款的入账时间为________________________________；应付账款的入账金额为____________________________；“应付账款”账户可按________________进行明细核算。

4. “预收账款”账户贷方余额表示________________________________；借方余额表示____。

5. 企业确实无法支付的应付账款，批准核销时应转为____________________。

名词解释

1. 应付账款

2. 预收账款

单项选择题

1. “应付账款”账户属于双重性账户，其期末借方余额。反映（　　）。

A. 预付的款项（应收款项）　　B. 预收的款项

C. 应付未付的款项　　D. 多付的应付账款

2. 企业应付票据到期，属于银行承兑汇票的，票款由承兑银行垫付，企业应将其票面金额转为（　　）。

A. 应付账款　　B. 其他应付款

C. 短期借款　　D. 财务费用

3. 企业购入物资过程中，因供应单位责任造成的途中短缺，经确认应由供应单位赔偿的款项，应列入（　　）账户。

A. “应收账款”　　B. “应付账款”

C. “其他应收款”　　D. “其他应付款”

4. 企业支付短期借款利息，应借记的账户是（　　）。

A. “应付利息”　　B. “财务费用”

C. “短期借款”或“财务费用”　　D. “财务费用”或“应付利息”

5. 企业签发并承兑的商业承兑汇票到期，企业无力支付票款，应按照应付票款金额，借记（　　）账户。

A. “应付账款”　　B. “应付票据”

C. “短期借款”　　D. “其他应付款”

6. “预收账款”账户所属有关明细账户的期末借方余额，编制“资产负债表”时，应列入的项目是（　　）。

A. “应收账款”项目　　B. “预付账款”项目

C. “预收账款”项目的抵减（或红字）　　D. “应付账款”项目

7. 下列各项，不通过“应付账款”账户核算的是（　　）。

A. 购进材料、商品应付的价款

B. 购进材料、商品支付的增值税

C. 购进材料、商品已验收入库，但至月末仍未收到单证的暂估价款

D. 应付租金

8. 向投资者分配的利润（应付股利）属于（　　）。

A. 应付金额肯定的流动负债

B. 应付金额视经营情况而定的流动负债

C. 应付金额需予以估计的流动负债

D. 是一种长期负债

9. 企业签发并承兑的商业承兑汇票到期无法偿付的票款，企业应当进行的处理是（　　）。

A. 转作应付账款　　B. 转作短期借款

C. 不进行账务处理　　D. 转作其他应付款

10. 预收货款业务不多的企业，发生的预收货款可以通过（　　）账户进行核算。

A. “应收账款”　　B. “应付账款”

C. “预付账款”　　D. “其他应收款”

11. 购进材料、商品发生现金折扣的处理是（　　）。

A. 实际发生时计入当期财务费用

B. 按扣除现金折扣的金额确认应付款项

C. 实际发生时计入当期管理费用

D. 列为营业外支出

12. 企业支付银行承兑汇票的承兑手续费应列为（　　）。

A. 营业外支出　　B. 财务费用

C. 管理费用　　D. 应付票据

13. 下列不应列财务费用的是（　　）。

A. 支付银行承兑汇票的承兑手续费　　B. 带息应付票据支付的票据利息

C. 短期借款的利息支出　　D. 专设销售机构人员的工资

多项选择题

1. 下列各项应列入“应付账款”账户核算的有（　　）。

A. 不设“预付账款”账户企业，预付的款项

B. 不设“预收账款”账户企业，预收的款项

C. 接受劳务供应应付的款项

D. 货物验收入库，至月终仍未收到发票账单的暂估应付款

2. 下列各账户，属于双重性的账户有（　　）。

A. “预收账款”　　B. “应付账款”

C. “短期借款”　　D. “应付利息”

3. 下列说法正确的有（　　）。

A. 企业支付电费、水费及其可以抵扣的增值税应借记的账户，应该是“应付账款”、“应交税费——应交增值税（进项税额）”账户

B. 企业购入材料，货物验收入库，发票账单尚未收到的，应按合同价暂估入账

C. “应付账款”账户，可按债权人（对方单位）进行明细核算

D. 应付租金、存入保证金、代扣款应列为其他应付款

4. 下列应列为财务费用的有（　　）。

A. 实际发生并确认的购货现金折扣　　B. 支付银行承兑汇票手续费

C. 短期借款利息支出　　　　　　　D. 支付职工社会保险费

5. 下列各项，应通过“其他应付款”账户核算的有（　　）。

A. 应付未付的包装物租金

B. 应付未付的借款利息

C. 存入保证金

D. 经营性租入固定资产发生的改良支出

判断题

1. 短期借款的利息应在支付时计入财务费用，并且是不通过“短期借款”账户核算的。（　）

2. 存在购货折扣情况下，应付账款的确认：系商业折扣的，应按扣除商业折扣的发票结算金额入账；系现金折扣的，应按不扣除现金折扣金额入账，待实际发生折扣时，再将折扣金额计入当期财务费用。（　）

3. 企业接受外部供电、供水、供气、供热等劳务或产品，应在期末根据权责发生制核算基础的要求，结算应付数，并计列在“应付账款”账户的贷方。（　）

4. “应付票据”、“应付账款”和“预收账款”账户均属于负债类账户，总分类账和各有关明细账户的期末余额必定是在贷方的。（　）

5. 企业可以直接将预收账款并入“应收账款”账户核算，这样“应收账款”账户有关明细账户的期末贷方余额，反映的就是企业的预收账款。（　）

6. 不带息应付票据和带息应付票据，均应按票面金额计价入账，列入“应付票据”账户。（　）

7. 存入保证金是一项其他应收款，存出保证金是一项其他应付款。（　）

8. 预收账款是企业的一项负债，所以，“预收账款”账户的期末余额，一定是反映企业负债的。（　）

9. 企业采购货物，货物已验收入库，但发票账单至月终仍未收到，应在月终按暂估价值借记“原材料”账户，贷记“应付账款”账户。（　）

10. 企业在签发并承兑的商业承兑票据到期无力支付票款的，应当将应付票据转为应付账款。（　）

11. “应付账款”、“应交税费”是负债类账户，所以，它们是不会出现期末借方余额的。（　）

12. 企业持未到期的商业汇票向银行贴现，无论银行是否附有无追索权，均应贷记“短期借款”账户。（　）

业务核算题

（一）练习短期借款的核算

［**资料**］新江公司发生有关短期借款的经济业务如下：

1. 3月1日，因生产经营需要，从交通银行西湖支行取得一项为期3个月的临时借款25万元，年利率为4.8%；借款利息因数额不大，于6月1日借款到期时，一并以存款还本付息。

2. 7月1日，公司因生产经营需要，从广发银行四海支行取得一项为期半年的生产周转借款150万元，年利率5.76%，借款利息按月提取，按季支付，到期还本。

（1）7月1日取得借款；

（2）7月、8月末计提利息；

（3）9月末支付此借款本季应付利息；

（4）10月、11月末计提借款利息；

（5）12月末归还借款本金、支付本季借款利息。

［**要求**］根据上述经济业务，编制必要的会计分录。

（二）练习应付账款和预收账款的核算

［**资料**］新江公司（一般纳税人，下同）本期发生有关应付账款和预收账款的经济业务如下：

1. 7月1日，企业从D公司购入原材料一批，专用发票所列货款8万元，增值税率13%。材料已验收入库，价税款尚未支付，双方商定的现金折扣（按货款）比例为“5/10；3/20；N/30”。公司原材料按实际成本计价核算。

2. 7月2日，公司按合同向三星公司预收货款5万元，款项收存银行。公司预收货款单独设置账户核算。

3. 7月10日，公司以存款支付C公司支付上月购入原材料应付未付的款项35 100元。

4. 7月15日，公司向三星公司发售产品，计货款7万元，增值税9 100元。

5. 7月18日，以存款向D公司购入材料的价税款（属10天以后、20天内付款），应计现金折扣2 400元，付款90 400元。

6. 7月20日，收到三星公司补付的购货款21 900元，剩余款项三星公司准备下月付给。

7. 7月25日，公司经核准将一项确实无法支付的数年前应付科达公司的购货款12 000元予以转销。

8. 7月26日，公司从五丰公司购入原材料一批，材料已验收入库，合同所列货款4万元，增值税5 200元。因发票账单尚未收到而暂时无法支付。

9. 7月31日，月末结计本月应付电费（城北供电局）59 000元，其中，生产车间产品生产动力用电4万元，车间照明用5 000元，厂部照明用8 000元，开发无形资产项目用电6 000元。

10. 7月31日，7月26日向五丰公司购入并验收入库的原材料，至月终仍未收到发票账单，按合同价款4万元暂估入账。

11. 8月1日，将向五丰公司购入材料上月末的暂估应付款予以冲销。

12. 8月5日，接银行通知本期电费6万元，增值税7 800元，已从存款户划付。

13. 8月7日，7月26日向五丰公司购入的原材料，发票账单收到，货款41 000元，专用发票所列增值税5 330元，价税款先以存款支付3万元，其余暂欠。

［**要求**］

1. 根据上述经济业务编制必要的会计分录；
2. 设置并登记“预收账款——三星公司”的丁字账户。

（三）练习应付票据和其他应付款的核算

［**资料**］新江公司发生有关应付票据和其他应付款的经济业务如下：

1. 公司从C公司购入A材料一批，专用发票所列货款4万元，增值税5 200元。材料已验收入库（按实际成本计价核算），企业签发一张为期3个月、不带息商业承兑汇票支付价税款。

2. 公司从D公司购入B材料一批，专用发票所列货款5万元，增值税6 500元，材料已验收入库（按实际成本计价核算）。价税款以公司签发并经开户银行承兑的一张为期2个月的带息银行承兑汇票支付，票面利率5.4%。银行承兑手续费1 000元（取得普通发票）以银行存款支付。

3. 向新星公司出租包装物一批，收取押金7 020元存入银行。

4. 公司上月从A公司购入材料的应付款款为27 000元，经协商公司签发为期1个月的不带息商业承兑汇票抵付。

5. 期末，结转专设销售机构向达美公司租入营业用房的本期应付租金2万元（不含增值税）。

6. 公司从D公司购入B材料签发并经银行承兑的商业汇票到期，面值56 500元，应计利息508.50元（58 000×5.4%÷12×2），共计57 008.50元，以存款予以支付。

7. 公司从C公司购入A材料签发并承兑的期限为3个月面值为45 200元的不带息商业承兑汇票到期，公司无力支付票款。

8. 向新星公司出租的包装物逾期不能收回，没收其押金7 020元，应计增值税807.61元，其余（不考虑其他税费）转为其他业务收入。

9. 以前月份签发并经开户银行承兑的不带息商业汇票（收款人为G公司），到期公司无力兑付，票据面值为17 000元，票款由承兑银行工行高新支行支付。

10. 公司从中大集团（非金融企业）借款20万元，约定期限为3个月，月利率0.50%。款项转入存款账户。

11. 达美公司开来专用发票收取专设销售机构向其租赁营业用房的租金 6 万元（三期），增值税 6 000 元。价税款存款支付。

[**要求**] 根据上述经济业务，编制必要的会计分录。

第三节　应付职工薪酬

填空题

1. 按现行规定：月制度工作日为______天；月制度计薪天数为________天。
2. 职工薪酬包括____________、____________、____________、____________。
3. 职工薪酬核算的原始记录主要有____________、____________、____________。
4. 社会保险费中短期职工薪酬的有____________、____________、____________；属于设定提存计划的有____________、____________。

名词解释

1. 职工薪酬

2. 短期职工薪酬

3. 离职后福利

4. 扣缺勤法

单项选择题

1. 下列各项，不属于职工薪酬的是（　　）。
A. 出差途中伙食补助　　B. 长期带薪缺勤
C. 设定提存计划　　D. 非货币性福利

2. 下列各项，不属于短期薪酬的是（　　）。
A. 职工福利费　　B. 住房公积金
C. 工会经费和职工教育经费　　D. 因提前解除与职工劳动关系给予的补偿

3. 下列各项，不组成职工工资总额的是（　　）。
A. 计件工资　　B. 津贴和补贴
C. 工作服、工作手套费用　　D. 奖金

4. 下列各项，属于职工福利费的是（　　）。
A. 辞退福利　　B. 住房公积金
C. 短期带薪缺勤　　D. 职工生活困难补助费

5. 计算计件工资的产品数量应是（　　）。
A. 合格品数量　　B. 合格品数量 + 不合格品数量
C. 合格品数量 + 工废品数量　　D. 合格品数量 + 料废品数量

6. 下列各项，应列为“其他应付款”的是（　　）。
A. 代扣职工个人应交的社会保险费　　B. 代扣代缴的个人所得税
C. 扣回代垫款　　D. 确认累积带薪缺勤

7. 企业期末结转支付给提前终止劳动合同职工的辞退福利，应计列的账户是（　　）。
A. “管理费用”　　B. “生产成本”
C. “营业外支出”　　D. “制造费用”

8. 下列各项，不属于向职工发放（支付）职工薪酬的是（　　）。
A. 以银行存款打卡发放职工工资、奖金　　B. 发放工资，结转收回代垫款项
C. 发放工资，结转各项代扣款项　　D. 企业向工会拨交工会经费

9. 企业职工休婚假、产假、探亲假、丧假、病假期间的工资，通常属于非累计带薪缺勤，其处理方式一般是（　　）。
A. 不必作专门的账务处理　　B. 列为职工福利费
C. 列为社会保险费　　D. 列为营业外支出

10. 下列属于职工福利费的是（　　）。
A. 住房公积金　　B. 职工异地安家费
C. 退休金　　D. 津贴与补贴

11. 单独从事无形资产研究和开发人员的工资应记入（　　）账户。
A. “管理费用”　　B. “生产成本”
C. “无形资产”　　D. “研发支出”

12. 某企业本期支付给职工的计时工资 50 000 元，计件工资 150 000 元，综合奖 70 000

元，技术性津贴20 000元，生活困难补助费8 000元，退休金12 000元。该企业本期的工资总额为（　　）。

A. 310 000元　　B. 298 000元

C. 302 000元　　D. 290 000元

13. 下列表述正确的是（　　）。

A. 计时工资制下，日工资应按30天计算的，双休日和法定节假日，不付工资

B. 计时工资制下，日工资应按21.75天计算的，双休日和法定节假日，照付工资

C. 计时工资制下，日工资应按20.83天计算的，缺勤期间的节假日，不计扣工资

D. 计时工资制下，日工资应按21.75天计算的，缺勤期间的双休日，不计扣工资

14. 下列各项，不应列入“应付职工薪酬”账户的是（　　）。

A. 结转厂部管理人员的累计带薪缺勤

B. 向工会支付计提的工会经费

C. 支付住房公积金个人缴纳部分

D. 支付职工生活困难补助

15. 企业将自产商品用于职工生活福利，其应交增值税应列为（　　）。

A. 销售税额　　B. 进项税额

C. 进项税额转出　　D. 减免税额

16. “应付职工薪酬”账户的期末贷方余额反映（　　）。

A. 应付未付的职工薪酬　　B. 本期实际已支付的职工薪酬

C. 多付的职工薪酬　　D. 本期应付的职工薪酬

多项选择题

1. 职工薪酬是广义的，下列各项属于职工薪酬的有（　　）。

A. 职工在职期间的薪酬　　B. 职工离职后的福利

C. 企业提供给职工配偶、子女的福利　　D. 职工退休后领取的退休金

2. 职工薪酬的“职工”是企业全体职工，应包括（　　）。

A. 与企业订立劳动合同的全职职工

B. 与企业订立劳动合同的临时职工

C. 由企业正式任命的人员

D. 通过企业与劳务中介签订合同而向企业提供服务的人员

3. 下列各项属于短期职工薪酬的有（　　）。

A. 住房公积金　　B. 工会经费和职工教育经费

C. 基本养老保险、失业保险　　D. 基本医疗保险、工伤保险

4. 下列各项，属于社会保险费的有（　　）。

A. 生育保险费　　B. 短期带薪缺勤

C. 基本医疗保险费　　D. 基本养老保险费

5. 下列各项社会保险费，由企业和职工个人共同缴纳的有（　　）。

A. 工伤保险费　　B. 失业保险费

C. 基本养老保险费　　D. 基本医疗保险费

6. 下列各项，应列为辞退福利的有（　　）。

A. 职工劳动合同未到期，企业决定解除与职工的劳动关系而给予的补偿

B. 职工劳动合同未到期，为鼓励职工自愿接受裁减而给予的补偿

C. 职工劳动合同到期，企业不再聘用而领取的失业保险金

D. 企业职工满退休年龄，从社保机构领取的基本养老保险金

7. 下列各项，属于职工福利费的有（　　）。

A. 企业集体福利部门的职工薪酬、维持经费

B. 职工外出参加专业技能培训学习的培训费用

C. 生活困难补助、抚恤费

D. 年休假、产假、探亲假、病假期间的工资或提供的补偿

8. 企业发放职工工资的形式不是唯一的，下列属于发放工资的形式有（　　）。

A. 以货币资金发放工资　　B. 结转代扣代缴的个人所得税

C. 计提职工福利费　　D. 结转代扣、代垫款

9. 下列各项，不属于职工福利费的有（　　）。

A. 支付职工就医路费（不能列"医保"）　　B. 设定受益计划（离职后福利）

C. 支付提前辞退员工的辞退福利　　D. 支付职工培训学习费用

10. 期末分配结转职工薪酬时，可能借记的账户有（　　）。

A. "生产成本"　　B. "制造费用"

C. "管理费用"　　D. "财务费用"

11. 下列各项，属于职工工资的有（　　）。

A. 加班工资　　B. 住房公积金

C. 计件工资　　D. 高温有毒作业的营养费

12. 下列各项，属于离职后福利的有（　　）。

A. 基本养老保险费　　B. 基本医疗保险费

C. 失业保险费　　D. 辞退福利

判断题

1. 职工薪酬包括企业给予职工在职期间的薪酬和离职后的福利，还包括企业提供给职工配偶、子女、受赡养人以及其他受益人等的福利。（　　）

2. 短期薪酬是指企业在职工提供相关服务的年度报告期间需要全部予以支付的职工薪酬。（　　）

3. 职工福利是企业对职工劳动补偿的辅助形式，主要是企业提供职工本人的福利，不包括提供给职工配偶、子女或其他被赡养人的福利。（　　）

4. 职工离职后福利，如基本养老保险、失业保险等，是在职工离开企业后才能享受的，所以，它是一种设定受益计划，应列为长期职工薪酬。（　　）

5. 企业因终止劳动合同、辞退职工而支付的补偿款应列为辞退福利。企业发生辞退福利应分期列为管理费用。 (　　)

6. 企业将拥有（或租赁）的房屋无偿提供给职工使用也属于非货币性福利。 (　　)

7. 其他长期职工福利是指除短期薪酬、离职后福利、辞退福利之外所有的职工薪酬，包括长期带薪缺勤、长期残疾福利、长期利润分享计划等。 (　　)

8. 企业支付给职工的工作服、工作手套、高温有毒作业的营养费等劳动保护方面的支出，以及向职工支付安家费、无偿向职工提供住房等均属于职工薪酬。 (　　)

9. 企业职工福利费是按照工资总额的14%计提后专项控制使用的，超过部分，在企业所得税后列支。 (　　)

10. 企业对职工支付的各种奖金、津贴和补贴、福利补助、退休金均组成职工工资总额，都应通过“应付职工薪酬”账户核算。 (　　)

11. 企业日工资是按月制度计薪天数21.75天计算的，各月内的双休日、法定节假日是不计工资的，因而，缺勤期间的双休日、节假日也不应扣工资。 (　　)

12. 计件工资是根据完成产品数量和规定的计件单价计算工资的。这里的产品数量应为实际完成的合格品数量。 (　　)

13. 企业当月实际发放工资，就是其“工资结算汇总表”中的“以现金发放工资”项目的数额。 (　　)

14. 企业代扣代缴的个人所得税属于代缴性质的款项，应作为其他应付款处理，不应通过“应交税费”账户核算。 (　　)

15. 企业向订立正式劳动合同的职工支付的报酬属于职工薪酬，而向未与企业订立正式劳动合同的人员支付的报酬，则不应列为职工薪酬。 (　　)

16. 目前，企业职工的社会保险费包括基本养老保险费、基本医疗保险费、失业保险费、工伤保险费和生育保险费等五种。 (　　)

业务核算题

（一）练习应付职工工资的计算

[资料] 新江公司发生有关应付工资计算的经济业务如下：

1. 职工李和7月份实际工作199小时，月制度工作日为20.83天，每天工作时间为8小时。公司对加班时间实行按月统算。

2. 职工张丰月基本工资3 306元，本月请事假4天（其中2天休息日）；病假2天，工龄5年，病假扣发工资比例为20%；本月休息日加班2天（无法安排调休），法定节假日加班1天；本月应计津贴、补贴150元，奖金300元。

3. 职工何洪本月加工甲零件950件，计件单价为3.60元，经验收发现甲零件料废20件，工废10件，合格品920件；加工乙零件150件，计件单价为2.80元，经验收均为合格品。

4. 某生产班组由4名成员，共同完成A产品的加工任务，本月全组共加工完成A产品8 500件，经验收发现料废30件，工废60件，合格品8 410件，计件单价2.50元，各人月基本工资和实际工作时间如下表所示。

计件工资计算表

姓名	月基本工资（元）	小时工资（元/小时）	实际工时（小时）	计时工资（元）	分配率	应得计件工资（元）
成新	4 350		186			
何向	3 828		180			
施健	3 480		195			
张军	4 002		190			
合计	/	/				

注：小时工资 = 月基本工资 ÷ （21.75 ×8）

［要求］

1. 根据资料1，按“月制度工作日”计算李和7月份的加班天数。
2. 根据资料2，按“月制度计薪天数”计算日工资及应付的计时工资。
3. 根据资料3、4，分别计算个人计件工资和集体计件工资。

（二）练习职工工资结算与分配的核算

［资料］新江公司本月份工资结算资料见下表。公司根据“工资结算汇总表”进行工资结算。该公司本月实发工资与应付工资相差不大，为简化核算，月末工资分配以当月实际发放工资为依据。

1. 签发支票，通过开户银行以打卡方式发放本月工资。
2. 结转代垫款和代扣款项。
3. 以存款上交本月代扣代缴的个人所得税。
4. 月末根据“工资结算汇总表”，进行本月工资费用的分配。

新江公司工资结算表

××年10月　　　　单位：元

车间及部门		计时工资	计件工资	奖金		加班加点工资	各种津贴		缺勤扣款		应付工资	代垫款	代扣款					以现金发放工资
				综合类	单项类		夜班津贴	岗位津贴	事假	病假		水电费	住房公积金5%	医疗险	养老险	失业险	个人所得税	
生产车间	生产工人	370 000	150 000	70 000	12 000	4 500	3 000	6 000	2 300	200	613 000	2 500	30 650	12 260	49 040	3 605	960	514 525
	管理人员	78 000		15 480	3 000	700	420	900	500		98 000	300	4 900	1 960	7 840	490	70	82 440
厂部		165 000		26 000	4 000	1 200	700	1 000	600	300	197 000	500	9 580	3 940	15 760	985	200	165 765

续表

车间及部门	计时工资	计件工资	奖金		加班加点工资	各种津贴		缺勤扣款		应付工资	代垫款	代扣款					以现金发放工资
			综合类	单项类		夜班津贴	岗位津贴	事假	病假		水电费	住房公积金5%	医疗险	养老险	失业险	个人所得税	
在建工程人员	15 000		4 500	900	400	200	100	80		21 000	100	1 050	420	1 680	105	30	17 615
专设销售机构人员	9 000		2 800	700		400	200	100	20	13 000	200	650	260	1 040	65		10 785
无形资产研发人员	11 000		3 800	800	600	300	90	70	20	16 500	100	825	330	1 320	82. 50	100	13 742. 50
合　计	648 000	150 000	122 580	214 000	7 400	5 020	8 290	3 650	540	958 500	3 700	47 925	19 170	76 680	4 792. 50	1 360	804 872. 50

[**要求**] 根据上述资料，编制工资结算与工资分配的有关会计分录。

（三）练习职工福利费等其他职工薪酬的核算

[**资料**] 新江公司发生有关职工福利费等其他职工薪酬的经济业务如下：

1. 公司以库存现金支付职工李平等生活困难补助 9 000 元。

2. 公司托儿所（生活福利部门）领用库存原材料 5 000 元，应负担的增值税 650 元。

3. 以库存现金支付提前解除劳动合同职工王军等按规定应付的辞退补贴 3 000 元。

4. 组织单位职工进行专业技术培训，以存款支付专用发票所列的培训费 8 000 元，增值税 480 元。

5. 新江公司在册职工人数 186 人，本月应计职工福利费每人 430 元。计算编制职工福利计算表并据以进行账务处理。

职工福利费计算表

××年 10 月　　　　单位：元

部门及人员类别		职工人数	计算标准	计提数额
生产车间	生产工人	123		52 890
	管理人员	18		7 740
厂部管理人员		35		15 050
在建工程人员		4		1 720
专设销售机构人员		3		1 290
无形资产研发人员		3		1 290
合计		186	430	79 980

6. 根据本月工资总额958 500元，按规定比例2%计提工会经费。

7. 以存款向公司工会拨交本月工会经费。

8. 本月按规定比例计提职工基本医疗保险、生育保险、工伤保险等各项社会保险费的数额汇总如下表，按规定予以计提结转。

新江公司社会保险费计提汇总表

××年10月

单位：元

部门	基数	短期薪酬						设定提存计划（离职后福利）						住房公积金	
		基本医疗保险费		工伤保险费	生育保险费	小　计		基本养老保险		失业保险		小　计			
		企业缴纳11.5%	个人缴纳2%	企业缴纳0.5%	企业缴纳1%	企业缴纳13%	个人缴纳2%	企业缴纳14%	个人缴纳8%	企业缴纳1%	个人缴纳0.5%	企业缴纳15%	个人缴纳8.5%	企业缴纳5%	个人缴纳5%
车间生产工人	613 000	70 495	12 260	3 065	6 130	79 690	12 260	85 820	49 040	6 130	3 065	91 950	52 105	30 650	30 650
车间管理人员	98 000	11 270	1 960	490	980	12 740	1 960	13 720	7 840	980	490	14 700	8 330	4 900	4 900
厂部人员	197 000	22 655	3 940	985	1 970	25 610	3 940	27 580	15 760	1 970	985	29 550	16 745	9 850	9 850
在建工程人员	21 000	2 415	420	105	210	2 730	420	2 940	1 680	210	105	3 150	1 785	1 050	1 050
专设销售机构人员	13 000	1 495	260	65	130	1 690	260	1 820	1 040	130	65	1 950	1 105	650	650
无形资产研发人员	16 500	1 897.50	330	82.50	165	2 145	330	2 310	1 320	165	82.50	2 475	1 402.50	825	825
合　计	958 500	110 227.50	19 170	4 792.50	9 585	124 605	19 170	134 190	76 680	9 585	4 792.50	143 775	81 472.50	47 925	47 925

9. 根据社保费计提汇总表，本月按规定比例计提职工设定提存计划（基本养老保险、失业保险）。

10. 根据社保费计提汇总表，本月按规定比例计提职工住房公积金。

11. 根据社保费计提汇总表，以存款缴纳单位和个人应缴纳的社会保险费。

12. 根据社保费计提汇总表，以存款缴纳单位和个人应缴纳的设定提存计划（基本养老保险、失业保险）。

13. 根据社保费计提汇总表，以存款缴纳单位和个人应缴纳的住房公积金。

14. 根据职工工资总额958 500元，按公司确定的预计比例5%，预提结转职工教育经费。

15. 根据［资料］3，将本月支付的辞退福利3 000元予以结转。

［要求］根据资料，计提职工福利费、工会经费、职工教育经费、社会保险费、设定提存计划等，并编制必要的会计分录。

（四）练习其他有关职工薪酬的核算

［**资料**］新江公司本期发生有关职工薪酬的业务如下：

1. 新江公司现有职工 186 人，公司实行累计带薪缺勤制度，职工每年可享受 5 个工作日的带薪年休假，未使用的年休假可以转下一年度，超过一年未使用的作废。2016 年度职工当年平均未使用带薪年休假为 2 天，预计 2017 年将有 160 人将享受不超过 5 天的带薪年休假，其余 26 人每人将平均享受 7 天的带薪年休假，这 26 人为车间生产工人 17 人，车间管理人员 2 人，厂部管理人员 5 人，无形资产研发人员 2 人，职工平均日工资为 230 元。

2. 2017 年上述 26 人中，有 20 人享受了 7 天年休假（以存款支付），其余 6 人（均为车间生产工人）只享受了 5 天年休假，其未使用的带薪年休假将按规定予已作废。年末进行相关账务处理。

3. 公司租入房屋，用于无偿提供给外来职工居住，本期应付此项房屋的租金 9 万元，其中车间生产工人占 80%，产部管理人员占 20%。

4. 公司的自产商品作为福利发放给职工，各部的职工人数及商品金额见下表（增值税率 16%）。

新江公司自产商品发放汇总表

20××年 10 月　　　　金额单位：元

部门	职工人数	商品数量（件）	商品价格	商品生产成本
车间生产工人	123	246	24 600	17 220
车间管理人员	18	36	3 600	2 520
厂部管理人员	35	70	7 000	4 900
在建工程人员	3	6	600	420
专设销售机构人员	4	8	800	560
无形资产研发人员	3	6	600	420
合　计	186	372	37 200	26 040

注：列为非货币性福利的金额为售价 + 增值税。

5. 以存款支付本期租入无偿提供职工使用房屋的租金 9 万元。

［**要求**］根据资料，编制必要的会计分录。

第四节　应交税费

填空题

1. 增值税的纳税人按照____________及________________，分为一般纳税人和小规模纳税人两类。

2. 一般纳税人企业应交增值税的基本计算公式为：应交增值税额 = ____________；小规模纳税人企业应交增值税的基本计算公式为：应纳增值税额 = ____________。

3. 一般纳税人企业“应交税费——应交增值税”账户，一般应设置____________、____________、____________、____________、____________、销项税额抵减、减免税款、出口退税、转出多交增值税等专栏。

4. 关于增值税的处理，生活福利部门领用库存外购材料增值税为____________；固定资产工程建设领用库存商品，是以销售价格计算增值税的销项税额，即____________；自产库存商品用于职工生活福利、对外投资，应按售价（或公允价值）计列“主营业务收入”，同时，将成本转为“主营业务成本”，即____________。

5. 企业销售商品（产品）应纳增值税应列入“____________”账户；企业销售商品（产品）应纳消费税应列为“____________”账户；出售固定资产（不动产）应纳的城市维护建设税应列入“____________”账户；购置车辆应纳的车辆购置税应列入“____________”账户。

名词解释

1. 应交费用

2. 进项税额

3. 进项税额转出

单项选择题

1. 下列各项应交税费，不必通过“应交税费”账户的是（　　）。
   A. 土地增值税　　B. 小规模纳税人企业应交增值税
   C. 教育费附加　　D. 车辆购置税

2. “应交税费”账户期末借方余额，反映的是（　　）。
   A. 尚未缴纳的税费　　B. 多缴的税费

C. 尚未抵扣的税金　　D. 多缴的税费或尚未抵扣的税金

3. 增值税的“出口退税”，退回的税金是指（　　）。

A. 出口产品应缴纳的增值税

B. 出口产品企业实际已缴纳的税金

C. 企业出口产品、采购货物、接受劳务或服务等已支付的进项税额（增值税）

D. 出口产品企业应缴未缴的税费

4. 一般纳税人企业，下列各项应计列增值税“进项税额转出”的是（　　）。

A. 固定资产建设工程领用库存原材料

B. 无形资产研发领用库存原材料

C. 库存原材料对外销售

D. 库存原材料、商品因管理不善发生非正常损失

5. 一般纳税人企业购进免税农产品，根据买价和规定扣除率计算确定的增值税额，应列为（　　）。

A. “销项税额”　　B. “进项税额”

C. “销项税额转出”　　D. “待抵扣进项税额”

6. 企业委托加工应税消费品，加工收回物资用于连续生产的，其支付的由受委托方代收代缴的消费税，应列入（　　）账户。

A. “应交税费——应交消费税”　　B. “委托加工物资”

C. “税金及附加”　　D. “生产成本”

7. 企业出售固定资产应交的土地增值税、城建税、教育费附加，应列入的账户是（　　）。

A. “税金及附加”　　B. “固定资产清理”

C. “营业外收入”或“营业外支出”　　D. 取得收入时直接抵减

8. 一般纳税人企业，购进货物支付的下列税费，不构成取得资产价值的是（　　）。

A. 车辆购置税　　B. 进口环节的消费税

C. 进口环节的关税　　D. 取得专用发票的增值税

9. 一般纳税人企业期末应交未交的增值税，应结转的账务处理是（　　）。

A. 借：应交税费——应交增值税（未交增值税）
　　贷：应交税费——应交增值税（转出未交增值税）

B. 借：应交税费——应交增值税（转出未交增值税）
　　贷：应交税费——未交增值税

C. 借：应交税费——未交增值税
　　贷：应交税费——应交增值税（转出未交增值税）

D. 借：应交税费——应交增值税（销项税额）
　　贷：应交税费——未交增值税

10. 关于应交税费的会计处理，下列说法正确的是（　　）。

A. 小规模纳税人企业购进货物、接受劳务或服务支付的增值税是不必进行抵扣的

B. 一般纳税人购进货物企业取得专用发票的增值税一定是可以进行抵扣的

C. 企业出租固定资产、无形资产应缴纳的增值税、城建税、教育费附加应列入

"税金及附加"账户

D. 企业购进材料专用发票所列的增值税是列为"进项税额"的，所以材料出售应缴纳的增值税应列为"进项税额转出"

11. 下列各项，不属于一般纳税人企业"应交税费——应交增值税"明细账应设置的项目是（　　）。

A. "预交增值税"　　B. "进项税额转出"

C. "转出多交增值税"　　D. "减免税款"

12. 企业在建工程领用生产用库存原材料，其应负担的增值税的处理是列为（　　）。

A. "销项税额"　　B. "已交税金"

C. "进项税额转出"　　D. 不必进行"进项税额转出"处理

13. 某企业收购农产品，实际支付的价款为2万元，增值税扣除率为9%，此项购进存货的成本是（　　）。

A. 20 000元　　B. 18 200元

C. 21 800元　　D. 17 400元

14. 委托加工应纳消费税产品收回后，直接用于销售的，由受托方代扣代缴的消费税，应记入的账户是（　　）。

A. "生产成本"　　B. "应交税费"

C. "委托加工物资"　　D. "主营业务成本"

15. 下列属于应交增值税"进项税额转出"的是（　　）。

A. 库存商品对外捐赠应计列的增值税额

B. 对外投资转出库存商品应计列的增值税额

C. 医务福利部门领用库存材料应计列的增值税额

D. 购进免税农产品应计列的增值税额

16. 下列税金，应记入"税金及附加"账户的是（　　）。

A. 主营业务、其他业务应缴纳的增值税

B. 主营业务应缴的城建税、教育费附加

C. 应缴的车辆购置税

D. 出售无形资产应缴纳的增值税、城建税

17. 企业将自产商品用于职工生活福利，其应交增值税应列为（　　）。

A. "销售税额"　　B. "进项税额"

C. "进项税额转出"　　D. "减免税额"

18. 根据现行规定，对月销售额10万元（按季为30万元）以下的小规模纳税人企业是免征增值税的，其免征的增值税应计入的账户是（　　）。

A. "本年利润"账户　　B. "营业外收入"账户

C. "其他收益"账户　　D. "资本公积"账户

多项选择题

1. 下列各项，属于增值税一般纳税人企业“应交税费”账户应设置的明细账有（　　）。

A. “待抵扣进项税额”　　B. “未交增值税”

C. “简易计税”　　D. “销项税额抵扣”

2. 下列各项，属于增值税一般纳税人企业“应交税费——应交增值税”明细账内应设置的专栏（项目）有（　　）。

A. 进项税额　　B. 销项税额

C. 出口退税　　D. 转出未交增值税

3. 企业应交城市维护建设税和教育费附加可能列支的账户有（　　）。

A. “税金及附加”账户　　B. “固定资产清理”账户

C. “营业外支出”账户　　D. “管理费用”账户

4. 一般纳税人企业的下列各项，属于增值税“销项税额”的有（　　）。

A. 生活福利部门领用库存原材料　　B. 在建工程项目领用库存商品

C. 自产库存商品用于职工福利　　D. 自产库存商品用于对外投资

5. 一般纳税人企业的下列各项，属于增值税“进项税额转出”的有（　　）。

A. 在建工程项目领用库存原材料

B. 库存商品、原材料应管理原因造成非正常损失

C. 出口产品退税额低于购进时取得专用发票的进项税额的差额

D. 库存原材料用于集体福利

6. 企业应交消费税可能列支的账户有（　　）。

A. “税金及附加”　　B. “在建工程”

C. “生产成本”　　D. “营业外支出”

7. 下列各项税费，不必通过“应交税费”账户核算（　　）。

A. 车辆购置税　　B. 印花税

C. 购进货物应交的消费税关税　　D. 代扣代缴的个人所得税

8. 非房地产开发企业应交土地增值税可能列支的账户（或方法）有（　　）。

A. “固定资产清理”账户

B. “税金及附加”账户

C. 直接抵减

D. “营业外支出”或“营业外收入”账户

9. 下列各项，应列入“税金及附加”账户的有（　　）。

A. 应交的房产税、土地使用税

B. 自产自用产品应缴纳的资源税

C. 房地产开发企业应缴的土地增值税

D. 提供劳务、服务业务应缴的城建税、教育费附加

10. 下列属于一般纳税人企业购入货物时，就能认定其支付的增值税（取得专用发票）不能抵扣的有（　　）。

A. 购进工程物资、固定资产　　B. 购入的货物直接用于免税项目

C. 购入的货物用于无形资产研发　　D. 购入的货物直接用于非应税项目

11. 企业应缴的下列税金可能要记入“税金及附加”账户的有（　　）。

A. 消费税　　B. 增值税

C. 城市维护建设税　　D. 车船税、房产税

12. 下列企业应缴的税费不通过“应交税费”账户核算的有（　　）。

A. 印花税　　B. 土地使用税

C. 教育费附加　　D. 车辆购置税

13. 下列支付的税金当中，应计入所购货物成本的有（　　）。

A. 小规模纳税人购入生产用原材料所支付的增值税

B. 一般纳税人购入生产设备时，增值税专用发票上注明的增值税

C. 购入货物时所支付的价款中包含的消费税

D. 一般纳税人购入材料未取得增值税专用发票，所支付的价税款

判断题

1. 小规模纳税人企业，应纳增值税是直接根据不含增值税的销售额乘以征收率进行计算的，是不必考虑增值税的进项税额的。（　　）

2. 企业“应交税费”账户的期末贷方余额反映尚未缴纳的税费；期末借方余额则反映多缴的税费。（　　）

3. 增值税是一种价外税，其购进货物、接受劳务供应的进项税额是可以抵扣的；消费税是一种价内税，其税额是不能进行抵扣的。（　　）

4. 增值税的纳税人应按照经营规模，划分为一般纳税人和小规模纳税人。（　　）

5. 全面实行“营改增”后，一般纳税人企业购进原材料、固定资产、无形资产取得专用发票的增值税均可以在当期进行抵扣。（　　）

6. 一般纳税人企业固定资产建设工程、大修理领用库存原材料是不必进行“进项税额转出”的。（　　）

7. 企业“应交税费”账户是负债类账户，所以期末是不会出现借方余额的。（　　）

8. 企业“应交税费”账户应按照应交税金、费用的种类设置明细账户，进行明细分类核算。（　　）

9. 一般纳税人企业以自制库存商品对外捐赠，属于视同销售计税；而库存商品用于职工生活福利、对外投资则属于视同销售。两者的账务处理是不同的。（　　）

10. 企业应交消费税、资源税应记入“税金及附加”账户，并通过“应交税费”账户核算。（　　）

11. 小规模纳税人购进货物的增值税是不必（或不能）抵扣；一般纳税人购进货物取得专用发票的增值税一定是可以抵扣的。（　　）

12. 一般纳税人企业购进货物、接受劳务或服务取得专用发票的增值税一般是可以进行抵扣的；而消费税是一种价内税，一定不存在抵扣的问题。（ ）

13. 企业应交的房产税、土地使用税、车船税、印花税是列入“税金及附加”账户的；企业应交的城建税、教育费附加应分别情况列入“税金及附加”、“固定资产清理”账户，或者在取得收入时直接抵减。（ ）

14. 应交税费是指企业按国家税法规定应缴纳的各种税金和费用，企业应缴纳的各种税金和费用，均应通过“应交税费”账户核算。（ ）

15. 一般纳税人企业购进货物、接受劳务支付或负担的增值税额，均可列为进项税额，从销项税额中抵扣。（ ）

16. 企业在建工程领用库存材料和领用本企业商品产品，其应缴纳或应负担的增值税，都属于“进项税额转出”。（ ）

17. 增值税的出口退税，是指国家税务机关退还企业出口产品已缴纳的增值税，如果出口产品未缴纳过增值税，则不存在出口退税问题。（ ）

18. 企业应交增值税是列入“应交税费——应交增值税”账户的；应交消费税、资源税、城建税是列入“税金及附加”账户的。（ ）

业务核算题

（一）练习应交增值税的核算

［资料］A公司为增值税一般纳税人企业，增值税税率为13%，存货按实际成本计价核算，本月发生有关增值税（本题不考虑应交的其他税费）的经济业务如下：

1. 购进生产用材料一批，取得的增值税专用发票注明买价50万元，增值税65 000元；专用发票所列的运输费25 000元，增值税22 500元。材料已验收入库，价税款及运输费以银行汇票结算支付。

2. 收购免税农产品一批，用于产品生产（深加工计抵税率为10%），收购价12万元，产品已验收入库，收购款以银行存款支付。

3. 购进流水生产线建设工程用设备一项，专用发票注明其货款为20万元，增值税26 000元；专用发票所列的运输费1万元，增值税900元。物资验收入库，价税款及运输费签发并承兑为期3个月的商业承兑汇票付给。

4. 公司以产成品一批，对外进行投资（长期股权投资），按同类商品公允价值确认的收入为10万元，产品生产成本为8万元，增值税率13%。

5. 公司领用自制库存产品一批用于对外捐赠，成本5万元，市场销售价格7万元。

6. 销售产品一批，计销售收入400万元，增值税52万元，价税款收存银行。

7. 公司流水生产线建设工程领用生产用原材料一批，成本7万元。

8. 委托加工材料应付加工费2万元，增值税2 600元，取得增值税专用发票，款项尚未支付。

9. 库存原材料一批，因管理不善被毁损，成本15 000元，应负担的增值税1 950元。事项在报批准过程中，等待处理。

10. 出售材料一批，取得收入 8 万元，增值税 10 400 元，价税款收存银行。

11. 职工集体福利领用库存原材料一批，成本 6 万元，应负担的增值税 7 800 元。

12. 以存款支付专用发票所列的业务咨询费 2 万元，增值税 1 200 元。

13. 公司出租商标权取得收入 3 万元，增值税 1 800 元。

14. 公司购入一项自用写字楼（不动产），以银行存款支付专用发票所列的价款 400 万元，增值税 36 万元（增值税未选择简易计税，当期可全部抵扣，且建筑物与土地使用权无法分别计价）。

15. 以银行存款 6 万元缴纳本月增值税。

16. 假定公司“应交税费——应交增值税”账户月初余额为零，结计本月增值税的“销项税额”、“进项税额”、“进项税额转出”等项目，确定公司本月应交的增值税、未交增值税。

销项税额 =

进项税额 =

进项税额转出 =

本月应交增值税 =

未交增值税 =

17. 期末结转应交未交的增值税。

［**要求**］

1. 根据上述经济业务，编制必要的会计分录。

2. 设置“应交税费——应交增值税”账户，并根据经济业务登记本月发生额，并结出账户余额。

（二）练习应交增值税的核算

［**资料**］G 公司为增值税小规模纳税人，增值税征收率为 3%，存货按实际成本计价核算，本月发生有关增值税（不考虑应交其他税费）的经济业务如下：

1. 购入原材料一批，增值税专用发票注明货款 7 万元，增值税 9 100 元；普通发票所列的运输费 2 000 元。价税款及运输费以银行汇票支付，材料已验收入库（按实际成本计价）。

2. 购入一项不需要安装的固定资产，增值税专用发票注明货款 10 万元，增值税 13 000 元；专用发票所列的运输费 5 000 元，增值税 450 元。设备交付使用，价税款及运输费以存款支付。

3. 以存款支付委托加工材料的加工费 4 680 元（含增值税），取得增值税普通发票。

4. 销售产品一批，计销售收入 99 910 元（含增值税），开出普通发票，其中 5 万元价款收存银行，其余尚未收到。

5. 取得一项提供劳务（非主营业务）收入 15 450 元（含增值税），开出普通发票，款项收存银行。

6. 以存款缴纳本月应交增值税。

[**要求**] 根据资料，计算 G 公司应交增值税，并编制必要的会计分录。

（三）练习应交消费税的核算

[**资料**] 新江公司发生有关消费税的经济业务如下：

1. 委托外单位加工材料一批（系应税消费品），发出原材料实际成本 71 000 元；加工费 10 000 元，增值税 1 300 元（取得专用发票），受托方代扣代缴消费税 9 000 元，共计 20 600 元均以存款支付；收回的加工材料 60% 拟用于继续生产产品，40% 直接用于出售。

（1）发出原材料委托加工；

（2）以存款支付加工费和代扣代缴消费税；

（3）收回委托加工物资（收回物资为包装物）。

2. 销售产品（应税消费品）一批，取得销售收入 80 万元，增值税率 13%，价税款收存银行 50%，其余 50% 尚未收到。

3. 公司因固定资产建设工程领用自产产品（应税消费品）一批，市场价格为 10 万元，增值税率 13%，消费税率 10%，生产成本为 7 万元。

4. 本月无其他销售业务，根据产品销售收入 80 万元，按 10% 的消费税税率计算结转本月应交消费税。

5. 根据本月销售产品、自产自用、委托加工等业务，计算确定本月应交的消费税，并以存款缴纳。

[**要求**] 根据资料，计算公司本月应交消费税，并编制必要的会计分录。

（四）练习应交税费的核算

[**资料**] 新江公司发生有关应交税费的经济业务如下：

1. 公司购入自用汽车一辆，存款支付专用发票所列买价 25 万元，增值税 32 500 元。并以存款缴纳 10% 的车辆购置税，汽车交付使用。

2. 公司以存款购买印花税票 1 200 元。

3. 公司出售旧房一间，取得价款 200 万元（含税）存入银行，购置原价为 105.5 万元（“营改增”前），增值税按简易征收 5% 的征收率计税（此项业务不考虑应交土地增值税，应交城建税、教育费附加在业务 7 一并计算）。

4. 公司出售一项商标权，取得价款 371 000 元存入银行，其中收入 35 万元，增值税 21 000 元。该商标权账面金额 50 万元，已计摊销 20 万元，未计提过减值准备。城建税率 7%，教育费附加征收率 5%（含地方教育费附加 2%）。出售的商标权已办妥相关手续。

5. 公司本年度应纳房产税的余值为 50 万元，按 1.2% 房产税税率计算应缴纳的房产税为 6 000 元；本年应纳车船税 5 000 元。结转公司本期应纳的房产税和车船税。

6. 以存款 11 000 元缴纳上述应缴的房产税和车船使用税。

7. 公司本月主营业务应纳增值税为 20 万元，消费税 10 万元；租赁业务、非工业性劳务等应纳增值税 2 万元；出售不动产应纳增值税 45 000 元。城市维护建设税税率 7%，教育费附加征收率 5%（含地方教育费附加 2%）。计算结转公司本月的城市维护建设税和应交教育费附加。

8. 公司以存款缴纳上述应交城市维护建设税、应交教育费附加。

［要求］ 根据资料，编制必要的会计分录。

第九章 Chapter 9

非流动负债

第一节　非流动负债概述

填空题

1. 非流动负债主要包括__________、__________、__________、________等内容。

2. 企业为购建固定资产而借入的专门借款所发生的借款费用，在所购建的固定资产达到__________所发生的，应当予以资本化，计入__________；在所购建的固定资产达到预定可使用状态以后所发生的，应于发生当期直接计入__________。

3. 企业因借入资金而发生的借款费用有__________和__________两种处理方法。

名词解释

1. 非流动负债

2. 借款费用

单项选择题

1. 属于专项用于无形资产研究开发的长期借款发生的符合资本化条件的借款费用，应列为（　　）。

A. 管理费用　　B. 研发支出

C. 财务费用　　D. 无形资产

2. 公司开办期间发生不符合资本化条件的借款费用，应记入（　　）。

A. 营业外支出　　B. 管理费用

C. 清算损益　　D. 财务费用

3. 下列各项，属于借款费用开始资本化条件之一的是（　　）。

A. 借款已经取得　　B. 购建或生产经营活动已经结束

C. 资产支出已全部发生　　D. 借款费用已经发生

4. 下列各项，不应暂停借款费用资本化的情况是（　　）。

A. 由于劳务纠纷而造成连续超过 3 个月的固定资产的建造中断

B. 由于资金周转困难而造成连续超过 3 个月的固定资产的建造中断

C. 由于发生安全事故而造成连续超过 3 个月的固定资产的建造中断

D. 由于可预测的气候影响而造成连续超过 3 个月的固定资产的建造中断

5. 企业发生的借款费用，可直接归属于符合资本化条件的资产的购建或生产的，应当予以资本化。这里所述符合资本化条件的资产，不包括（　　）。

A. 固定资产　　B. 投资性房地产

C. 存货　　D. 可供出售金融资产

多项选择题

1. 下列各项，属于非流动负债的有（　　）。

A. 应付债券　　B. 一年内到期的长期借款

C. 期限超过一年的应付账款　　D. 预计负债

2. 下列各项，构成借款费用的有（　　）。

A. 外币借款产生的汇兑差额　　B. 发行债券所产生的溢价或折价的摊销

C. 借款利息　　D. 超过偿还借款期限的罚款支出

3. 企业借款费用可能列支的账户有（　　）。

A. “财务费用”　　B. “制造费用”

C. “在建工程”（或“固定资产”）　　D. “研发支出”

4. 下列各项费用，应直接计入当期财务费用的有（　　）。

A. 取得非专项用于固定资产建设的借款而发生的辅助费用

B. 固定资产购建活动发生非正常中断，中断时间连续超过 3 个月，其中断期间的借款费用

C. 为购建固定资产而借入的外币专门借款（建设期间）的汇兑差额

D. 为购建固定资产而借入的专门借款，在固定资产达到预定可使用状态后的应付利息

5. 借款费用开始资本化应满足的三个条件是（　　）。

A. 资本支出已经发生

B. 建设工程已完工

C. 借款费用已发生

D. 为使资本达到预定可使用状况所必要的购建活动已经开始

判断题

1. 非流动负债是指偿还期限在一年或超过一年的一个营业周期以上的债务，所以超过一年未偿还的应付账款、短期借款等也应列为非流动负债。 （ ）

2. 企业为购建固定资产而取得专门借款所发生的非流动负债费用（借款费用），予以资本化，列入固定资产购建成本。 （ ）

3. 符合资本化条件的某项固定资产的购建活动发生非正常中断，并且其中断时间连续超过一年的，应当暂停借款费用的资本化。其中断期间所发生的借款费用，直接计入当期财务费用。 （ ）

4. 企业筹建期间发生的借款利息应全部作为开办费处理，并在规定的期限内平均摊销。 （ ）

5. 借款费用是指企业因借款而发生的利息及其他相关成本，包括借款利息、发行债券的折价或溢价、辅助费用以及债务重组损失等。 （ ）

第二节 长期借款

填空题

1. 长期借款是指企业向__________借入的、期限在____________的各种借款。

2. 长期借款应付未付的利息，应通过“___________”账户进行核算。“长期借款”账户，应按贷款单位和贷款种类设置明细账户，并分_________、_________等进行明细分类核算。

3. 长期借款按借款的条件划分，可分为__________、__________和_________。

单项选择题

1. 计提长期借款的应付未付利息，应贷记的账户是（ ）。

A. “应付账款” B. “应付利息”

C. “长期借款” D. “其他应付款”

2. 下列有关长期借款的说法，正确的是（ ）。

A. 长期借款应付未付的利息，无论采取何种付息方式，均应通过“应付利息”账户进行核算

B. 筹建期间的长期借款利息计入长期待摊费用

C. 到期一次还本付息长期借款，计提的应付利息应记入“长期借款”账户

D. 长期借款应按摊余成本和合同利率计算确定其利息费用

3. 长期借款用于需要经过相当长时间的生产经营才能达到可以销售状态的存货，符合资本化条件的应付利息，应计列的账户是（　　）。

A. “财务费用”　　B. “长期待摊费用”

C. “制造费用”　　D. “生产成本”

4. 计算确认长期借款的利息费用，借方不可能涉及的账户是（　　）。

A. “应付利息”　　B. “研发支出”

C. “财务费用”　　D. “在建工程”

5. 某公司本年1月1日向银行借入1 000万元，借款利率为6%，借款期限为3年，每年年末偿还借款利息。该项借款专项用于建造厂房，工程款900万元（不含借款利息和可以抵扣的增值税），本年1月1日支付500万元；本年7月1日支付400万元。厂房于本年12月31日完工，则该厂房的入账成本为（　　）万元。

A. 942　　B. 954

C. 1 042　　D. 960

多项选择题

1. “长期借款”账户，应按贷款单位和贷款的种类设置明细分类账户，并分别（　　）进行明细核算。

A. 本金　　B. 利息调整

C. 面值　　D. 应计利息

2. 对于长期借款利息费用的会计处理，正确的表述有（　　）。

A. 筹建期间的借款利息计入管理费用

B. 筹建期间的借款利息计入长期待摊费用

C. 日常生产经营活动的借款利息计入财务费用

D. 符合资本化条件的借款利息计入相关资产成本

3. A公司于20×7年1月1日向银行借入两年期借款80万元，当即用于生产厂房的建设，年利率为6%，利息按月计提，按年支付。工程于20×8年6月底达到预定可使用状态。下列说法正确的有（　　）。

A. 20×7年1月末“应付利息”账户贷方余额为4 000元

B. 20×7年1月末计息借记“在建工程”账户

C. 20×8年7月末计息借记“财务费用”账户

D. 到期还本付息共需支付848 000元

判断题

1. 长期借款是指企业借入的、期限在一年以上（含一年）的各种借款。（　）

2. 企业长期借款所发生的利息支出，应在实际支付时计入在建工程或计入当期损益。（　）

3. 长期借款专项用于购建固定资产的，在固定资产尚未达到预定可使用状态前，所发生符合资本化条件的利息支出，应计入所购建的固定资产的成本。（　）

4. 资产负债表日，企业应按本金和实际利率计算确定长期借款的利息费用，按本金和合同利率计算确定的应付未付利息，其差额列入“长期借款——利息调整”账户。（　）

5. 长期借款应付未付的利息，是不列入“长期借款”账户的，所以，“长期借款”账户期末贷方余额，反映尚未偿还的长期借款的本金。（　）

业务核算题

（一）练习长期借款业务的核算

［资料］ 博远公司某年1月1日为开发无形资产，从建设银行文欣支行借款100万元，借款期2年，年利率为5%，借款期内实际利率与合同利率差异很小，每半年计息一次，按年支付利息，到期还本，无形资产研究开发工作于第一年末达到预定可使用状态。

（1）取得借款存入银行。

（2）第一年6月30日，计提上半年计息（不考虑研究、开发阶段支出的资本化条件）。

（3）第一年12月31日，计提下半年利息，并以存款支付第一年利息。

（4）第二年6月30日、12月31日分别计提利息。

（5）第二年末，以存款支付第二年利息，并归还借款本金。

［要求］ 根据资料，编制长期借款取得、使用、计息及归还的会计分录。

（二）练习长期借款业务的核算

［资料］ 某公司（增值税一般纳税人）为更新生产设备，从开发银行高新支行取得为期两年，年利率为6%的借款200万元，借款期合同利率与实际利率差异很小。建设工程一年，本年1月1日以取得借款200万元存入银行；同日以此项借款购入设备，设备直接交付安装，设备价款140万元，专用发票所列增值税为18.2万元；7月1日以取得借款60万元

支付工程安装费专用发票所列增值税为 5.4 万元；次年 1 月 1 日工程如期达到预定可使用状态，交付生产使用；借款利息每年计提一次，借款期满一次还本付息。

（1）1 月 1 日，取得借款存入银行。

（2）1 月 1 日，购入设备直接交付安装，以存款支付价税款 158.2 万元。

（3）7 月 1 日，以存款支付工程安装费及其增值税 65.4 万元。

（4）第一年末，计提借款利息。

（5）工程完工，交付生产使用。

（6）第二年末，计提借款利息。

（7）借款到期，以银行存款一次还本付息。

［**要求**］根据资料，编制长期借款取得、使用、计息及归还的会计分录。

第三节　应付债券

填空题

1. “应付债券”账户可设置____________、____________、____________等进行明细分类核算。

2. 债券的发行方法有三种：____________、______________、____________。

3. 应付债券的利息有____________________和____________________两种支付方式。

名词解释

1. 应付债券

2. 债券溢价

单项选择题

1. 影响债券发行价格的因素主要有：债券面值、票面利率、债券期限、利息支付方式及市场利率等。在其他因素不变的情况下，对债券发行价格起决定作用的因素是（　　）。

A. 市场利率　　B. 票面利率

C. 债券期限　　D. 利息支付方式

2. 溢价发行债券是债券的票面利率（　　）市场利率。

A. 低于　　B. 高于

C. 等于　　D. 与票面利率无关

3. 分期计提债券利息和债券溢价的摊销时，应按（　　）借记“财务费用”或“在建工程”等账户。

A. 应计利息　　B. 折价摊销额

C. 应计利息与溢价摊销额的差额　　D. 应计利息与溢价摊销额之和

4. 企业发行一年期或一年期以下的债券，应设置（　　）账户进行核算。

A. “交易性金融负债”　　B. “应付债券——短期债券”

C. “专项应付款”　　D. “短期借款”

5. 20×8 年 7 月 1 日，甲企业按面值发行 3 年期到期一次还本付息的债券，债券年利率 6%（不计复利），面值总额为 5 000 万元。该债券票面利率与实际利率相差很小。20×9 年 12 月 31 日“应付债券”账户的账面余额为（　　）万元。

A. 5 150　　B. 5 600

C. 5 000　　D. 5 450

多项选择题

1. 下列各项，属于影响债券发行价格的因素有（　　　）。

A. 债券面值　　B. 票面利率

C. 债券期限　　D. 市场利率

2. 下列企业发行债券的账务处理正确的有（　　　）。

A. 按债券面值记入“应付债券——面值”账户

B. 按面值与实际收到款项的差额记入“应付债券——利息调整”账户

C. 按实际利率计算的利息费用记入“应付债券——应计利息”账户

D. 按实际利率计算的利息费用记入相关资产的成本或“财务费用”账户

3. 应付债券计提利息时，其利息费用可能记入的账户有（　　　）。

A. “应付债券——利息调整”　　B. “在建工程”

C. “制造费用”　　D. “财务费用”

4. 下列各项，属于“应付债券”账户贷方核算的内容有（　　　）。

A. 应付债券的面值　　B. 应付债券的溢价
C. 应付债券的折价摊销　　D. 应付债券的溢价摊销

判断题

1. 当债券票面利率高于发行时的市场利率，债券会溢价发行；反之，债券则折价发行。（　）

2. 公司发行债券的溢价或折价，是整个债券存续期间对举债公司利息费用的一项调整。（　）

3. 应付债券的利息费用是按摊余成本和实际利率计算确定的，并分期于计提时记入“应付债券——应计利息”账户。（　）

4. 债券溢价在利息调整时会增加利息费用，债券折价在利息调整时会减少利息费用。（　）

5. 企业发行债券时支付给债券发行商的佣金和手续费，如果发行债券用于固定资产购建的，则应计入在建工程成本。（　）

业务核算题

（一）练习面值发行债券的核算

［资料］某公司为更新设备，按面值发行债券 100 万元，债券款收存银行；债券票面利率为 6%，期限为两年，债券存续期内名义利率与实际利率差异很小；取得的发行债券款一次专项用于固定资产建设（工程支出业务略，下同），工程建设期一年，期满工程达到预定可使用状态；每年年末计息一次，到期一次还本付息。

1. 收到债券存入银行。
2. 第一年末计息。
3. 第二年末计息。
4. 债券到期以存款还本付息。

［要求］根据资料，编制面值发行债券的有关会计分录。

（二）练习溢价发行债券的核算

［资料］某公司为筹集新厂房建设，于本年 1 月 1 日发行三年期债券一批，债券面值为 800 万元，实收债券款 830 万元，存入银行；债券票面利率 7%，每年年末计息一次并分摊

债券溢价，到期一次还本付息，债券存续期间内名义利率与实际利率差异很小；工程建设期为一年（发行债券款一次全部用于工程建设），期满工程达到预定可使用状态；债券期满一次以存款还本付息。

1. 发行债券收到债券款存入银行。

2. 第一年末计息及分摊溢价。

3. 第二、第三年末计息及分摊溢价。

4. 债券到期以存款还本付息。

［**要求**］根据资料，编制溢价发行债券有关的会计分录。

（三）练习折价发行债券的核算

［**资料**］某公司为补充生产经营资金，于20×9年1月1日，发行两年期债券一批，债券面值200万元，实收债券款194万元存入银行；债券票面利率5%，每年年末计算一次并分摊债券折价，并按年支付债券利息，到期还本；债券存续期内名义利率与实际利率相差很小。

1. 发行债券收到债券款存入银行。

2. 第一年末计息及分摊折价。

3. 第一、第二年末以存款支付的债券利息。

4. 债券到期以存款支付本金。

［**要求**］根据资料，编制折价发行债券有关的会计分录。

第四节　长期应付款

单项选择题

1. 企业采用补偿贸易方式从国外引进设备，企业以人民币存款支付进口关税、国内运杂费时，应计入（　　）。

A. 引进设备的价值　　　　B. 当期的管理费用

C. 当期的财务费用　　D. 长期应付款

2. 企业融资租入需要安装的固定资产，发生的安装调试费等，应借记（　　）账户。

A. “在建工程”　　B. “管理费用”

C. “未确认融资费用”　　D. “财务费用”

3. 融资租入固定资产，“长期应付账款”账户的入账金额，应是（　　）。

A. 最低租赁付款额

B. 最低租赁付款额的现值

C. 租赁资产的公允价值

D. 租赁资产的公允价值和最低租赁付款额的现值两者较低者

4. 甲企业以融资租赁方式租入 N 设备，该设备的公允价值为 100 万元，最低租赁付款额为 120 万元，最低租赁付款额的现值为 93 万元，甲企业在租赁谈判和签订租赁合同过程中发生手续费、律师费等合计为 2 万元（不含可以抵扣的增值税）。甲企业融资租入固定资产的入账成本为（　　）万元。

A. 93　　B. 95

C. 100　　D. 102

5. 企业融资租入的固定资产，不具有资产的所有权，但应当作为固定资产入账，这体现的会计核算要求是（　　）。

A. 谨慎性要求　　B. 实质重于形式要求

C. 相关性要求　　D. 真实性要求

多项选择题

1. 下列各项，属于“长期应付款”账户核算内容的有（　　　）。

A. 应付引进设备款

B. 分期付款方式购入固定资产的应付账款

C. 应付融资租赁款

D. 超过偿还期限一年以上的其他应付款

2. 融资租赁的优点有（　　　）。

A. 融资与融物相结合，能迅速获得长期资产使用权

B. 可以避免长期借款所附加的各种限制性条款

C. 融资与引进设备都由经验丰富，市场熟悉的租赁公司承担，减少了引进费用，降低了设备成本

D. 租赁期满后，出租方收回设备使用权

3. “长期应付款”账户贷方登记的内容包括（　　　）。

A. 应付补偿贸易补偿登记引进设备款及其应付利息

B. 未确认融资费用

C. 应付融资租入固定资产的租赁费

D. 长期应付款的利息支出和相关费用

判断题

1. 融资租赁方式下，固定资产的入账价值始终与长期应付款的入账价值应保持一致。（　　）

2. 融资租入固定资产，“固定资产”或“在建工程”账户的入账价值和“长期应付款”账户入账价值的差额，应确认为“未确认融资费用”。（　　）

3. 企业购入设备发生的具有融资性质的超期支付的价款，应确认为长期应付款。（　　）

4. 分期付款购入固定资产，应按购买价款的现值与应付金额的差额，借记“固定资产”或“在建工程”账户。（　　）

5. 企业融资租入的固定资产，固定资产入账价值与最低租赁付款额的差额，确认为借款费用，计入财务费用。（　　）

业务核算题

练习应付融资租赁款的核算

［**资料**］某企业以融资租赁方式租入一套生产设备，协议确定的最低租赁付款额为 140 万元，其最低租赁付款额的现值为 115 万元，租赁开始日确认的此项资产的公允价值为 112 万元；租赁设备直接交付安装，以存款支付专用发票所列安装费 5 万元；增值税 4 500 元。租赁期 4 年，每年支付租赁费 35 万元，租赁期满设备所有权转归企业；未确认融资费用在租赁期内平均摊销。

1. 融资租入设备验收后直接交付安装。
2. 以存款支付安装费。
3. 设备安装完工，达到预定可使用状态，交付生产使用。
4. 租赁期内每年分摊未确认融资费用。
5. 租赁期内每年以存款支付融资租赁的租赁费及增值税，取得专用发票，增值税率 13%。
6. 租赁期满，设备所有权转归企业。

［**要求**］根据上述资料，编制融资租赁固定资产的有关会计分录。

第十章 *Chapter 10*

所有者权益

第一节　所有者权益概述

填空题

1. 所有者权益其来源包括______________、_____________和__________等。
2. 公司的所有者权益又称为____________；所有者权益的收回是__________。
3. 所有者权益与负债的区别主要表现在____________________、____________________、__________________________和__________________________。

名词解释

1. 利得

2. 留存收益

单项选择题

1. 企业所有者权益金额取决于（　　）。
   A. 资产的计量　　B. 负债的计量
   C. 资产和负债的计量　　D. 资产总额的多少

2. 下列会计事项，会引起所有者权益总额发生变化的是（　　）。

A. 从净利润中提取盈余公积　　B. 用盈余公积补亏

C. 用盈余公积转增资本　　D. 向投资者分配现金股利

3. 下列表述正确的是（　　）。

A. 债权人对企业的资产享有优先要求权

B. 所有者权益包括实收资本（或股本）、资本公积、盈余公积和净利润四个部分

C. 所有者权益的投资人享有分配利润的权利，但不具有参与企业经营管理的权利

D. 投资者投入资本的收益是具有确定性的

4. 下列各项，不属于所有者权益的是（　　）。

A. 资本公积　　B. 盈余公积

C. 未分配利润　　D. 递延收益

5. 所有者权益是指企业所有者对企业（　　）的所有权。

A. 全部资产　　B. 全部负债

C. 全部权益　　D. 净资产

6. 下列各项，不属于所有者权益的是（　　）。

A. 未分配利润　　B. 盈余公积

C. 其他收益　　D. 资本溢价

多项选择题

1. 下列各项中，不会引起企业所有者权益发生增减变动的有（　　）。

A. 用资本公积转增资本　　B. 用盈余公积弥补亏损

C. 提取盈余公积金　　D. 用法定盈余公积分配现金股利

2. 负债与所有者权益的主要区别包括（　　）。

A. 产生的效益不同　　B. 偿还期限不同

C. 享受的权利不同　　D. 对资产要求权的顺序不同

3. 所有者权益的特征包括（　　）。

A. 所有者凭借所有者权益能够参与企业的利润分配

B. 企业清算时，只有在清偿所有负债后，所有者权益才会返还给所有者

C. 除非发生减资、清算或分配现金股利，企业不需要偿还所有者权益

D. 所有者权益对资产的要求权不具有优先性

4. 下列关于所有者权益的表述，正确的有（　　）。

A. 它是企业投资者对企业净资产的所有权

B. 它等于企业资产总额减去负债总额后的余额

C. 它等于企业净资产的公允价值

D. 它无确定的偿还期限，但一定是能够偿还的

5. 下列所有者权益账户中，与企业生产经营无关的有（　　）。

A. “未分配利润”　　B. “盈余公积——任意盈余公积”

C. “资本公积——资本溢价” D. “实收资本”

6. 下列各项，属于所有者权益的有（ ）。

A. 盈余公积 B. 资本公积

C. 其他综合收益 D. 公允价值变动损益

判断题

1. 所有者权益包括投入者投入的资本、利得和损失以及盈余公积和未分配利润。（ ）

2. 由于所有者权益和负债都是对企业资产的要求权，因此它们的性质和享有的权利是相同的。（ ）

3. 投资者向企业投入的资本，在一般情况下不需偿还，并可以长期周转使用。（ ）

4. 投资者投入的资本是不得随意抽资或撤回的，所以，企业的实收资本（股本）是不会发生减少的。（ ）

5. 所有者权益是企业对投资人负担的经济责任，所以，企业投资人（所有者）对企业的全部资产享有优先要求权。（ ）

第二节 投入资本

单项选择题

1. 某企业接受投入厂房一幢，原账面原值 70 万元，已提折旧 20 万元，投资合同各方确认的资产价值为 80 万元，确认的资本额为 50 万元。企业接受此项投资支付相关税费 1 万元（不含可以抵扣的增值税）。“实收资本”的入账价值为（ ）元。

A. 500 000 B. 800 000

C. 510 000 D. 810 000

2. 股份有限公司，股东投入企业的资本，应通过（ ）账户核算。

A. “实收资本” B. “资本公积”

C. “盈余公积” D. “股本”

3. 在企业重组或有新投资者加入时，新加入投资者的出资额应（ ）其在注册资本中占有的份额。

A. 小于 B. 大于

C. 等于 D. 大于或等于

4. 下列各项，不会引起实收资本增加的是（ ）。

A. 接受现金资产投资 B. 对被投资单位追加现金投资

C. 资本公积转增资本 D. 盈余公积转增资本

5. A公司收到甲企业作价投入的原材料一批，投资各方约定资本额按照资产价值确定，约定该批原材料的成本为100万元，增值税额为16万元。A公司应记入“实收资本”账户的金额为（　　）。

A. 16万元　　B. 100万元

C. 116万元　　D. 84万元

多项选择题

1. 企业实收资本增加的途径主要有（　　）。

A. 投资者的投入　　B. 盈余公积转增资本

C. 资本公积转增资本　　D. 银行借入

2. 下列各项，能引起企业实收资本（股本）发生增减变动的有（　　）。

A. 企业原股东将其所持本企业的股权转让给其他投资者

B. 企业增资扩股

C. 上市公司回购本公司股票

D. 通过利润分配派发股票股利

3. 企业可以吸收投资者（　　）作为投入资本。

A. 货币资产　　B. 固定资产

C. 租赁资产　　D. 无形资产

4. 下列关于投入资本的核算，说法错误的有（　　）。

A. 接受一台设备投资，其原始价值为200万元，已提折旧15万元，资产和资本均应以账面原值入账

B. 吸收新投资者加入时，其资本份额按其投入金额入账

C. 投资者以外币投入的资本，不得以外币入账

D. 企业发生连续、重大亏损，短期内无力用盈余公积、利润弥补的，可按程序和要求进行减资补亏

5. A公司由甲、乙分别出资30万元、60万元组建，经营两年后，丙投资者协议出资80万元对A公司进行投资；投资各方约定公司注册资本调整为150万元，其中丙投资者享有40%的投资比例。下列正确的选项包括（　　）。

A. 丙投资后，甲持有A公司的投资比例为20%

B. A公司接受丙投资，应贷记“实收资本”600 000元

C. A公司接受丙投资，应贷记“实收资本”800 000元

D. A公司接受丙投资，应贷记“资本公积”200 000元

判断题

1. 接受投入的非现金资产，应按原资产账面价值作为“实收资本”入账。（　　）

2. 对于一个企业来说，投资者投入的资金，并不一定全部构成实收资本。（　　）

3. 投资者向企业投入的资本，在一般情况下不需偿还，并可供长期周转使用。（　　）

4. 投资者投入的资本是不得随意抽资或撤回的，所以企业的实收资本是不会发生减少的。（　　）

5. 我国实行实收资本制，所以，企业注册资本和实收资本在数额上一定是相等的。（　　）

6. 企业接受投资者作价投入的原材料，应按投资合同或协议约定的价值作为原材料的入账价值，按投资合同或协议约定的价值与增值税的进项税额之和作为实收资本或股本入账。（　　）

7. 投资者的出资额超出其在注册资本中所占份额的部分应列为资本公积，而直接计入所有者权益的利得和损失应列为其他综合收益。（　　）

业务核算题

［**资料**］英姿公司为一般纳税人企业，发生有关投入资本的经济业务如下：

1. A、B 两投资者共同投资设立本公司，注册资本为 100 万元，A、B 分别按 60% 和 40% 出资。投资者一次缴足款项存入银行。

2. 接受 H 公司投入厂房一幢，投出单位账面原值 120 万元，已提折旧 60 万元，确认价值为 80 万元，已办妥产权转移手续，并投入生产使用。投资各方约定资本额按照资产价值确定（取得普通发票）。

3. 接受 D 公司投入不需要安装设备一台，出资各方确认的资产价值和资本额均为 65 万元。公司以银行存款支付运费 1 000 元，设备投入生产使用（取得普通发票）。

4. 收到投资者投入的原材料一批，投资各方确认的不含税价值为 30 万元，专用发票列明的增值税为 39 000 元。投资各方约定资本额按照资产价值确定。

5. 1 月，英姿公司委托某证券公司承销发行普通股股票 1 000 万股，每股面值 1 元，发行价格 6 元。协议规定，证券公司按发行收入的 2% 收取承销费用，直接从发行收入中扣除。1 月 25 日，收到证券公司转交的股票发行收入，存入开户银行。

［**要求**］根据资料，编制必要的会计分录。

第三节　资本公积

填空题

1. “资本公积”账户应设置____________和____________明细账户，进行明细分类核算；资本公积的用途是______________________。

2. “资本公积”的内容一般包括____________________和____________________。

名词解释

1. 资本公积

2. 资本溢价

单项选择题

1. 股份有限公司发行股票的净溢价收入应计入（　　）。
   A. 资本公积　　B. 实收资本
   C. 营业外收入　　D. 盈余公积
2. 下列各项，不属于资本公积内容的是（　　）。
   A. 资本净溢价
   B. 股东对企业的捐赠
   C. 长期股权投资权益法下，被投资单位发生的不属于其他综合收益的权益变动份额
   D. 接受捐赠资产的公允价值
3. 资本溢价是指（　　）。
   A. 投资人出资额大于其所占资本的差额　B. 企业财产清查发现的设备盘盈
   C. 投资人所占资本大于其出资额的差额　D. 企业接受的非现金资产的投资
4. 企业发行普通股 20 000 股，每股面值 1 元，每股发行价格为 7.2 元，发行股票的交

易费用共计 1 080 元，不考虑其他因素，则发行股票时企业应确认的资本公积为（　　）元。

A. 1 080　　B. 124 000

C. 144 000　　D. 122 920

5. 企业由 A、B、C 三位股东投资设立，设立时的实收资本为 1 000 万元，A、B、C 三位股东所占的比例为 5∶3∶2。经过三年的经营，企业所有者权益总额为 1 500 万元，这时又有 D 投资者愿意加入该企业，并表示愿意出资 600 万元，享有 20% 的股份，A、B、C 三位股东表示同意，D 投资者的出资额已转入企业银行存款账户。

（1）该企业设立时，B 股东的出资额为（　　）万元。

A. 1 000　　B. 500

C. 300　　D. 200

（2）该企业接受 D 投资者投入后，B 股东的出资比例为（　　）。

A. 40%　　B. 20%

C. 24%　　D. 16%

（3）该企业接受 D 投资者投入后，应记入“资本公积”账户的金额为（　　）万元。

A. 600　　B. 300

C. 350　　D. 250

（4）该企业接受 D 投资者投入后，“实收资本——D 股东”明细账余额为（　　）万元。

A. 300　　B. 250

C. 350　　D. 200

6. 公司对被投资单位的长期股权投资采用权益法核算，在持股比例不变的情况下，对被投资单位除净损益、其他综合收益和利润分配以外的所有者权益的其他变动，应列为（　　）。

A. 资本公积——其他资本公积　　B. 营业外收入

C. 投资收益　　D. 盈余公积

多项选择题

1. 企业的资本公积根据其形成的来源不同可以分为（　　）。

A. 资本溢价　　B. 其他资本公积

C. 接受捐赠资产　　D. 拨款转入

2. 企业的“资本公积”总分类账户下应设置的明细账户有（　　）。

A. “资本公积——其他资本公积”　　B. “资本公积——非现金资产投入”

C. “资本公积——股权投资准备”　　D. “资本公积——资本溢价”

3. 下列关于资本公积的理解及其表述，正确的有（　　）。

A. 资本公积应当区别不同的来源，分别进行账务处理

B. 资本公积具有资本的性质，与企业的净利润无关

C. 资本公积具有特定来源，只是由于法律的规定而无法直接以资本的名义出现

D. 资本公积与盈余公积一样都有特定来源，与企业净利润无关

4. 下列各项，不增加企业资本公积的有（　　）。

A. 确实无法支付的应付账款　　B. 接受捐赠的无形资产

C. 溢价发行股票　　D. 盘盈的固定资产

5. 企业为股份有限公司，委托B证券公司发行普通股，面值总额4 000万元，发行总额16 000万元，按发行收入的2%向证券公司支付发行费用，股票发行成功，收到的股款已存入银行，进行账务处理时，下列记入“资本公积”账户金额不正确的有（　　）。

A. 4 000万元　　B. 11 680万元

C. 12 000万元　　D. 11 920万元

6. 下列各项中，应通过“资本公积”账户核算的有（　　）。

A. 投资者出资额超出其在注册资本中所占份额的部分

B. 提取任意盈余公积

C. 股份有限公司发行股票产生的股本溢价

D. 新增投资者投入的资本

判断题

1. 资本公积的实质属于投入资本范畴，因此所有资本公积均可直接用于转增资本和向投资者分配现金股利或利润。（　　）

2. 资本公积的形成与企业净利润无直接联系；资本公积由全体股东共同享有。（　　）

3. 资本公积是所有者权益的构成内容之一。企业的资本公积可以转增资本，也可以弥补亏损。（　　）

4. 资本公积包括资本溢价、股本溢价以及直接计入当期损益的利得和损失。（　　）

5. 当企业用资本公积转增资本时，会引起“实收资本”的增加和“资本公积”的减少，但所有者权益的总额是不发生变动的。（　　）

业务核算题

［资料］下列公司均为一般纳税人企业，发生有关投入资本和资本公积的经济业务如下：

1. 大华公司原由A、B、C三位股东各投资300万元人民币设立，设立时的注册资本为900万元，经过几年的经营，公司留存收益已达400万元。现投资者D要加入公司，并表示愿出资500万元，投资各方约定其享有的资本额为225万元。D投资者投入的500万元收存银行。

2. 某公司持有太极公司30%的股份，能够对太极公司施加重大影响。太极公司为上市公司，当期太极公司的母公司给予其捐赠50万元，该捐赠实质上属于资本性投入（不考虑其他因素）。

3. 某公司收到甲公司作为资本投入的生产设备一台，投出单位设备原值50万元，已提

折旧20万元，投资各方约定的资产价值40万元，确认的资本额为25万元，此项设备投资未取得专用发票。以银行存款支付专用发票所列的运输费5 000元，增值税450元。生产设备收到直接交付安装。

4. 某公司收到大臣公司投入的原材料A材料一批，投资各方确认的材料不含税价值为10万元，专用发票所列的增值税1.3万元。投资各方约定的资本额为8万元。

5. 大华公司经核准将资本公积20万元用于转增资本，公司已按规定程序办理完增资手续。按A、B、C、D四投资者的出资比例25%转增资本。

［**要求**］编制根据资料，编制必要的会计分录。

第四节 留存收益

填空题

1. 留存收益来源于企业的生产经营活动所实现的____________，包括企业的________和____________两个部分。

2. 计提的法定盈余公积累计达注册资本的________时，可以不再提取；任意盈余公积的提取比例____________。

名词解释

1. 盈余公积

2. 未分配利润

单项选择题

1. 按现行规定，法定盈余公积可以依法定的程序转增资本，但转增资本后，（　　）。

A. 企业法定盈余公积金部分不受限制

B. 企业法定盈余公积金不得高于注册资本的 25%

C. 企业法定盈余公积金不得低于注册资本的 25%

D. 企业任意盈余公积金必须为零

2. 某企业本年年初未分配利润为 50 万元，盈余公积 30 万元。本年净利润为 200 万元，按 10% 计提法定盈余公积，按 20% 计提任意盈余公积，宣告发放现金股利为 25 万元，该企业本年年末留存收益为（　　）万元。

A. 115　　B. 195

C. 255　　D. 175

3. 企业本年度提取盈余公积 30 万元，用资本公积 10 万元、盈余公积 8 万元转增资本，投资者追加投资 50 万元。所有者权益净增加额应该是（　　）万元。

A. 98　　B. 80

C. 50　　D. 18

4. 企业发放股票股利的结果是（　　）。

A. 资产减少，所有者权益减少　　B. 资产减少，所有者权益增加

C. 所有者权益总额不变　　D. 以上三者都不正确

5. 企业所发生的下列事项，不会引起留存收益总额发生变化的是（　　）。

A. 将盈余公积转增资本　　B. 分配现金股利

C. 分配股票股利　　D. 以盈余公积弥补亏损

6. 某股份有限公司年初未分配利润为 10 万元，本年实现净利润为 300 万元，本年提取法定盈余公积 30 万元，本年宣告以可供分配利润发放现金股利 120 万元，假定不考虑其他因素。该公司年终结转后，“利润分配——未分配利润”账户的期末余额是（　　）。

A. 借方 160 万元　　B. 贷方 160 万元

C. 借方 140 万元　　D. 贷方 140 万元

7. 某公司年初“利润分配——未分配利润”账户的借方余额为 30 万元，本年实现净利润为 500 万元，本年提取法定盈余公积 50 万元，假定不考虑其他因素。该公司当年可供分配的利润是（　　）。

A. 530 万元　　B. 480 万元

C. 470 万元　　D. 450 万元

多项选择题

1. 企业盈余公积可以用于（　　　）。

A. 转增资本　　B. 弥补亏损
C. 对外捐赠　　D. 扩大企业生产经营

2. 企业弥补亏损的渠道主要有（　　）。
A. 减少资本（股本）弥补亏损　　B. 用盈余公积弥补
C. 以后年度实现的利润弥补　　D. 用资本公积弥补

3. 下列项目中，属于企业留存收益的有（　　）。
A. 法定盈余公积　　B. 任意盈余公积
C. 资本公积　　D. 未分配利润

4. 下列事项，会涉及企业留存收益总额发生变化的业务有（　　）。
A. 将盈余公积转增资本　　B. 以税后利润分配现金股利
C. 以盈余公积弥补亏损　　D. 以税后利润分配股票股利

5. 下列各项中，可以直接用于转增资本的有（　　）。
A. 资本公积　　B. 未分配利润
C. 盈余公积　　D. 其他综合收益

不定向选择题

甲公司于两年前由 A 和 B 两股东出资成立，实收资本为 500 万元，20×9 年度发生有关经济业务如下：

（1）1 月 5 日，大力公司出资 200 万元加入甲公司，投资合同约定，大力公司的出资额按 150 万元计列为实收资本。

（2）甲公司年初未分配利润为 100 万元．年终结算，20×9 年度甲公司实现净利润 300 万元。

（3）甲公司决定，按照规定比例 10% 计提 20×9 年度的法定盈余公积；股东会决议按照 20% 的比例计提 20×9 年度的任意盈余公积。

（4）股东会批准 20×9 年度甲公司的利润分配方案，方案确定向投资者分配现金股利 230 万元，其中动用可供投资者分配的利润 200 万元、盈余公积 30 万元。

要求：根据上述资料，不考虑其他因素，分析回答下列各小题：

1. 根据资料（1），下列各项中，关于大力公司出资 200 万元，150 万元计入“实收资本”账户，其差额 50 万元，应计列的账户是（　　）。
A.“盈余公积”账户　　B.“投资收益”账户
C.“资本公积”账户　　D.“其他综合收益”账户

2. 根据资料（2），下列各项中，关于甲公司年终结转本年实现净利润的账务处理，正确的是（　　）。

A. 借：本年利润　　3 000 000
　　贷：利润分配——未分配利润　　3 000 000

B. 借：利润分配——未分配利润　　3 000 000
　　贷：本年利润　　3 000 000

C. 借：本年利润　　3 000 000
　　贷：盈余公积　　3 000 000

D. 借：利润分配——未分配利润　　4 000 000
　　贷：本年利润　　4 000 000

3. 根据资料（3）和（4），下列各项业务的账务处理中，应借记“利润分配”账户的是（　　）。

A. 提取法定盈余公积

B. 提取任意盈余公积

C. 动用可供投资者分配的利润向投资者分配现金股利 200 万元

D. 动用盈余公积向投资者分配现金股利 30 万元

4. 根据资料（2）至（4），下列各项中，关于年终结转后有关账户期末余额的表述，正确的是（　　）。

A. “本年利润”账户应无余额

B. “利润分配——提取法定盈余公积”账户应无余额

C. “利润分配——未分配利润”账户借方余额，表示累积未分配的利润

D. “利润分配——未分配利润”账户贷方余额，表示累积未弥补的亏损

5. 甲公司本年度年终结转后，“利润分配——未分配利润”账户的期末余额是（　　）。

A. 借方 110 万元　　B. 贷方 110 万元

C. 贷方 80 万元　　D. 贷方 160 万元

判断题

1. 企业提取的法定盈余公积和任意盈余公积，可以用于企业发展生产、弥补亏损和职工生活福利的改善。（　　）

2. 企业法定盈余公积金是按利润总额的 10% 计提的；任意盈余公积的计提比例企业可以自行确定。（　　）

3. 年终结转后，“本年利润”账户的贷方余额，反映企业实现的净利润；“利润分配——未分配利润”账户的贷方余额，反映历年积存的未分配利润。（　　）

4. 未分配利润就是本年实现净利润尚未分配，留待以后年度处理的利润。（　　）

5. 企业用盈余公积转增资本时，不会引起所有者权益总额的增减变化。（　　）

6. 企业计提盈余公积的基数是不包括年初未分配利润的；如果以前年度有亏损的，应先弥补以前年度亏损再计提盈余公积。（　　）

7. 企业提取的盈余公积和历年结存的未分配利润都属于留存收益，均可以用于弥补亏损、转增资本、偿还债务和发放现金股利。（　　）

业务核算题

［资料］公司发生有关留存收益的经济业务如下：

1. 企业本年实现利润 80 万元（利润总额），无纳税调整事项，所得税税率 25%，按规定程序核准按税后利润 10% 计提法定盈余公积，并按 12% 提取任意盈余公积。

2. 法定盈余公积 20 万元转增资本，已办妥转增手续。

3. 用提取的盈余公积弥补以前年度亏损 5 万元。

4. 达美公司于 20×6 年 1 月由甲、乙两公司各占股 50% 投资设立，原注册资本 100 万元。经营两年后，丙公司加入，投入货币资金 40 万元，占该企业注册资本的 20%。20×8 年年初“利润分配——未分配利润”账户贷方余额 70 万元，年末结算企业本年实现净利润 90 万元，提取法定盈余公积后，净剩余净利润的 50% 向投资者分配利润，并将资本公积 30 万元按持股比例转增资本。

（1）公司接受丙公司投资 40 万元，款项存入银行。

（2）按规定比例 10% 提取法定盈余公积。

（3）按持股比例向投资者分配利润。

（4）将资本公积 60 万元按持股比例转增资本。

（5）计算确定期末的未分配利润。

［要求］编制根据资料，编制必要的会计分录。

第十一章 *Chapter 11*

收入、费用及利润

第一节 收 入

填空题

1. 收入按性质不同，可以分为____________、______________和______________。

2. 销售商品收入通常情况下应按与购货方签订____________________确定销售商品收入的金额进行计量，确定销售商品收入的金额不包括企业为________________的款项。

3. 企业以收取手续费方式委托代销商品，应在________________时确认收入；企业支付的委托代销手续费应列为_________________。

名词解释

1. 收入

2. 销售折让

3. 完工百分比法

单项选择题

1. 收入是从“企业日常活动”中形成的，下列各项，属于企业日常活动的是（　　）。

A. 处置固定资产和无形资产　　B. 债务重组

C. 出售交易性金融资产　　D. 出售原材料、出租无形资产

2. 企业（非小企业）出租固定资产、出租包装物取得的收入，属于（　　）。

A. 主营业务收入　　B. 提供劳务收入

C. 其他业务收入　　D. 营业外收入

3. 下列各项，应当确认为收入实现的是（　　）。

A. 收到购货方预付的货款

B. 收到代销单位出售商品的代销清单时

C. 发出委托代销商品时

D. 采用托收承付结算方式发出商品时

4. 下列各项，不能确认为收入的是（　　）。

A. 商品销售，发票开出，客户已交款，但尚未提走商品

B. 企业售出的商品符合规定要求，并已将发票账单交付买方，买方也承诺付款

C. 企业销售商品的同时订立回购协议，售出商品仍然在销售企业的

D. 售出商品需要安装和检验的，但安装程序简单或检验是为了最终确认合同价格

5. 下列项目，属于工业企业其他业务收入的是（　　）。

A. 罚款收入　　B. 出售固定资产、无形资产收入

C. 原材料、周转材料销售收入　　D. 出售工程物资收入

6. 委托方采用支付手续费的方式委托代销商品，受托方在商品销售后应按（　　）确认收入。

A. 商品售价　　B. 收取的手续费

C. 销售货款和手续费之和　　D. 销售货款和增值税之和

7. 委托方采用视同买断的方式代销商品，受托方在商品销售后应按（　　）确认收入。

A. 商品实际售价　　B. 商品成本

C. 商品实际售价与协议价之间的差额　　D. 商品协议价和增值税之和

8. 采用收取手续费的代销方式时，对于受托方收取的代销手续费，委托方应计入（　　）。

A. 财务费用　　B. 其他业务成本

C. 主营业务成本　　D. 销售费用

9. 企业在确认商品销售收入时，对现金折扣的处理是（　　）。

A. 在实际发生时冲减当期商品销售收入

B. 在确认商品收入时加以预计，冲减商品销售收入

C. 在实际发生时作为当期的财务费用

D. 在实际发生时作为当期的管理费用

10. 企业在确认收入后发生销售折让的会计处理应是（　　）。

A. 冲减当期营业收入　　B. 列为当期销售费用

C. 计入当期主营业务成本　　D. 列为会计差错处理

11. 下列商品销售中，应确认为收入已实现的是（　　）。

A. 收到购货方预付的货款　　B. 订货销售发出商品时

C. 发出委托代销商品时　　D. 托收承付结算方式下收到货款时

12. 企业销售业务发生的下列各项，应计入财务费用的是（　　）。

A. 商业折扣　　B. 现金折扣

C. 销售折让　　D. 销售退回

13. 7 月 1 日，某建筑公司与一客户签订一项固定造价建造合同，承建一幢办公楼，预计次年 12 月 31 日完工。合同总金额为 12 000 万元，预计总成本为 10 000 万元；截至当年 12 月 31 日，该建筑公司实际发生成本 3 000 万元，结算工程价款 3 500 万元，实际收到价款 3 200 万元。假定该建造合同的结果能够可靠地估计；采用完工百分比确认合同收入和合同费用，按实际发生的合同成本占合同预计总成本的比例确定完工进度。该建筑公司当年对该合同应当确认的合同收入为（　　）万元。

A. 3 000　　B. 3 200

C. 3 500　　D. 3 600

14. 企业对于已经发出但尚未确认销售实现的商品成本，应借记的账户是（　　）。

A. “在途物资”　　B. “应收账款”

C. “主营业务成本”　　D. “发出商品”

15. 对于在合同中规定了买方有权退货条款的销售，如无法合理确定退货的可能性，则符合商品销售收付确认条件的时点是（　　）。

A. 发出商品时　　B. 收到货款时

C. 签订合同时　　D. 退货期满时

16. 某企业销售 A 商品 1 000 件，每件售价 50 元（不含增值税），增值税税率为 13%，企业为购货方提供的商业折扣为 10%，并代垫运杂费 200 元。该企业在这项交易中应确认的收入金额为（　　）元。

A. 50 000　　B. 45 000

C. 52 650　　D. 45 200

17. 某公司 3 月份共增加银行存款 60 万元。其中：出售库存商品收入 40 万元，增值税 52 000 元；出售库存原材料收入 2 万元，增值税 2 600 元；出售固定资产收入 58 000 元，其中增值税 7 800 元；出租无形资产收入 1 万元，增值税 600 元；对外提供运输劳务取得收入 7 000 元，增值税 630 元；没收逾期未退还出借包装物押金 2 260 元，其中应计增值税 260 元；则该月营业收入总额为（　　）元。

A. 500 000　　B. 439 000

C. 437 000　　D. 489 000

18. 下列关于提供劳务收入的确认，正确的是（　　）。

A. 劳务收入应在实际收到款项时确认

B. 采用“完工百分比法”确认劳务收入

C. 资产负债表日提供劳务的交易结果能够可靠地估计，采用完工百分比法确认劳务收入

D. 劳务收入应在签订劳务合同时确认

多项选择题

1. 收入按性质分类，可分为（　　　　）。

A. 商品销售收入　　　　B. 提供劳务收入

C. 让渡资产使用权收入　　　　D. 主营业务收入

2. 下列各项，不应确认为收入的有（　　　　）。

A. 销售商品收取的增值税

B. 出售自制半成品、不合格品取得的收入

C. 销售商品收回代垫运费

D. 代客户收取的委托代销商品款

3. 企业日常活动包括经常性活动和与经常性活动相关的活动。下列各项，属于企业经常性活动取得的收入有（　　　　）。

A. 商品流通企业销售商品收入　　　　B. 安装公司提供安装服务收入

C. 租赁公司取得的租金收入　　　　D. 出售无形资产所取得的价款

4. 销售商品收入确认的条件包括（　　　　）。

A. 企业已将商品所有权上的“主要风险”和“报酬”转移给购货方

B. 企业既没有保留通常与所有权相联系的继续管理权，也没有对已售出商品实施控制

C. 与交易相关的经济利益能够流入企业

D. 相关收入的金额和已发生的或将发生的成本能可靠计量

5. 企业按完工百分比法确认劳务收入，要求提供劳务的结果能够可靠地估计，其应具备的条件有（　　　　）。

A. 劳务收入金额能够可靠地计量

B. 与劳务相关的经济利益很可能流入企业

C. 提供劳务的交易开始和完成分属不同的会计年度

D. 劳务的完成程度（完工进度）能够可靠地确定

6. 收入的特征表现为（　　　　）。

A. 收入是从“企业日常活动”中产生，而不是从“偶然的交易或事项”中产生的

B. 收入可能表现为企业资产的增加，也可能表现为企业负债的减少

C. 收入可导致企业所有者权益的增加

D. 收入只包括本企业的经济利益总流入，不包括为第三方或客户“代收”的款项

7. 下列各项，应确认为收入的有（　　　　）。

A. 委托收款方式销售产品，发出产品，办妥托收手续时

B. 委托代销的商品在商品发出时

C. 预收款销售在商品发出时

D. 销售商品需要安装和检验的，在商品发出时

8. 下列各项，属于让渡本企业资产使用权应确认收入的有（　　）。

A. 让渡本企业（金融企业）货币资金使用权按期计提的利息收入（金融企业）

B. 出租固定资产所取得的收入

C. 合同约定按销售收入一定比例收取的专利权使用费收入

D. 出售自制半成品所取得的收入

9. 下列各项，影响企业销售商品收入金额的有（　　）。

A. 企业与购货方签订的合同或协议金额

B. 预计可能发生的现金折扣

C. 企业与购货方协商的商业折扣

D. 代垫购货方的运杂费

10. 下列各项，工业企业（非小企业）应列为其他业务收入的包括（　　）。

A. 包装物租金收入　　B. 转让商标使用权收入

C. 股利收入　　D. 提供运输、服务等非工业性劳务收入

判断题

1. 企业发生收入往往表现为货币资产的流入，但是并非所有货币资产的流入都是企业的收入。（　　）

2. 收入可导致企业所有者权益的增加，所以，导致企业所有者权益增加的一定都是收入。（　　）

3. 企业的收入应包括主营业务收入、其他业务收入、营业外收入和投资收益。（　　）

4. 企业无论采取何种销售方式，销售商品收入一定是按照与购货方签订已收或应收的合同或协议金额进行计量的。（　　）

5. 只要提供劳务交易的开始和完成分属不同会计年度的，就应按完工百分比法确认其收入。（　　）

6. 采用预收货款方式销售产品的，应在收到货款时确认收入的实现；委托收款方式销售产品，应在发出产品时确认收入的实现。（　　）

7. 收入可能表现为企业资产的增加，也可能表现为企业负债的减少，或者两者兼而有之。（　　）

8. 企业只要将商品所有权上的主要风险和报酬转移给购货方，就可以确认商品销售收入。（　　）

9. 企业提供劳务，应当在提供劳务交易完成，且收到款项或取得收款权利时，确认提供劳务收入。（　　）

10. 企业在销售商品时，如有商业折扣或现金折扣的，应按扣除商业折扣或现金折扣后的净额确认销售收入。（　　）

11. “主营业务收入”账户的借方是登记发生的销售折让和销售退回而冲减的收入和期

末结转至“本年利润”账户的收入，结转后该账户是无余额的。（　　）

12. 收入的确认要求相关的已发生的或将发生的成本能够可靠地计量。一项业务如果成本不能可靠地计量，即使其他条件都已满足，也不能确认为收入。（　　）

13. 现金折扣应在实际发生时计入当期财务费用；销售折让应在实际发生时冲减当期销售收入。（　　）

14. 收取手续费方式委托代销商品，委托方应在受托方将商品销售后，并收到受托方开具代销清单时确认收入；受托方在商品销售后，按应收取的手续费确认收入。（　　）

15. 企业销售商品，商品发出后至月末仍未收到货款的，应将其成本从“库存商品”账户，结转记入“发出商品”账户。（　　）

16. 企业提供劳务，在资产负债表日提供劳务的交易结果不能可靠地估计的，已经发生的劳务成本预计只能部分得到补偿的，则不确认劳务收入。（　　）

业务核算题

（一）练习商品销售业务的核算

［资料］某公司5月8日向大华公司销售A产品一批，售价5万元，增值税率为13%，成本26 000元。合同规定现金折扣条件（货款部分）为2/10，1/20，n/30；购买方于5月16日付款。如果该批产品于6月5日被退回，退货凭证、手续齐全，款项以存款划付，退回产品验收入库，产品销售成本按原来数额结转。

1. 5月8日出售产品。
2. 5月16日收到价款存入银行。
3. 5月31日结转产品销售成本。
4. 6月5日退回产品。

［要求］根据资料，编制商品销售、收款、结转成本和销售退回的会计分录。

（二）练习商品销售业务的核算

［资料］某公司于7月7日向前门公司销售甲产品1万件，每件售价20元（不含增值税），增值税税率为13%，每件销售成本为12元；企业为购货方提供的商业折扣为10%（不含增值税），当日确认实现销售；双方商定的现金折扣条件为5/10，3/20，n/30，计算现金折扣时按全部价款，该公司已于7月25日收到前门公司支付的价款，款项转存银行。

［要求］根据资料，编制商品销售、收款和结转成本的会计分录。

（三）练习各类收入业务及销售折让、销售退回的核算

[资料] 某公司为一般纳税人企业，增值税率为13%，11 月份发生下列经济业务（假定该企业已销售产品成本逐笔进行结转）：

1. 1 日，采用商业汇票结算方式向 A 公司销售甲产品 20 件，价款 5 万元，增值税 6 500 元，收到期限为 6 个月的银行承兑汇票一张。该批产品成本为 35 000 元。

2. 6 日，采用托收承付结算方式向 C 公司销售甲产品 70 件，价款 21 万元，增值税 27 300 元，用银行存款代垫运杂费 700 元，已向银行办妥托收手续。该批产品成本为 16 万元。

3. 8 日，D 公司因产品质量问题退回上月销售的甲产品 4 件，价款 1 万元，增值税 1 300 元，成本为 7 000 元；退回的 4 件甲产品验收入库，公司签发支票一张，退还价税款，开具增值税专用发票。

4. 12 日，由于 C 公司发现 6 日所购的甲产品 70 件外观存在问题，经协商，同意给予 C 公司 10% 的销售折让 23 730 元（其中专用发票注明的增值税 2 730 元）。

5. 18 日，接银行通知，C 公司承付的扣减销售折让后的甲产品应收价税款及代垫运杂费 214 270 元收到，款项转入银行。

*6. 20 日，根据合同约定，发给 M 公司乙产品 100 件，价款 20 万元，增值税 26 000 元，已办妥托收手续，发出产品后得知，M 公司目前遇到较大的财务困难，其货款及增值税收回的可能性较小。乙产品每件实际成本为 1 200 元。此项业务增值税需按规定确认。

*7. 21 日，采用分期收款销售方式售给东方公司丙产品一台，价款 30 万元，合同规定，分三年等额收款，付款日期为每年的 11 月 21 日。假定该产品销售价款的公允价值 25 万元，货已发出，满足销售商品收入确认条件，该产品的实际成本为 18 万元（未确认融资收益摊销略）。

8. 24 日，与远大公司签订代销协议（视同买断方式），委托远大公司代销乙产品 200 件，协议价为 1 800 元/件，该产品成本 1 200 元/件。12 月 25 日收到远大公司开来的代销清单时，开具增值税专用发票，发票上注明售价 36 万元，增值税 46 800 元。12 月 28 日收到远大公司按合同协议价支付的款项。

9. 11 月 30 日，收到南方公司支付的租用本公司设备的租金 2 万元，增值税 2 600 元款项收存银行。该固定资产本月应计提折旧 1 000 元。

10. 根据本月销售业务计算，应交消费税 12 000 元，应交城市维护建设税 10 500 元教育费附加（含地方教育费附加）7 500 元。

[要求] 根据上述资料，编制必要的会计分录（第 6、第 7 笔业务可选做）。

（四）练习委托代销业务的核算

[资料]

1. 甲企业以视同买断方式委托乙企业代销 A 产品 1 000 件，单位售价 100 元，单位成本

70 元，双方按 90 元结算。双方均为一般纳税人，增值税税率为 13%，代销清单及价款同时收到，价款转存银行。

2. 丙企业以视同买断方式委托丁企业代销 B 产品 1 000 件，成本价 100 元，售价 150 元。手续费按售价的 5% 计算（含税，取得普通发票），双方均为一般纳税人，商品销售增值税率为 13%，丁企业代销商品手续费收入的增值税率为 6%。代销清单及价款（扣除手续费）同时收到。价款转存银行。

[要求] 根据资料，分别编制委托方和受托方必要的会计分录。

（五）练习劳务收入的核算

[资料] 甲公司为建筑安装企业，于 10 月 1 日为新风公司承建建安工程项目 A，合同规定的工程期为 5 个月，合同总收入 160 万元，至该年 12 月 31 日已发生成本 63 万元（其中用银行存款支付 30 万元，职工薪酬 33 万元），预收工程款 100 万元。预计整个工程完工的总成本为 90 万元。建安工程的增值税率为 9%。

1. 预收安装 A 工程款 100 万元存入银行。
2. 发生成本 63 万元。
3. 年末，确认本年劳务收入及应计增值税。
4. 结转已实现收入的劳务成本。

[要求] 根据资料，编制必要的会计分录。

第二节　费　　用

填空题

1. 费用按经济用途分类的按成本性费用包括________、________、__________等。

2. 企业销售商品成本结转过程可以概括为：产品生产过程形成__________；产品制造完工入库形成_____________；商品销售后结转形成________________。

3. 期间费用是指不能直接归属于_____________的费用。期间费用包括___________、_________________、_____________。

名词解释

1. 费用

2. 财务费用

单项选择题

1. 企业支付的开办期间发生的职工薪酬应计入（　　）。

A. 制造费用　　B. 销售费用

C. 管理费用　　D. 长期待摊费用

2. 企业专设销售机构人员的职工薪酬应计入（　　）。

A. 管理费用　　B. 销售费用

C. 主营业务成本　　D. 其他业务成本

3. 完工产品验收入库，期末，结转产品制造成本应是（　　）。

A. 借记“生产成本”账户　　B. 贷记“生产成本”账户

C. 借记“主营业务成本”账户　　D. 贷记“制造费用”账户

4. 月末生产车间发生的制造费用分配后，一般应结转记入的账户是（　　）。

A. “库存商品”　　B. “本年利润”

C. “生产成本”　　D. “主营业务成本”

5. 委托代销商品收到代销清单，确认收入后，月末结转已销售商品（产品）成本，账务处理是（　　）。

A. 借：主营业务成本
　　贷：库存商品

B. 借：主营业务成本
　　贷：受托代销商品

C. 借：主营业务成本
　　贷：生产成本

D. 借：主营业务成本
　　贷：发出商品

6. 企业采用经营租赁方式出租设备一台，该设备计提的折旧费应计入（　　）。

A. 生产成本　　B. 制造费用
C. 管理费用　　D. 其他业务成本

7. 企业支付违约金、税款滞纳金，应计入（　　）。
A. 管理费用　　B. 营业外支出
C. 财务费用　　D. 其他业务成本

8. 下列项目，企业（销售方）应列为财务费用的是（　　）。
A. 购货方获得的现金折扣　　B. 购货方获得的商业折扣
C. 购货方获得的销售折让　　D. 购货方放弃的现金折扣

9. 下列项目，应列为销售费用的是（　　）。
A. 销货产生的销售折让　　B. 预计产品质保损失
C. 企业筹建期间内发生的开办费　　D. 聘请中介机构经费

10. 下列属于以产品为成本对象归集的费用是（　　）。
A. 生产成本　　B. 销售费用
C. 管理费用　　D. 财务费用

11. 下列项目中，应于发生当期全部从损益中扣除的是（　　）。
A. 直接材料　　B. 制造费用
C. 管理费用　　D. 长期待摊费用

12. 下列项目，不能直接记入“生产成本”账户的是（　　）。
A. 生产产品耗用的原材料
B. 直接从事产品生产工人的职工薪酬
C. 按生产工人工资总额的一定比例预提结转职工福利费
D. 车间管理人员的职工薪酬

13. 下列各项，应列为管理费用的是（　　）。
A. 处置固定资产净损失　　B. 季节性停工损失
C. 费用化的无形资产研发支出　　D. 出租无形资产的摊销

14. 企业（非小企业）下列各项，不应列为财务费用的是（　　）。
A. 外币业务的汇兑损益　　B. 不符合资本化条件的借款利息
C. 支付业务招待费　　D. 支付给金融机构的手续费

15. 某工业企业（非小企业）3 月份发生的费用有：车间管理人员工资 80 万元，公司行政管理部门职工薪酬 60 万元，支付产品广告费 30 万元，计提短期借款应付利息 40 万元，车间固定资产修理费 30 万元，对外投资发生损失 5 万元。则该企业当期的期间费用总额为（　　）万元。
A. 100　　B. 140
C. 160　　D. 250

16. 企业产品制造发生的直接材料的处理应是（　　）。
A. 借记“生产成本”账户　　B. 贷记“生产成本”账户
C. 借记“制造费用”账户　　D. 贷记“制造费用”账户

多项选择题

1. 费用按经济用途分类的类别是（　　）。
   A. 期间费用　　B. 成本性费用
   C. 管理费用　　D. 制造费用
2. 期间费用包括（　　）。
   A. 制造费用　　B. 管理费用
   C. 财务费用　　D. 销售费用
3. 工业企业的下列各项，应通过“其他业务成本”账户核算的有（　　）。
   A. 销售商品的生产成本　　B. 销售材料的成本
   C. 出租固定资产的折旧费　　D. 出租无形资产的摊销
4. 下列各项，属于销售费用的有（　　）。
   A. 销售商品代垫运杂费　　B. 业务招待费
   C. 支付产品广告费　　D. 专设销售机构经费
5. 工业企业产品生产成本核算一般应设置的账户包括（　　）。
   A. “生产成本”　　B. “主营业务成本”
   C. “制造费用”　　D. “其他业务成本”
6. 下列各项，应记入“税金及附加”账户的有（　　）。
   A. 产品销售应交增值税
   B. 产品销售应交消费税
   C. 出租固定资产应交城市维护建设税、教育费附加
   D. 产品销售应交城市维护建设税、教育费附加
7. 产品成本项目一般包括（　　）。
   A. 直接材料　　B. 直接人工
   C. 制造费用　　D. 管理费用
8. 工业企业（非小企业）下列各项，属于制造费用的有（　　）。
   A. 生产车间组织和管理生产人员的职工薪酬
   B. 生产车间机器设备的折旧费
   C. 企业支付的技术转让费
   D. 生产车间机器设备的修理费
9. 下列各项费用，属于期间费用的有（　　）。
   A. 生产车间发生的办公费　　B. 公司行政部门的办公费、咨询费
   C. 产品展览费　　D. 销货产生的现金折扣
10. 下列各项，应列为管理费用的有（　　）。
    A. 取得交易性金融资产的交易费用　　B. 生产经营使用无形资产的摊销
    C. 管理原因造成存货盘亏净损失　　D. 预计产品质保损失
11. 工业企业的下列各项，不应列入其他业务成本的有（　　）。

A. 销售原材料的成本　　B. 出售固定资产的净损失

C. 出售持有至到期投资的账面价值　　D. 销售原材料应缴的税金及附加

12. 确认费用应考虑的要求包括（　　）。

A. 划分收益性支出和资本性支出　　B. 权责发生制

C. 配比要求　　D. 在发生当期确认，计入当期损益

13. 企业发生的下列各项支出，计入财务费用的是（　　）。

A. 发生的现金折扣　　B. 短期借款的利息

C. 银行结算手续费　　D. 汇兑损益

14. 关于期间费用，下列说法正确的有（　　）。

A. 容易确认其所归属的产品　　B. 难以判别其所归属的产品

C. 一般与费用发生的当期有关　　D. 会影响当期及以后各期的利润

判断题

1. 企业发生的各项费用最终均会构成产品的生产成本。（　　）

2. 与同一项销售有关的收入，其成本不一定在同一会计期间予以确认。（　　）

3. 企业生产经营过程中发生的所有支出均构成企业的费用。（　　）

4. 产品成本是按一定的产品（或劳务）对象所归集的费用，是对象化了的产品（或劳务）的生产费用。（　　）

5. 费用是企业在日常活动中发生的经济利益的总流出，它包括应计入产品生产成本的费用，应列入当期损益的期间费用和应计入营业外支出的各项损失等。（　　）

6. 增值税是企业产品销售收入的抵减项目；所以，列入当期损益的“税金及附加”与产品销售收入是没有关联的。（　　）

7. 企业发生的业务招待费、无形资产摊销、固定资产修理费等，无论发生在哪个部门，一律应记入“管理费用”。（　　）

8. 费用与收入应按因果关系加以确认，表现为以下两方面：一是经济性质上的因果关系，即有所得必有所费；二是时间上的一致性，即收入与费用相配比的过程。（　　）

9. 企业车间管理人员发生的费用和公司行政管理人员发生的费用，都应列为期间费用。（　　）

10. 企业一定期间的直接费用和间接费用，构成这一期间的产品生产成本总额，并且在数额上是相等的。（　　）

11. 费用是企业的经济利益的总流出，企业支付罚款、处置非流动资产、对外投资发生损失都可能产生经济利益的流出，所以，它们也属于费用。（　　）

12. “税金及附加”账户，反映企业日常经营活动应缴纳的消费税、资源税、城市维护建设税、房产税、车船税、企业所得税等税金及其教育费附加。（　　）

13. 主营业务收入和其他业务收入构成企业的营业收入；主营业务成本和其他业务成本构成企业的营业成本；主营业务和其他业务应缴纳的增值税以外的税费构成“税金及附加”。（　　）

14. “生产成本——基本生产成本”账户，应按照基本生产车间和成本计算对象进行明

细核算。 (　　)

15. 其他业务成本包括销售材料的成本、出租固定资产的折旧费、出租无形资产的摊销、出租包装物的成本或摊销、提供非工业性劳务的成本等，但不包括其他业务应缴的税费。 (　　)

16. 年终结转后，“主营业务成本”、“税金及附加”、“其他业务成本”、“制造费用”、“销售费用”、“管理费用”、“财务费用” 等损益类账户应是无余额的。 (　　)

业务核算题

（一）练习期间费用业务的核算

[**资料**] 某公司为一般纳税人，12 月份发生有关期间费用支出的经济业务如下：

1. 4 日，以银行存款支付专用发票所列的产品广告费 3 万元，增值税 1 800 元。

2. 8 日，以银行存款支付普通发票所列诉讼费 6 000 元。

3. 20 日，以库存现金 900 元支付公司管理部门零星办公用品购置费，取得普通发票。

4. 26 日，以银行存款支付专用发票所列的聘请中介机构经费 8 000 元，增值税 480 元；产品展销费 5 000 元，增值税 300 元。

5. 30 日，接银行通知，本期银行存款利息收入 1 000 元，已转入存款账户（不考虑增值税）。

6. 30 日，预提本期短期周转借款利息 1 500 元。

[**要求**] 根据上述资料，编制必要的会计分录。

（二）练习期间费用的核算

[**资料**] 某公司为一般纳税人，本期发生有关期间费用的经济业务如下：

1. 以库存现金支付取得专用发票的文印费 800 元（其中：公司管理部门 500 元，专设销售机构 200 元，基本生产车间 100 元），增值税 48 元。

2. 财会人员李红出差归来，报销差旅费 2 800 元，其中：取得专用发票的住宿费 1 000 元，增值税 60 元，机票款 1 308 元（含增值税 108 元），其他费用 432 元。余款 200 元交回现金，结清前预借备用金 3 000 元。

3. 以银行存款支付业务招待费 1 800 元，取得普通发票。

4. 公司管理部门从仓库领用甲材料 2 000 元，用于行政办公用房的维修。

5. 计提本月固定资产折旧 5 600 元，其中管理部门 1 500 元，基本生产车间 3 000 元，专设销售机构 1 100 元。

6. 摊销本月应负担的租入房屋租金 12 000 元，其中公司管理部门 8 000 元，专设销售机构 4 000 元，预付期为 2 年。

7. 计算结转本期应交房产税 19 200 元，应交车船税 11 800 元，应交土地使用税 29 000 元；同时，以银行存款购买印花税票 700 元。

8. 以银行存款支付专用发票所列的商品销售运输费 5 000 元，增值税 450 元。

9. 支付本月银行结算手续费 3 000 元，取得普通发票。

10. 预提上年末已达到预定可使用状态的三年期专项用于固定资产建设的借款利息 9 万元。

11. 分配本月工资。A 产品生产工人工资 20 000 元，B 产品生产工人工资 16 000 元，车间管理人员工资 5 000 元，行政管理人员工资 15 000 元，销售人员工资 8 000 元。

[要求] 根据上述资料，编制必要的会计分录。

（三）练习收入、成本和费用业务的核算

[资料] 某公司为一般纳税人企业，5 月发生以下经济业务（该企业已销售产品成本月末汇总进行结转）：

1. 向本市某单位销售 A 产品一批，售价 40 万元，增值税额 52 000 元，收到一张面额 468 000 元的转账支票，办妥划款手续。提货单交付对方。该批产品成本 32 万元。

2. 向外地甲企业销售 A 产品一批，售价 30 万元，增值税 39 000 元，该批产品成本 20 万元，发货时，以银行存款代垫运杂费 2 000 元，当日办妥委托银行收款的手续。

3. 接银行通知，上述向甲企业托收的款项 350 000 元已收到。

4. 委托乙公司代销 B 产品一批（收取手续费方式），发出商品的总成本 70 万元，本月 5 日发出商品；本月 25 日收到乙公司代销清单，该 B 产品已销售 50%，应计货款 50 万元，增值税 65 000 元，价税款暂未收到；本月 30 日收到乙公司转来该批商品扣除货款 5% 的代销手续费（含税，普通发票）后的价税款 56 万元，款已转存银行。

5. 按合同向丙公司预收货款 10 万元，存入银行。

6. 向丙公司发出 B 产品一批，售价 20 万元，增值税 26 000 元。产品成本 13 万元。

7. 收到丙单位补来价款 132 000 元，存入银行。

8. 上月向甲企业销售的 C 产品 1 000 件，单价 35 元，已收款入账。现对方提出质量问题，经协商，每件降价 10 元，以存款退还款项 11 300 元（其中增值税 1 300 元）。

9. 销售多余 E 材料一批，售价 1 200 元（成本 1 000 元），增值税 156 元，价税款收存银行。

10. 销售 D 产品 2 000 千克，单位成本 20 元，单位售价 30 元，随货销售包装箱 40 个，每只包装箱成本 40 元，售价 50 元。货款收到期限为三个月的商业汇票一张，面额

70 060 元。

11. 月末汇总结转已销售产品成本。本月已销售产品、材料的成本为：A 产品 52 万元，B 产品 48 万元（其中 35 万元为委托乙公司代销商品），D 产品 4 万元，出售材料成本 1 000 元，随同产品出售包装物成本 1 600 元。

12. 根据本月销售（主营业务和其他业务）业务计算，应交消费税 25 000 元，应交城市维护建设税 12 600 元，应交教育费附加（含地方教育费附加）9 000 元，应交环境保护税 3 000 元。

[**要求**] 根据上述资料，编制必要的会计分录。

第三节　利润和利润分配

填空题

1. 利润是指企业在一定会计期间的__________。利润金额取决于____________、直接计入当期损益的___________金额的计量。

2. 所得税费用是指从企业____________中扣除的，应计入当期利润表的所得税费用。它的计算公式一般为：所得税费用 = __________ + __________________________。

3. 企业当期实现的净利润____________后，加上________________________________和其他转入后的余额，为___________________。

名词解释

1. 营业外收入

2. 暂时性差异

3. 利润分配

单项选择题

1. 下列各项，不影响营业利润的项目是（　　）。

A. 营业外收入　　B. 公允价值变动收益

C. 投资收益　　D. 税金及附加

2. 下列各项，属于企业经营成果的是（　　）。

A. 营业利润　　B. 利润总额

C. 净利润　　D. 可供分配的利润

3. 对于营业外收支，下列表述不正确的是（　　）。

A. 营业外收支是与企业生产经营活动没有直接关系的经济利益流入或流出

B. 营业外收入与营业外支出所包括的收支项目互不关联，不存在配比关系

C. 营业外收入和营业外支出的发生不影响企业当期实现的营业利润

D. 企业可以将营业外收入和营业外支出合并核算，确认营业外收支净额对当期利润总额产生的影响

4. 企业用利润弥补以前年度亏损时，应（　　）。

A. 借记“本年利润”账户，贷记“利润分配——未分配利润”账户

B. 借记“利润分配——未分配利润”账户，贷记“本年利润”账户

C. 借记“利润分配——未分配利润”账户，贷记“盈余公积”账户

D. 无需专门做账务处理

5. 某企业本年取得了国库券投资的利息为 3 万元，其他公司债券投资利息 2 万元。全年利润总额为 85 万元，所得税税率为 25%。公司无其他纳税调整项目。该企业本年的净利润为（　　）元。

A. 645 000　　B. 650 000

C. 615 000　　D. 637 500

6. 某企业 6 月份共增加银行存款 60 000 元。其中：销售商品收入 20 000 元，增值税 3 400 元，出售固定资产收入 25 000 元，出租固定资产收入 1 600 元，则该月营业收入总额为（　　）元。

A. 60 000　　B. 21 600

C. 20 000　　D. 46 600

7. 年终利润结转后，可能有余额的账户是（　　）。

A. “本年利润”　　B. “利润分配——未分配利润”

C. “利润分配——应付现金股利或利润”　　D. “利润分配——盈余公积补亏”

8. 企业与企业日常活动无关的政府补助应计入（　　）。

A. 其他业务收入　　B. 主营业务收入

C. 利润分配　　D. 营业外收入

9. 企业发生固定资产盘亏净损失，应计入（　　）。

A. 财务费用　　B. 其他业务成本

C. 营业外支出　　　　　　　　　　D. 销售费用

10. 某企业本期主营业务收入560万元，主营业务成本300万元，其他业务收入200万元，其他业务成本100万元，税金及附加10万元，管理费用50万元，销售费用15万元，资产减值损失为45万元，公允价值变动收益为60万元，营业外收入为40万元，营业外支出为15万元。该企业本期营业利润为（　　）万元。

A. 300　　　　　　　　　　B. 325

C. 365　　　　　　　　　　D. 380

11. 某企业本年营业利润为320万元，投资收益为30万元，资产减值损失为10万元，营业外收入为10万元，营业外支出为20万元，所得税费用为80万元。该企业本年净利润为（　　）万元。

A. 310　　　　　　　　　　B. 250

C. 240　　　　　　　　　　D. 230

12. 下列项目，属于营业外收入的是（　　）。

A. 捐赠利得

B. 出售无形资产的收入

C. 库存存货因收发计量误差产生的盘盈利得

D. 自然灾害受损财产的保险赔偿款

13. 下列项目，不属于营业外支出的是（　　）。

A. 固定资产毁损报废的净损失　　　　B. 债务重组损失

C. 无形资产摊销　　　　　　　　　　D. 公益性捐赠支出

14. 下列各项目中，应列为营业外支出的是（　　）。

A. 固定资产盘亏损失　　　　　　　　B. 职工福利费

C. 支付业务招待费　　　　　　　　　D. 出售固定资产、无形资产的净损失

15. 当期所得税，应根据（　　）计算确定当期应缴纳的所得税。

A. 利润总额×适用所得税税率

B. 应纳税所得额×适用所得税税率

C. 所得税费用+递延所得税费用

D. 所得税费用+（递延所得税资产-递延所得税负债）

16. 年终结转后，“利润分配——未分配利润”的借方余额，表示（　　）。

A. 本年实现的净利润　　　　　　　　B. 本年未分配的利润

C. 历年积存的未分配利润　　　　　　D. 历年积存的未弥补亏损

17. 下列不属于利润分配内容的是（　　）。

A. 应交所得税　　　　　　　　　　　B. 提取法定盈余公积

C. 向投资者分配利润　　　　　　　　D. 以利润弥补以前年度亏损

18. 企业月销售额在10万元（按季30万元）以下，按规定免征的增值税应结转此项免税收益，应贷记的账户是（　　）。

A. “营业外收入”账户　　　　　　　B. “其他收益”账户

C. “其他业务收入”账户　　　　　　D. “盈余公积”账户

多项选择题

1. 企业的利润总额等于营业利润（　　）。

A. 加投资收益　　B. 加政府补贴收入

C. 加营业外收入　　D. 减营业外支出

2. 下列各账户，应于期末将余额结转“本年利润”账户的有（　　）。

A. “所得税费用”　　B. “投资收益”

C. “营业外支出”　　D. “制造费用”

3. 下列各项，构成并影响营业利润的项目有（　　）。

A. 主营业务成本　　B. 税金及附加

C. 营业外收入　　D. 管理费用和财务费用

4. 下列各项，不影响营业利润的（　　）。

A. 固定资产盘亏净损失　　B. 批准核销的无法查明原因的现金短缺

C. 管理不善导致的原材料盘亏净损失　　D. 台风造成产品毁损的净损失

5. 账务处理中，可能与“营业外支出”账户的借方发生对应关系的贷方账户有（　　）。

A. “待处理财产损溢”　　B. “固定资产清理”

C. “银行存款”　　D. “固定资产减值准备”

6. 下列各项，属于营业外支出的有（　　）。

A. 固定资产盘亏净损失　　B. 债务重组损失

C. 非流动资产毁损报废损失　　D. 公益性捐赠支出

7. 构成并影响当期利润总额的有（　　）。

A. 营业利润　　B. 营业外支出

C. 营业外收入　　D. 所得税费用

8. 下列事项中应计入营业外收入的有（　　）。

A. 债务重组利得　　B. 接受捐赠利得

C. 罚没利得　　D. 与企业日常活动相关的政府补助

9. 下列账户，年终结转后应无余额的有（　　）。

A. “主营业务成本”　　B. “本年利润”

C. “利润分配”　　D. “资产减值损失”

10. 下列各项中，需调整增加企业应纳税所得额的项目有（　　）。

A. 已计入投资收益的国库券利息收入

B. 超过税法规定扣除标准，已计入当期费用的业务招待费

C. 超过税法规定扣除标准，但已计入当期营业外支出的对外捐赠支出

D. 支付并已计入当期营业外支出的各种税收滞纳金

11. 关于所得税费用核算，下列表述正确的有（　　）。

A. 递延所得税费用 = 递延所得税负债增加额 + 递延所得税资产减少额

B. 当期确认的所得税费用并不一定等于当期应交所得税

C. 计税基础分为资产计税基础和负债计税基础两类

D. 企业应交所得税是年终一次计算结转、缴纳的

12. “利润分配——未分配利润”明细账户用来核算（　　）。

A. “本年利润”账户转入的本期实现的净利润

B. “本年利润”账户转入的本期发生的亏损额

C. 企业历年积存的未分配利润

D. 企业历年积存的未弥补亏损

判断题

1. 利润包括收入减去费用后的净额和直接计入当期利润的利得和损失等。其中收入减去费用后的净额是利润的基本来源。（　）

2. 与企业日常活动无关的政府补助收入是列为营业外收入的。财政拨款、财政贴息、税收返还、政府资本性投入等，均属于政府补助。（　）

3. 企业利润金额取决于收入和费用、直接计入当期利润的利得和损失金额的计量。（　）

4. 营业成本是指企业经营业务所发生的实际成本总额，包括主营业务成本、其他业务成本和期间费用。（　）

5. 所得税费用是企业一项列入当期利润的费用，而非利润分配。（　）

6. 库存现金、存货、固定资产盘盈产生的利得，是计入管理费用的。（　）

7. “所得税费用”账户的本期借方发生额，反映按本期实现利润计算的当期所得税；递延所得税费用是反映在“递延所得税资产”账户的，与其无直接联系。（　）

8. 企业已计入营业外支出的税收滞纳金，应调整减少企业的应纳税所得额。（　）

9. 税金及附加、对外投资损失、财务费用和销售费用都会影响企业的当期营业利润的。（　）

10. 营业外收入是指企业发生的与其日常活动无直接关系的各项利得，主要包括非流动资产处置利得、政府补助、盘盈利得、捐赠利得、罚没利得等。（　）

11. 递延所得税费用是递延所得税资产与递延所得税负债的差额。（　）

12. 年终结转后“本年利润”账户应无余额；“利润分配——未分配利润”账户借方余额，表示历年积存的未弥补亏损。（　）

13. 企业的利润就构成来看，除企业生产经营活动产生的利润外，还包括与企业生产经营活动没有直接联系的计入当期损益的各项利得和损失。（　）

14. 企业提取盈余公积、以盈余公积弥补亏损都不会引起所有者权益总额发生变化。（　）

15. 企业可供分配的利润减去提取的盈余公积、转增资本后的余额为可供投资者分配的利润。（　）

16. “利润分配——未分配利润”账户期末贷方余额或借方余额，都会反映在资产负债表“未分配利润”项目的。（　）

17. 企业取得的投资收益、资产处置收益、其他收益和其他综合收益，都构成企业营业

利润的。 （ ）。

业务核算题

（一）练习营业外收支业务的核算

［资料］某公司11月份有关营业外收支的经济业务如下：

1. 以银行存款支付违约罚款4 000元。
2. 应付外单位款项3 000元，因该单位撤销而无法偿付，经批准转予以转销。
3. 报废固定资产已完成清理工作，结转清理报废固定资产的净损失6 000元。
4. 以银行存款向灾区捐款1万元。
5. 经批准，将库存现金清查中发生的无法查明原因的溢余1 500元予以结转。
6. 经批准，转销库存材料因自然灾害造成毁损的净损失19 000元。

［要求］根据上述资料，编制必要的会计分录。

（二）练习利润形成结转业务的核算

［资料］某公司11月末有关损益类账户的余额（结账前）如下表所示。

［要求］

1. 根据上述有关账户的余额，采用“账结法”结转各损益账户，编制会计分录。
2. 计算确定该企业营业利润、利润总额和净利润。

损益类账户余额情况表

项 目	余 额	金额（元）
主营业务收入	贷方余额	4 800 000
其他业务收入	贷方余额	66 000
投资收益	贷方余额	350 000
营业外收入	贷方余额	12 000
主营业务成本	借方余额	2 880 000
税金及附加	借方余额	305 000
其他业务成本	借方余额	48 000
销售费用	借方余额	150 000
管理费用	借方余额	250 000
财务费用	借方余额	50 000
营业外支出	借方余额	42 000
资产减值损失	借方余额	35 000
资产处置损益	贷方余额	50 000
所得税费用	借方余额	498 000

（三）练习利润分配业务的核算

［**资料**］

1. 某公司全年实现净利润 24 万元，年末有关利润分配的资料如下：

（1）按净利润的 10% 提取法定盈余公积 24 000 元。

（2）根据股东大会决议，按净利润 6% 提取任意公积 14 400 元。

（3）结转应付普通股现金股利 6 万元。

（4）将本年净利润 24 万元，转入“利润分配”账户 。

（5）将“利润分配”下属有关明细账户的余额转入“利润分配——未分配利润”账户。

2. 某公司年初“利润分配——未分配利润”账户期末借方余额为 30 万元（未弥补亏损，为近四年内发生的），本年实现净利润为 180 万元。利润分配及年终结转的资料为：

（1）按本年税前弥补亏损后的净利润的 10% 提取法定盈余公积。

（2）按本年税前弥补亏损后的净利润的 20% 提取任意盈余公积。

（3）公司决定向投资者分配利润 50 万元。

（4）将本年净利润 180 万元转入“利润分配——未分配利润”账户。

（5）结转已分配利润，将“利润分配”有关明细账户的余额，转入“利润分配——未分配利润”账户。

（6）计算确定公司期末的未分配利润。

［**要求**］根据上述资料，编制必要的会计分录。

（四）练习所得税费用的核算

［**资料**］黎明公司本年度实现利润总额 350 万元，当年业务招待费超过控制标准的支出为 9 万元，在营业外支出中列支的纳税滞纳金 1 万元，投资收益中有 3 万元为国库券利息收入，除上述情况外，无其他纳税调整事项，所得税税率为 25%，1—11 月已结转的所得税费用为 617 000 元，本年实际已缴纳所得税 60 万元。假定该公司不存在递延所得税费用。

［**要求**］根据资料，计算确定下列项目，并编制必要的会计分录。

1. 全年应税所得额 =

2. 全年应交所得税 =

3. 本年净利润 =

4. 年终应结转的所得税费用 =

5. 确定年终应补缴的所得税，并以存款缴纳。

6. 将本期末的所得税费用转入“本年利润”账户。

7. 结转本年净利润。

（五）练习所得税费用的核算

[**资料**] 科兴公司本年度实现利润总额 368 万元；递延所得税资产年初数 10 万元，年末数为 7 万元；递延所得税负债年初数 30 万元，年末数 35 万元；当年按税法核定的税前可列支的捐赠支出为 15 万元，实际在营业外支出列支的捐赠支出为 22 万元，当年支付广告费中有 9 万元不能在税前列支（假定以后年度也不得转列为税前列支），支付税收滞纳金 2 万元，投资收益中有国库券利息收入 6 万元；所得税税率为 25%，假定本年度公司未结算预缴过企业所得税。

[**要求**] 根据资料，计算确定下列项目，并编制必要的会计分录。

1. 全年应纳税所得额 =
2. 当期（本年）应交所得税 =
3. 递延所得税费用 =
4. 本年所得税费用 =
5. 结转当年（本年）应交所得税。
6. 结转递延所得税费用。
7. 将本年度的所得税费用，转入“本年利润”账户。
8. 以存款缴纳当期（本年）所得税。

（六）练习所得税费用的核算

[**资料**] 星火公司为小型微利企业，本年度实现利润总额 89 万元，按税法核定开展技术研发当年可在税前加计扣除 15 万元，本年度因公司违反环保被处以罚款 12 万元（已支付）。假定本年度公司未结算预缴过企业所得税，公司不存在递延所得税费用。

[**要求**] 根据资料，列式计算确定下列项目，并编制必要的会计分录。

1. 全年应纳税所得额 =
2. 本年应交所得税 =
3. 本年净利润 =
4. 结转本年应交所得税费用。
5. 以存款交纳当本年所得税。

（七）练习所得税费用和利润分配的核算

［**资料**］新新公司企业所得税采用按季预缴方式，假设1—3季度预缴所得税时，不考虑纳税调整事项和递延所得税费用，公司利润形成结转采用表结法，所得税税率为25%。本年有关各季实现利润和企业所得税的计算资料如下：

1. 本年第一季度实现利润为0。

2. 本年第二季度，公司实现利润总额120万元，按25%的税率计算确定预缴企业所得税，并存款予以预缴。

3. 本年第三季度，公司累计实现利润总额248万元，按25%的税率计算确定预缴企业所得税，因公司货币资金不足，第二季度应预缴的所得税，企业无法按期缴纳（已申请延期纳税）。

4. 年终结算公司本年度实现利润总额312万元，当年因违反国家法规而支付的罚款为5万元，投资收益中有国库券利息收入4万元，经核查超过列支标准的捐赠支付6万元。公司年终：

计算结转应交所得税；以存款缴纳全部应缴未缴的企业所得税；结转全年所得税费用（转入本年利润）；计算确定当年净利润。

［**要求**］根据资料，计算确定相关项目，并编制必要的会计分录。

第十二章 *Chapter 12*

财务会计报告

第一节 财务会计报告概述

填空题

1. 企业财务会计报告包括__________、__________和______________________________三大部分。

2. 财务报表按照反映的内容分类，可分__________、__________、__________和__________；按照编制范围不同分类，可分为__________和__________。

名词解释

1. 财务会计报告

2. 财务报表

单项选择题

1. 下列各项会计报表，属于静态报表的是（　　）。

A. 资产负债表　　B. 利润表

C. 现金流量表　　D. 利润分配表

2. 财务会计报告的核心是（　　）。

A. 财务报表附注　　B. 财务报表

C. 财务情况说明书　　D. 利润表

3. 企业（非小企业）下列各项会计报表，需按月填报的是（　　）。

A. 现金流量表　　B. 财务情况说明书

C. 资产负债表　　D. 所有者权益变动表

4. 年度财务会计报告，对外报送的时间要求是（　　）。

A. 年度终了后 1 个月内　　B. 年度终了后 2 个月内

C. 年度终了后 4 个月内　　D. 年度终了后 4 个月后

5. 关于财务会计报告，下列说法不正确的是（　　）。

A. 如果外部使用者信息有需求，企业就应当在财务会计报告中予以披露相关信息

B. 企业应按照规定披露信息，不能自愿在财务报告中披露相关会计信息

C. 企业对外报送的财务会计报告，应当依次编定页码，加具封面，装订成册，加盖公章

D. 编制财务会计报告前企业要进行财产清查，并认真做好对账和结账工作

多项选择题

1. 财务会计报告的编制要求包括（　　）。

A. 内容完整　　B. 数字真实

C. 计算准确　　D. 编报及时

2. 企业对外报送的财务会计报告，应由（　　）签名并盖章。

A. 主管会计工作的负责人　　B. 单位负责人

C. 总会计师　　D. 会计机构负责人（或会计主管人员）

3. 下列属于动态报表的有（　　）。

A. 资产负债表　　B. 利润表

C. 现金流量表　　D. 应交增值税明细表

4. 按照财务报表的编报的时间分类，中期财务报表包括（　　）。

A. 月度报表　　B. 季度报表

C. 半年报表　　D. 纳税申报表

判断题

1. 财务会计报告的核心是资产负债表，它以表格形式向企业及外部传递会计信息。（　　）

2. 企业单位的财务会计报告，应由单位负责人、主管会计工作的负责人、会计机构负责人（或会计主管人员）签名并盖章。设置总会计师的单位，还应由总会计师签名并盖章。（　　）

3. 会计机构负责人（或会计主管人员）对财务会计报告的真实性、完整性负法律责任。（　）

4. 财务会计报告包括资产负债表、利润表、现金流量表及其附表和附注。（　）

5. 财务会计报告除了财务报表之外，还应当包括其他应当在财务报告中披露的相关信息和资料，具体可以根据有关法律法规的规定和外部使用者的信息需求而定。（　）

第二节　资产负债表及其附表

填空题

1. 资产负债表的结构，包括__________、__________和__________三大部分。

2. 资产负债表是反映企业在__________财务状况的财务报表；企业财务状况主要是指______________________________。

单项选择题

1. 资产负债表的理论基础和反映财务活动的方式是（　）。

A. 资产 = 负债 + 所有者权益　动态报表

B. 利润 = 收入 - 费用　静态报表

C. 资产 = 负债 + 所有者权益 + （收入 - 费用）　静态报表

D. 资产 = 负债 + 所有者权益　静态报表

2. 资产负债表右方负债项目是按照（　）排列的。

A. 流动性　B. 偿还顺序

C. 永续性递减　D. 数额大小

3. 资产负债表编制的基本依据是（　）。

A. 各账户的期末余额　B. 各账户的本期发生额

C. 各账户的期末借方余额　D. 各账户的期末余额和本期发生额

4. 资产负债表的下列项目，可以直接根据其对应账户的期末余额直接填列的是（　）。

A. "长期待摊费用"　B. "无形资产"

C. "长期应付款"　D. "固定资产清理"

5. 资产负债表右方所有者权益项目是按照（　）排列的。

A. 流动性　B. 偿还顺序

C. 永续性递减　D. 数额大小

6. 某企业年初"应付债券"账户余额为 112 万元（本年发行期限为五年），其中面值为 100 万元，利息调整为 8 万元（借方），应计利息为 20 万元。年度利息调整摊销 3 万元，计提到期一次还本付息的应计利息5万元，则年末资产负债表中“应付债券”项目期末余额为（　　）万元。

A. 120　　B. 114

C. 115　　D. 128

7. 某公司月末“应收票据”账户借方余额10 000元；“应收账款”总分类账户为借方余额15 000元，其中A公司为借方余额20 000元，B公司为贷方余额5 000元；“预收账款”总分类账户贷方余额50 000元，其中甲公司为借方余额10 000元，B公司为贷方余额60 000元；“坏账准备——应收账款”总分类账户贷方余额2 000元。该公司月末资产负债表“应收票据及应收账款”项目应填列的金额为（　　）。

A. 38 000元　　B. 42 000元

C. 23 000元　　D. 40 000元

多项选择题

1. 资产负债表包括（　　）三个部分。

A. 表首　　B. 正表

C. 补充资料　　D. 附表

2. 下列各账户期末余额，属于应列入资产负债表“存货”项目的有（　　）。

A. “生产成本”账户期末借方余额　　B. “发出商品”账户期末借方余额

C. “商品进销差价”账户期末贷方余额　　D. “工程物资”账户期末借方余额

3. 资产负债表下列项目，可根据总分类账户期末余额直接填列的有（　　）。

A. “长期待摊费用”　　B. “实收资本”

C. “长期借款”　　D. “短期借款”

4. 资产负债表下列项目，不能根据总分类账户期末直接填列的有（　　）。

A. “货币资金”　　B. “存货”

C. “长期应付款”　　D. “未分配利润”

5. 下列各账户期末余额中将于一年内到期部分，应计算填列在资产负债表“一年内到期的非流动负债”项目的有（　　）。

A. “长期借款”　　B. “应付债券”

C. “长期应付款”　　D. “其他应付款”

判断题

1. 资产负债表是反映企业在一定时期财务状况的财务报表，又称静态报表。（　　）

2. 资产负债表是反映企业财务状况的，其左方反映资产，按资产的流动性排列；右方反映负债和所有者权益，其中负债按偿还的顺序进行排列，所有者权益是按照永续性递减顺序排列。（　　）

3. 资产负债表的“长期借款”、“应收票据”、“短期借款”、“在建工程”项目，是根据其相应账户的期末余额直接填列的。（　　）

4. 如果上年度财务报表项目的名称和内容与本年度不相一致，应按照本年度规定对上年度财务报表名称及数字调整，并填入报告期“年初余额”栏内。（　　）

5. 资产负债表“资产”总计项目，反映的是企业全部资产的净值（扣除折旧和减值准备后），它与所有者权益的总额是相等的。（　　）

6. 通过资产负债表可以分析计算流动比率、速动比率等指标，了解企业的变现能力、偿债能力和获取现金流量等情况，便于财务报表使用者作出正确的经营决策。（　　）

7. 资产负债表的主要附表包括资产减值准备明细表、应交增值税明细表等。（　　）

业务核算题

（一）练习资产负债表部分项目的编制方法

［资料］某公司有关账户期末余额见下表。

金额单位：元

账　户	借或贷	余　额	账　户	借或贷	余　额
应收账款	借	480 000	坏账准备（应收账款）	贷	25 000
——M 公司	借	490 000	应付账款	贷	49 000
——W 公司	贷	20 000	——甲公司	贷	49 000
预付账款	借	250 000	预收账款	贷	80 000
——A 公司	借	287 000	——丙公司	贷	90 000
——B 公司	贷	37 000	——丁公司	借	10 000
利润分配	借	825 000	本年利润	贷	980 000
持有至到期投资（其中将于一年内到期的有 25 000 元）	借	91 000	长期借款（其中一年内到期的有 220 000 元）	贷	870 000

［要求］根据资料，计算确定资产负债表下列项目的填列金额：

资产：

（1）应收账款__________元

（2）预付账款__________元

（3）持有至到期投资______元

负债及所有者权益：

（4）应付账款__________元

（5）预收账款__________元

（6）未分配利润________元

（7）长期借款__________元

（二）练习资产负债表的编制方法

［资料］

1. 新安公司 20××年 12 月 31 日有关总分类账户期末余额见表 1。

表 1

账户名称	期末余额		账户名称	期末余额	
	借方	贷方		借方	贷方
现金	3 000		短期借款		200 000
银行存款	750 000		应付票据		120 000
其他货币资金	350 000		应付账款		350 000
交易性金融资产	64 000		预收账款		60 000
应收票据	85 000		其他应付款		2 000
应收账款	700 000		应付职工薪酬		18 000
坏账准备（应收账款）		3 500	应交税费（未交增值税）		102 000
预付账款	100 000		应付股利		22 800
其他应收款	5 000		长期借款		1 420 000
材料采购	450 000		应付债券		500 000
原材料	500 000		长期应付款		600 000
周转材料	250 000		实收资本		5 000 000
库存商品	280 000		资本公积		201 200
发出商品	20 000		盈余公积		510 000
材料成本差异		15 000	利润分配		286 000
生产成本	78 000		其他综合收益		70 000
存货跌价准备		75 000			
持有待售资产	70 000				
长期股权投资	340 000				
持有至到期投资	160 000				
长期股权投资减值准备		100 000			
长期应收款	50 000				
固定资产	5 800 000				
累计折旧		1 160 000			
工程物资	80 000				
在建工程	360 000				
无形资产	350 000				
累计摊销		100 000			
长期待摊费用	75 000				
递延所得税负债		4 500			

2. 该公司12月31日有关总分类账户所属明细账户的期末余额见表2。

表2

总分类账户	明细分类账户	期末余额	
		借方	贷方
应收账款	应收甲公司账款 应收乙公司账款	875 000	 175 000
应付账款	应付A公司账款 应付B公司账款	 50 000	400 000
预付账款	预付M公司账款 预付N公司账款	120 000	 20 000
预收账款	预收C公司账款 预收D公司账款		40 000 20 000

3. 其他资料："持有至到期投资"账户期末借方余额160 000元中有一年内到期的债券投资50 000元；"长期借款"账户期末贷方余额1 420 000元中有一年内到期的借款400 000元；"应付债券"账户期末贷方余额500 000元中有一年到期的应付债券200 000元。

［**要求**］根据上述资料，编制填列资产负债表（见表3）

表3　　　　**资 产 负 债 表**　　　　会企01表

编制单位：　　　　______年____月____日　　　　单位：元

资　　产	期末余额	年初余额	负债及所有者权益（或股东权益）	期末余额	年初余额
流动资产：			**流动负债：**		
货币资金			短期借款		
以公允价值计量且其变动计入当期损益的金融资产			以公允价值计量且其变动计入当期损益的金融负债		
衍生金融资产			衍生金融负债		
应收票据			应付票据		
应收账款			应付账款		
预付款项			预收款项		
其他应收款			应付职工薪酬		
存货			应交税费		
持有待售资产			其他应付款		
一年内到期的非流动资产			持有待售负债		
其他流动资产			一年内到期的非流动负债		
流动资产合计			其他流动负债		
非流动资产：			**流动负债合计**		
可供出售金融资产			**非流动负债：**		
持有至到期投资			长期借款		

续表

资　　产	期末余额	年初余额	负债及所有者权益（或股东权益）	期末余额	年初余额
长期应收款			应付债券		
长期股权投资			长期应付款		
投资性房地产			预计负债		
固定资产			递延收益		
在建工程			递延所得税负债		
生产性生物资产			其他非流动负债		
油气资产			**非流动负债合计**		
无形资产			**负债合计**		
开发支出			**所有者权益（或股东权益）：**		
商誉			实收资收（或股本）		
长期待摊费用			其他权益工具		
递延所得税资产			资本公积		
其他非流动资产			减：库存股		
非流动资产合计			其他综合收益		
			盈余公积		
			未分配利润		
			所有者权益（或股东权益）合计		
资产总计			**负债和所有者权益（或股东权益）总计**		

第三节　利润表及其附表

填空题

1. 利润表是反映企业在____________的财务报表。它是一张____________。

2. 我国目前利润表采用的格式是____________，是按利润形成的主要环节列示一些中间性利润指标，如__________、__________和__________，分步计算当期净损益。

单项选择题

1. 下列各项，是利润表可以分析和评价的指标是（　　）。

A. 变现能力　　B. 偿债能力

C. 资金周转状况　　D. 经营成果和获利能力

2. 从利润表的结构看，反映形成经营成果的各个项目和计算过程的是（　　）。

A. 表首　　B. 正表

C. 补充资料　　D. 附表

3. 利润分配表是（　　）的附表。

A. 资产负债表　　B. 现金流量表

C. 利润表　　D. 利润表和资产负债表

4. 利润表编制的基本依据是（　　）。

A. 各账户的期末余额　　B. 各损益类账户的期末余额

C. 各损益类账户的本期发生额　　D. 各账户的本期发生额

5. 某企业年初未分配利润贷方余额为400万元，本年实现净利润1 600万元，按净利润的10%提取法定盈余公积，提取任意盈余公积100万元，向投资者分配利润80万元。该企业年末可供分配利润为（　　）万元。

A. 1 840　　B. 2 000

C. 1 740　　D. 1 680

多项选择题

1. 下列各项，其数额的变动会引起营业利润发生增减变化的有（　　）。

A. 公允价值变动收益　　B. 资产减值损失

C. 投资收益　　D. 营业外支出

2. 下列各事项，不会影响利润表中“利润总额”项目金额的有（　　）。

A. 经批准转销的确实无法支付应付款项　　B. 应交企业所得税

C. 对外公益捐赠支出　　D. 以存款偿还应付债券款

3. 利润表的附表（非小企业）主要包括（　　）。

A. 利润分配表　　B. 所有者权益变动表

C. 分部报表　　D. 应交增值税明细表

判断题

1. 利润表是反映在一定会计期间经营成果和财务状况的报表，它是一张动态报表。（　　）

2. 利润表“本期金额”栏目，反映各项目自年初起至报告期末止的累计实际发生数。（　　）

3. 企业资产负债表是静态报表，应根据各账户期末余额编制；利润表是动态报表，主要应根据损益类账户本期发生额来编制。（　　）

4. 企业列入利润表的所得税费用是当期应纳所得税加上递延所得税资产减去递延所得

税负债之后的余额。 (　　)

5. 利润分配表中“可供分配的利润”项目，反映的就是企业本年实现净利润扣除弥补以前年度亏损后的余额。 (　　)

业务核算题

（一）练习利润表的编制方法

［**资料**］新安公司20××年12月份有关损益类账户本月发生额见表1。

表1

账户名称	借方发生额	贷方发生额
主营业务收入	120 000	5 120 000
主营业务成本	3 705 000	80 000
税金及附加	95 000	
其他业务收入		900 000
其他业务成本	400 000	
公允价值变动损益	115 000	237 000
销售费用	550 000	
管理费用	450 000	
财务费用	110 000（利息费用）	10 000（利息收入）
资产减值损失	260 000	150 000
投资收益	200 000	1 600 000
营业外收入		300 000
营业外支出	75 000	
所得税费用	764 610	

“管理费用”450 000元中“研发费用”为90 000元。

［**要求**］根据上述资料，编制利润表（见表2）。

表2　　　　**利 润 表**　　　　会企02表

编制单位：________　　　　______年____月　　　　单位：元

项　　目	本期金额	上期金额
一、营业收入		
减：营业成本		
税金及附加		
销售费用		
管理费用		
研发费用		

续表

项　　目	本期金额	上期金额
财务费用		
其中：利息费用		
利息收入		
加：其他收益		
投资收益（损失以“－”号填列）		
其中：对联营企业和合营企业的投资收益		
公允价值变动收益（损失以“－”号填列）		
资产减值损失（损失以“－”号填列）		
资产处置收益（损失以“－”号填列）		
二、营业利润（亏损以“－”号填列）		
加：营业外收入		
减：营业外支出		
三、利润总额（亏损总额以“－”号填列）		
减：所得税费用		
四、净利润（净亏损以“－”号填列）		
（一）持续经营净利润（净亏损以“－”号填列）		
（二）终止经营净利润（净亏损以“－”号填列）		
五、其他综合收益的税后净额（项目略）		
六、综合收益总额		
七、每股收益		
（一）基本每股收益		
（二）稀释每股收益		

第四节　现金流量表及财务报表附注

填空题

1. 现金流量表是以____________为基础编制的，这里的现金是指企业可以随时支付的____________和____________。具体内容包括____________、____________、____________及____________。

2. 现金流量可以分为三类：____________、____________、____________。

单项选择题

1. 现金流量表包括正表和补充资料两部分。补充资料是按间接法编制的，其起算点是（　　）。

A. 净利润　　B. 营业收入

D. 货币资金　　D. 未分配利润

2. 下列各项中属于经营活动产生的现金流量的是（　　）。

A. 分得股利收到的现金　　B. 发行债券收到的现金

C. 销售商品收到的现金　　D. 偿还债务所支付的现金

3. 现金流量表根据企业会计记录直接填列需要设置的账簿是（　　）。

A. 多栏式现金流量账簿　　B. 多栏式总账簿

C. 工作底稿账簿　　D. 多栏式日记账簿

4. 购建固定资产、无形资产所支付的现金，属于（　　）。

A. 筹资活动产生的现金流量　　B. 经营活动产生的现金流量

C. 投资活动产生的现金流量　　D. 投资活动或筹资活动产生的现金流量

5. 现金流量表所包含的现金等价物，通常是指（　　）。

A. 持有的可以上市交易的股票、债券

B. 购买在 3 个月或更短时间内即到期或可转换为现金的投资

C. 购买在 6 个月或更短时间内即到期或可转换为现金的投资

D. 持有的交易性金融资产

多项选择题

1. 现金流量表是以现金为基础编制的，这里的现金包括（　　　　）。

A. 库存现金　　B. 银行存款

C. 其他货币资金　　D. 现金等价物

2. 下列各项中，属于现金流量表所指的“现金”包括（　　　　）。

A. 银行本票存款　　B. 持有至到期投资

C. 存放在银行可以随时支付的存款　　D. 存出投资款

3. 下列各项，属于经营活动产生的现金流量有（　　　　）。

A. 收到的出口退税款　　B. 收到长期股权投资的现金股利

C. 出售固定资产取得的收入　　D. 出租包装物取得的收入

4. 财务报表附注是为了便于财务报表使用者理解会计报表的内容而对财务报表的（　　　　）等所作的解释和说明。

A. 编制基础　　B. 编制依据

C. 编制原则和方法　　D. 主要项目

5. 下列各项，属于财务报表附注应当披露的内容有（　　　）。

A. 遵循企业会计准则、企业会计制度的声明

B. 重要会计政策和会计估计

C. 财务报表的编制基础

D. 会计政策和会计估计变更以及差错更正的说明

判断题

1. 现金流量表是按年编报的会计报表，它是反映资金流量的静态报表。（　　）

2. 目前我国现金流量表包括正表和补充资料两部分。正表是按间接法编制的；补充资料是按直接法编制的。（　　）

3. 企业偿付利息支出的现金，不管利息费用列支渠道如何，均在现金流量表筹资活动产生的现金流量中反映。（　　）

4. 企业会计核算以权责发生制为基础，现金流量表的编制基础是收付实现制，这就需要进行转换调整。（　　）

5. 现金流量表的编制比较复杂，所以执行《小企业会计准则》的企业是不必编制的。（　　）

业务核算题

练习资产负债表、利润表、现金流量表等财务报表的编制。

[资料] A公司为增值税一般纳税人，适用的增值税税率为13%，所得税税率为25%。该公司有关资料如下：

1. 20××年11月30日账户余额如下表所示。

账户余额表

20××年11月30日　　　　金额单位：元

科目名称	借方金额	科目名称	贷方金额
库存现金	1 200	短期借款	80 000
银行存款	290 400	应付票据	32 000
其他货币资金	4 000	应付账款	20 000
交易性金融资产	104 000	预收账款	0
应收票据	200 000	其他应付款	2 400
应收账款	551 600	应付职工薪酬	0
坏账准备（应收账款）	–55 160	应交税费（未交增值税）	30 000
预付账款	47 736	应付利息	3 200
其他应收款	800	应付股利	0

续表

科目名称	借方金额	科目名称	贷方金额
在途物资	0		
原材料	258 800	长期借款（其中一年内到期的为72 000元）	448 000
周转材料	3 600	应付债券	0
		长期应付款	0
库存商品	374 400	专项应付款	0
长期股权投资	240 000	预计负债	0
长期股权投资减值准备	-28 000	递延所得税负债	0
固定资产	1 128 000	其他非流动负债	0
累计折旧	-240 000	股本	2 800 000
在建工程	72 000	资本公积	26 000
无形资产	824 000	库存股	0
累计摊销	-8 000	专项储备	0
长期待摊费用	40 000	盈余公积	232 000
递延所得税资产	20 790	未分配利润	84 566
合　计	3 830 166	合　计	3 830 166

假设：交易性金融资产成本等于其公允价值；坏账准备均为应收账款计提的坏账准备。

2. 12月份发生的经济业务如下：

（1）销售商品一批，增值税专用发票上注明价款170 000元，增值税额22 100元，款项尚未收到。该批商品已发出，其实际成本为112 000元。

（2）出售交易性金融资产，其账面金额为54 000元，出售所得款62 000元存入银行。

（3）购入原材料一批，增值税专用发票上注明价款80 000元，增值税额10 400元，款项以银行存款支付，材料已验收入库。

（4）销售商品一批，增值税专用发票上注明价款260 000元，增值税额33 800元，款项已收到存入银行。该批商品已发出，其实际成本为148 000元。

（5）以银行存款支付到期的银行承兑汇票32 000元。

（6）收到原材料一批，增值税专用发票上注明价款40 800元，增值税额5 304元，材料已验收入库，货款已于上月预付。

（7）购入不需要安装的设备一台，增值税专用发票上注明价款20 000元，增值税额2 600元，款项以银行存款支付。

（8）购入设备安装工程用物资一批，增值税专用发票上注明价款4 000元，增值税额520元，款项以银行存款支付。

（9）以银行存款归还到期的3年期借款72 000元。

（10）基本生产车间一台车床报废，其原价为200 000元，已提折旧184 000元。车床报废清理过程中发生清理费用400元（普通发票），残值收入723.20元（含增值税，增值税率13%），均通过银行存款收支，已清理完毕。

（11）销售商品一批，增值税专用发票上注明价款 72 000 元，增值税额 9 360 元，收到一张面值为 81 360 元的不带息商业承兑汇票。该批商品已发出，其实际成本为 52 960 元。

（12）从银行借入 3 年期用于购建固定资产的专门借款 80 000 元，借款已存入银行。

（13）公司持有的一张面值为 20 000 元的商业承兑汇票到期，款项已收存银行。

（14）以银行存款归还短期借款本金 80 000 元，支付已计提的利息 3 200 元。

（15）以银行存款支付职工薪酬 357 000 元。

（16）分配当期职工薪酬 393 000 元，其中，基本生产车间工人薪酬 264 000 元，基本生产车间管理人员薪酬 18 240 元，厂部管理人员薪酬 83 400 元，在建工程人员薪酬 27 360 元。

（17）预收货款 280 000 元存入银行。

（18）提取应计入本期损益的借款利息 10 157 元，其中，短期借款利息 4 077 元，长期借款利息 6 080 元。

（19）计提固定资产折旧 64 000 元，其中，基本生产车间固定资产折旧 51 200 元，行政管理部门固定资产折旧 12 800 元。

（20）摊销无形资产价值 24 000 元，长期待摊费用摊销计入管理费用 3 600 元。

（21）基本生产车间领用原材料一批，实际成本 160 000 元，其中商品生产耗用 152 000 元，一般耗用 8 000 元。

（22）收到应收账款 128 800 元存入银行。

（23）以银行存款支付普通发票所列的商品广告费 10 000 元和商品展销费 7 160 元。

（24）以银行存款缴纳当期增值税 30 000 元。

（25）期末，按应收账款余额的 10% 调整计提坏账准备。

（26）已投产的商品本期全部完工入库，结转制造费用和完工商品成本。

（27）以银行存款预付购货款 8 000 元。

（28）年末交易性金融资产的公允价值为 186 677 元，确认公允价值变动损益。年末长期股权投资可收回金额为 280 000 元。

（29）将损益类账户余额结转至“本年利润”账户。

（30）计算本期应交所得税和所得税费用（假定本期除资产减值损失和交易性金融资产的公允价值变动外，其他交易或者事项核算均符合税法规定），假定所得税税率按 25%；并将所得税费用结转至“本年利润”账户。

（31）以银行存款缴纳所得税 4 800 元。

（32）按净利润的 10% 和 15% 的比例提取法定盈余公积和任意盈余公积。

（33）将“本年利润”、“利润分配”有关明细账户余额转入“利润分配——未分配利润”账户。

[要求]

1. 根据上述资料，编制会计分录。
2. 根据 11 月 30 日账户余额表及编制的会计分录，编制 12 月 31 日账户余额表。
3. 编制公司 12 月 31 日资产负债表。
4. 编制该年度利润表。
5. 编制该年度现金流量表。

模拟试卷（一）
（1～6章）

一、名词解释（每小题2.5分，共10分）

1. 汇兑损益

2. 先进先出法

3. 交易性金融资产

4. 固定资产折旧

二、填空题（每小题0.5分，共5分）

1. 企业财务会计的目标是______________________________。
2. 货币资金包括______________、______________和________________。
3. “材料采购”账户的借方余额表示_________________________；企业期末存货应按________进行计价。
4. 权益法下“长期股权投资”账户应按被投资单位，分别设置“成本”、“______________________”、“________________”、“其他权益变动”进行明细核算。
5. 固定资产明细核算应设置的账簿是______________和______________。

三、单项选择题（每小题1分，共10分）

1. 下列各项中，不属于企业存货的是（　　）。

A. 在途材料
B. 委托代销商品
C. 工程物资
D. 在产品（“生产成本”）

2. 下列各项，应列为管理费用的有（　　）。

A. 出售材料的实际成本
B. 出借包装物的成本摊销
C. 出租包装物的成本摊销
D. 库存存货属于计量收发差错和管理不善造成的净损失

3. 下列不应列入购建固定资产入账成本的是（　　）。

A. 改建、扩建固定资产达到预定可使用状态前发生的支出
B. 专项用于固定资产建设达到预定可使用状态前的借款利息
C. 专项用于固定资产建设达到预定可使用状态后的借款利息
D. 购进固定资产支付的关税、消费税

4. 企业应收款项计提的坏账准备，应列为（　　）。

A. 管理费用
B. 生产成本
C. 资产减值损失
D. 营业外支出

5. 企业（非小企业）下列各项，应列为预付账款的是（　　）。

A. 预先支付租入固定资产为期 2 年的租赁费
B. 预付在建工程款
C. 出差人员预借差旅费
D. 存入证券公司资金账户尚未进行投资的款项

6. 购入存货过程中因供应单位原因造成，应由供应单位赔偿的短缺，应记入（　　）账户。

A. “应付账款”
B. “应收账款”
C. “其他应收账款”
D. “材料采购成本”

7. 下列属于广义现金构成内容的是（　　）。

A. 交易性金融资产
B. 随时可以支付的其他货币资金
C. 可供出售金融资产
D. 收到的银行承兑汇票

8. 下列固定资产不应计提折旧的是（　　）。

A. 未使用固定资产
B. 出租固定资产
C. 融资租入固定资产
D. 已提足折旧，继续使用的固定资产

9. 下列应列投资收益的是（　　）。

A. 购入股票支付价款中所包含的已宣告但尚未支付的现金股利
B. 购入债券支付价款中所包括的已到付息期但尚未支付的利息
C. 取得交易性金融资产支付的交易费用
D. 计提长期股权投资的减值准备

10. 权益法下“长期股权投资”账户的期末借方余额，反映（　　）。

A. 投资企业享有被投资单位的权益份额
B. 投资企业占有被投资单位的注册资本额
C. 投资企业享有被投资单位可辨认净资产公允价值的份额
D. 长期股权投资的成本

四、多项选择题（每小题1.5分，共15分）

1. 下列应计入外购存货成本的有（　　　　）。
   A. 入库前的整理挑选费用
   B. 一般纳税人企业购入存货专用发票所列的增值税
   C. 购入材料支付运杂费
   D. 小规模纳税人企业购入存货的增值税
2. 下列各项应通过“应收账款”账户核算的有（　　　　）。
   A. 销货时代购货单位垫付的运杂费　B. 销售货物应收取的增值税
   C. 出租固定资产、包装物应收取的租金　D. 销售货物收到的商业承兑汇票
3. 下列应列入资产负债表“存货”项目的有（　　　　）。
   A. “自制半成品”账户借方余额　B. “发出商品”账户借方余额
   C. “商品进销差价”账户贷方余额　D. “材料采购差异”账户借方余额
4. “材料成本差异”账户的贷方登记（　　　　）。
   A. 收入材料的超支差异　B. 发出材料的超支差异
   C. 收入材料的节约差异　D. 发出材料的节约差异
5. 下列各项应列为财务费用的有（　　　　）。
   A. 支付银行承兑汇票的承兑手续费　B. 外币兑换产生的汇兑损失
   C. 带息票据的利息收入　D. 商业汇票的贴现利息
6. 下列选项中，不属于其他业务成本核算内容的有（　　　　）。
   A. 出售交易性金融资产的净损失　B. 出租固定资产计提的折旧
   C. 出售固定资产的净损失　D. 销售方发生的现金折扣
7. 下列各项，属于周转材料的有（　　　　）。
   A. 随同产品出售不单独计价的包装物　B. 随同产品出售单独计价的包装物
   C. 验收入库的自制半成品　D. 库存生产工具
8. 下列属于固定资产折旧影响因素的有（　　　　）。
   A. 预计使用寿命　B. 预计残值
   C. 固定资产原值　D. 预计清理费用
9. 下列固定资产应计提折旧的有（　　　　）。
   A. 季节性、大修理停用的固定资产　B. 已全额计提减值准备的固定资产
   C. 本月减少的固定资产　D. 本月增加的固定资产
10. 下列各项不应列入投资收益的有（　　　　）。
   A. 计提的长期股权投资减值准备
   B. 取得长期股权投资支付的税金及相关费用
   C. 权益法下被投资单位其他权益变动投资企业享有的份额
   D. 交易性金融资产持有期间被投资单位宣告发放现金股利

五、判断题（每小题1分，共10分）

1. 企业应当按照交易或者事项的经济实质进行会计确认、计量和报告，不应仅以交易

或者事项的法律形式为依据。这一规定也称为实质重于形式的会计核算要求。（ ）

2. 企业对职工个人的支付，包括工资、资金、津贴、差旅费等均可以用现金支付，并且不受现金支付限额（1 000 元）的限制。（ ）

3. 材料收发库存的数量核算，由仓库保管人员负责，而金额核算则由企业财会人员负责。（ ）

4. 备用金应是出纳人员管理备用的库存现金，它的额度是由开户银行根据 3 ~5 天零星开支的需要核定的。（ ）

5. 库存商品采用售价金额核算的，“库存商品”账户期末借方余额加上“商品进销差价”账户期末贷方余额，应是期末库存商品的实际成本（不考虑发出商品因素）。（ ）

6. 企业计提的存货跌价准备，应记入“资产减值损失”账户。存货出售后应将其计提的存货跌价准备转入“主营业务成本（或其他业务成本）”账户。（ ）

7. 固定资产折旧方法的年限平均法属于直线法，而工作量法、双倍余额递减法、年数总和法则属于快速折旧法；双倍余额递减法计提固定资产折旧是不考虑预计残值的。

（ ）

8. 固定资产的出售、报废或毁损、投资转出、捐赠、债务重组等都应通过“固定资产清理”账户进行核算。除对外投资外，固定资产清理完毕后，其账户的余额应转为营业外收支。（ ）

9. 持有至到期投资在持有期间应当按照债券面值和票面利率计算确认利息收入，计入投资收益。（ ）

10. 企业购入准备近期出售的股票、债券属于交易性金融资产；企业购入一年期以上的债券且准备长期持有的，属于持有至到期投资；购入股票准备长期持有的，属于长期股权投资。（ ）

六、业务核算题（每组分录 2 分，共 40 分）

1. 厂部职工李丰出差回来，报销差旅费 1 200 元，交回现金 300 元，结清预借备用金 1 500 元。

2. 月末，银行存款美元户期末余额为外币 5 万美元，本位币 343 500 元，月末美元市场汇率（中间价）为 1∶6.90，期末调整其账户余额。

3. 本月 2 日，向财茂公司出售产品一批，货款 8 万元，增值税率 13%，合同约定的付款期为 30 天，现金折扣（货款部分）条件为“5/10，2/20，N/30”。

（1）2 日，产品出售，价税款待收：

（2）10 日，公司收到价税款存入银行：

4. 公司采用“应收款项余额百分比法”计提坏账准备，坏账准备计提比例为5%，年初应收账款余额为20 万元，年初“坏账准备”账户贷方余额为1 万元；5 月份经批准，核销坏账 12 000 元；7 月份收到已核销的坏账 9 000 元存入银行；年末，应收账款余额 12 万元，调整计提坏账准备。

（1）5 月份核销坏账：

（2）7 月份收到已核销的坏账款：

（3）年末调整计提坏账准备：

5. 4 月 9 日，公司将一张 3 月 8 日新远公司出票的、票面余额为 7 万元、为期 3 个月的不带息商业汇票向银行申请贴现（银行附追索权），贴现年利率为 6.12%。取得贴现得款转存开户银行。

6. 某公司原材料采用实际成本核算，向新明公司购入甲材料一批，专用发票所列货款 3 万元，增值税 3 900 元；专用发票所列运输费 1 000 元，增值税 90 元。价税款及运输费以银行汇票支付，支付款项和收料的时间不一致。

（1）5 日，支付价税款，材料尚未收到：

（2）12 日，上述购入的材料收到，并验收入库：

7. 某公司原材料（乙材料）采用计划成本核算，于上月向大华公司购入乙材料一批，材料价款 2 万元，增值税 2 600 元；普通发票所列运输费 800 元。价税款以存款支付，材料收到并验收入库，计划成本为 22 000 元。结转该项收入材料的计划成本和成本差异。

8. 生产车间领用生产工具一批，实际成本 19 200 元。采用分期摊销法进行摊销，摊销期为 24 个月。编制领用第一个月的会计分录。

9. 上月进行财产清查，发现库存原材料因管理原因受灾发生毁损 100 件，单位成本 200 元，应负担的增值税 2 600 元。现经审核确认，上述材料毁损应由保险公司赔偿 15 000 元，其余予以转销。

10. 公司持有的随时准备出售的股票一批，账面成本 17 万元，购入后公允价值未发生过变动。现予以出售取得收入 19 万元，款项转入证券公司资金账户。

11. 公司购入新新公司同日发放的三年期、票面利率为 8%、到期一次还本付息的债券 60 万元，公司有明确意图和能力持有至到期，共以存款支付价款 60.3 万元，其中 0.3 万元为交易费用。

12. 公司（一般纳税人）购入一项需要安装的固定资产，支付专用发票所列设备总价款 50 万元，增值税额 65 000 元；普通发票所列包装费和装卸费 5 000 元。设备安装过程领用原材料 2 万元，应负担的安装人员的工资费用 5 万元。现设备安装完毕，达到预定可使用状态，结转此项固定资产的成本。

13. 计提本月固定资产折旧 26 000 元，其中生产车间固定资产折旧 15 000 元，厂部固定资产折旧 8 000 元，出租固定资产 1 000 元，专设销售机构固定资产折旧 2 000 元。

14. 报废一项固定资产，原值 15 万元，累计已提折旧 12 万元；清理过程中支付费用 2 万元；取得残值收入 10 300 元，其中含应计增值税 200 元。结转此项报废固定资产的净损益。

七、计算题（每小题 5 分，共 10 分）

1. 甲材料期初结存 600 件，单价 15 元；本月 10 日购入 1 000 件，单位 16 元/件；15 日发出 800 件；20 日购入 400 件，单价 17 元/件，25 日发出 500 件。要求：分别采用月末一次加权平均法列式计算。

单位成本 =

本月结存材料成本 =

本月发出材料成本 =

2. 某商场库存商品采用售价金额核算，A 类商品期初“库存商品”账户借方余额 5 万元，本月购进商品 75 万元；月末结转前“商品进销差价”账户贷方余额为 15. 2 万元，“主营业务收入”账户贷方余额（本期销售）50 万元。要求列式计算。

本月 A 类商品进销差价率 =

本月已销售商品应分摊的进销差价 =

本月末 A 类库存商品的实际成本 =

模拟试卷（二）
（7～12章）

一、名词解释（每小题2.5分，共10分）

1. 无形资产

2. 职工薪酬

3. 借款费用

4. 财务报表

二、填空题（每小题0.5分，共5分）

1. 企业自行开发无形资产，研究阶段的支出，应当于发生时计入______________。开发阶段支出，符合资本化条件的，确认为________________；不符合资本化条件的，计入______________。

2. 收入按性质不同，可以分为销售商品收入、______________、________________。

3. “长期借款”账户可按贷款单位和贷款种类，并分别“本金”和“______________”等进行明细核算。

4. 企业留存收益包括________________和________________两部分。

5. 财务会计报告包括________________、______________和其他应当在财务报告中披露的相关信息。

三、单项选择题（每小题 1 分，共 10 分）

1. 下列各项，应列为无形资产的是（　　）。

A. 商誉　　B. 用于出租的土地使用权

C. 政府机构授予企业的特许权　　D. 外购专利权

2. 下列各项，应列为长期待摊费用的是（　　）。

A. 工程建设预付的工程款

B. 分次（分期）摊销法下，领用摊销期在一年以上的低值易耗品

C. 开办费

D. 经营租赁方式租入固定资产改良支出

3. 下列应列入“财务费用”账户的是（　　）。

A. 短期借款的利息费用　　B. 发行债券的折价

C. 支付委托代销商品手续费　　D. 支付职工生活困难补助

4. 下列属于增值税“进项税额转出”的是（　　）。

A. 在建工程领用库存原材料应负担的进项增值税

B. 库存商品用于职工生活福利应纳增值税

C. 出售库存材料应纳增值税

D. 库存商品因管理原因造成非正常损失应负担的进项增值税

5. 下列各项，应通过“应交税费”账户核算的是（　　）。

A. 印花税　　B. 耕地占用税

C. 代扣代缴的个人所得税　　D. 进口货物应缴的关税、消费税

6. 企业专项用生产存货，并符合借款费用资本化条件的借款利息，应记入的账户是（　　）。

A. “制造费用”　　B. “财务费用”

C. “管理费用”　　D. “在建工程”

7. 企业溢价发行债券多得的溢价收入，实质上是（　　）。

A. 一种理财收益　　B. 对企业以后各期多付利息的一种补偿

C. 对企业以后少付利息的一种预先提取　　D. 一种发行费用

8. 下列各项中，不属于政府补助的是（　　）。

A. 政府财政部门拨付给企业的生产经营定额补贴

B. 企业获得的税收返还

C. 企业收到政府作为所有者投入的资本

D. 企业因购买设备取得的财政补助款

9. 某公司月末“应收账款”总分类账户为借方余额 15 000 元，其中 A 公司为借方余额 20 000 元，B 公司为贷方余额 5 000 元；“预收账款”总分类账户贷方余额 50 000 元，其中甲公司为借方余额 10 000 元，乙公司为贷方余额 60 000 元；“坏账准备——应收账款”总分类账户贷方余额 2 000 元。该公司月末资产负债表“预收账款”项目应填列的金额为（　　）。

A. 55 000 元　　B. 65 000 元

C. 60 000 元　　D. 50 000 元

10. 企业资产负债表左方“资产总额”反映的是（　　）。

A. 全部资产的实际成本　　B. 全部资产的公允价值

C. 全部资产的账面价值（净资产价值）　　D. 全部资产价值－负债

四、多项选择题（每小题1.5分，共15分）

1. 下列各项，应列为收入的有（　　）。

A. 出租固定资产、无形资产取得的收入

B. 提供运输、咨询、培训等非工业性劳务而取得的收入

C. 出售固定资产、无形资产取得的收入

D. 出售原材料、包装物取得的收入

2. 企业无形资产摊销，可能列支的账户有（　　）。

A. “其他业务成本”　　B. “营业外支出”

C. “管理费用”　　D. “制造费用”

3. 下列各项，属于营业外收入的有（　　）。

A. 捐赠利得　　B. 债务重组利得

C. 确实无法偿付的应付款项　　D. 出租包装物收入

4. 下列各项，属于职工薪酬的有（　　）。

A. 基本养老保险费　　B. 住房公积金

C. 短期带薪缺勤　　D. 辞退福利

5. 下列应列入“税金及附加”账户的有（　　）。

A. 产品销售应缴纳的城建税、教育费附加

B. 固定资产、无形资产出租业务应缴的城建税、教育费附加

C. 应交企业所得税

D. 出售不动产、无形资产应缴的土地增值税、城建税

6. 下列各项中，不影响利润表中营业利润的有（　　）。

A. 固定资产盘亏净损失　　B. 无法查明原因的现金短缺

C. 管理不善导致的原材料盘亏净损失　　D. 地震造成库存商品毁损的净损失

7. “利润分配——未分配利润”账户的期末余额反映的可能是（　　）。

A. 历年累计的未分配利润　　B. 历年累计的未弥补亏损

C. 本年累计的未分配利润　　D. 本年累计的未弥补亏损

8. 管理费用是指企业为组织和管理生产经营活动而发生的各项费用，下列应列为管理费用的有（　　）。

A. 车间固定资产的修理支出　　B. 预计产品质保损失

C. 筹建期间的开办费　　D. 业务招待费

9. 下列各项，属于增值税“销项税额”的有（　　）。

A. 职工福利部门领用原材料应负担的增值税

B. 自制商品产品用于职工福利应计的增值税

C. 对外捐赠自制商品产品应计的增值税

D. 出租固定资产收入应计的增值税

10. 企业结转已销售产品成本，贷记的账户可能有（　　　　）。

A. “库存商品”　　　　B. “消耗性生物资产”

C. “发出商品”　　　　D. “制造费用”

五、判断题（每小题 1 分，共 10 分）

1. 无形资产是指企业拥有或控制的，有偿取得的没有实物形态的资产。（　　）

2. 无形资产取得成功前的研究开发费用和确认入账后发生的后续支出，均应列为当期损益，计入管理费用。（　　）

3. 长期待摊费用项目不能使以后会计期间受益的，应当将尚未摊销的该项目的摊余价值全部转入当期损益。（　　）

4. 职工薪酬的组成人员是企业的全体职工，包括订立正式劳动合同的全职、兼职和临时职工，还包括未与企业订立正式劳动合同，但由企业正式任命的人员。（　　）

5. 借款费用是指企业因借款而发生的利息和其他相关成本。企业发生的借款费用属专项用于固定资产建设，并且是在竣工决算前的，应记入“在建工程”账户，其余均应列为财务费用。（　　）

6. 企业为筹集长期资金而发行的债券，应设置“应付债券”账户进行核算；“应付债券”账户可按种类，并分“面值”、“利息调整”和“应计利息”等进行明细核算。（　　）

7. 企业购入货物应付的款项，超过一年以上未能归还的，就应列为长期应付款。（　　）

8. 企业应交的各种税费，均应通过“应交税费”账户进行核算；全面实行“营改增”后，企业应交的各种税费，除增值税、企业所得税以外均应列入“税金及附加”账户。（　　）

9. 企业本期（本月）发生的销货折让或销售退回，均应冲减当期销售（营业）收入。（　　）

10. 企业列入利润表的所得税费用是当期应纳所得税加上递延所得税费用减去递延所得税负债之后的余额。（　　）

六、业务核算题（每组分录 2 分，共 40 分）

1. 企业自行开发专利权一项，汇集的开发阶段符合资本化条件的支出 12 万元，取得成功后以存款支付专用发票所列的申请费用 1 万元，增值税 600 元。

2. 融资租入一项需要安装的设备，设备公允价值 79 万元，最低租赁付款额为 95 万元，最低租赁付款额的现值 75 万元。设备交付安装。

3. 企业专设销售机构租入经营用房屋一层，以存款一次支付专用发票所列两年的租金

18 万元，增值税 1.62 万元，并分摊结转本月应摊数。

4. 月末结算本月的应付电费为 6.5 万元，其中生产车间产品生产动力用电 4 万元，车间照明用电 1 万元，厂部照明用电 1.5 万元，款项尚未支付。

5. 企业购货签发并由开户银行承兑的不带息银行承兑汇票到期，企业无力付款，由承兑银行支付票据款 2 万元。

6. 发放本月职工工资，结转代扣“三险”个人缴纳部分 8 200 元，代扣代缴的个人所得税 2 600 元。

7. 职工张磊本月提出辞职，企业支付的辞退福利为 9 000 元，现予以结转。

8. 本月企业将一批自产产品用于职工生活福利，产品成本 15 万元，售价 20 万元，增值税率为 13%。

9. 以存款 7 万元，缴纳本月应交增值税。

10. 企业一项专门用于固定资产建设的三年期借款本金 200 万元，年利率 6%，按年计息，到期还本利息，工程建设期为一年，此项借款借入后一次全部用于工程建设。

（1）第一年末计息：

（2）第二年末计息：

11. 今明公司为一般纳税人企业，收到投资者 A 投入一项生产设备，投资合同确认的不含税价值为 60 万元，专用发票所列增值税为 7.8 万元，投资各方确定投资者 A 取得的资本额为 50 万元。

12. 按本期净利润 150 万元的 10% 和 12% 分别计提法定盈余公积和任意盈余公积。

13. 月末，分配结转本月应付职工薪酬（工资）：车间生产工人工资 220 000 元，车间管理人员工资 7 000 元，厂部管理人员工资 65 000 元，专设销售机构人员工资 3 000 元。

14. 上月向 A 公司预收货款 7 万元，现发出产品，计货款 9 万元，增值税 11 700 元，余款尚未收到。

15. 根据本期应税所得额计算的本期应交所得税为 16 万元，现予以结转。

16. 结转本月产品销售应交城市维护建设税 21 000 元，应交教育费附加 15 000 元；出售固定资产应交城市维护建设税 4 200 元，应交教育费附加 3 000 元。

17. 本月汇集的主营业务收入为 120 万元，其他业务收入为 20 万元，营业外收入为 8 万元，期末结转本期的各项收入、收益。

七、计算题（每小题 5 分，共 10 分）

1. 某公司 7 月 31 日，结账前各损益类账户余额如下表：

单位：元

账户名称	结账前余额	账户名称	结账前余额
主营业务收入	2 100 000（贷）	其他业务收入	480 000（贷）
主营业务成本	1 200 000（借）	营业外收入	40 000（贷）
税金及附加	90 000（借）	投资收益	70 000（贷）
其他业务成本	310 000（借）	营业外支出	130 000（借）
销售费用	110 000（借）	资产减值损失	50 000（借）
管理费用	190 000（借）	资产处置损益	20 000（贷）
财务费用	100 000（借）	所得税费用	145 000（借）

要求列式计算：

（1）营业利润 =

（2）利润总额 =

（3）净利润 =

2. 某公司为一般纳税人，月初“应交税费”账户中“应交增值税”及相关项目均无余额，本月外购材料、接受劳务供应形成可以抵扣的增值税进项税额为 78 100 元。出售产品、材料累计发生的增值税销项税额为 99 800 元；出租资产、对外提供劳务发生的增值税销项税额 3 500 元。本月职工生活福利领用原材料 5 000 元，应负担的增值税进项税额为 650 元；本月因管理原因发生库存原材料毁损 10 000 元，应负担的增值税进项税额为 1 300 元。本月对外投资转出库存自制商品一批，计成本 22 000 元，售价 30 000 元，增值税率 13%；本月已实际缴纳增值税 20 000 元。

要求列式计算：

（1）增值税销项税额 =

（2）增值税进项税额 =

（3）增值税进项税额转出 =

（4）本月应交增值税 =

（5）本月未交增值税 =

模拟试卷（三）

一、名词解释（每小题2.5分，共10分）

1. 存货

2. 投资

3. 收入

4. 留存收益

二、简答题（每小题5分，共10分）

1. 什么是固定资产？固定资产主要有哪些特点？

2. 什么是利润分配？利润分配的内容和顺序是怎样的？

三、单项选择题（每小题 1 分，共 10 分）

1. 企业财务会计的目标是（　　）。

A. 进行会计核算　　B. 反映资金运动

C. 向信息使用者提供会计信息　　D. 提供财务会计报告

2. 企业向开户银行申请签发的、用于购买材料的银行汇票，应计列的账户是（　　）。

A. “应收票据”　　B. “材料采购”

C. “其他应收款”　　D. “其他货币资金”

3. 下列各项，属于预付账款的是（　　）。

A. 采购员出差预借的差旅费　　B. 进行工程建设预付的工程价款

C. 购入材料签发承兑的商业承兑汇票　　D. 预付为期两年的租入固定资产租金

4. 下列各项，应列为营业外支出的是（　　）。

A. 出售无形资产的净损失　　B. 出售交易性金融资产的净损失

C. 购入材料运输途中合理损耗　　D. 支付的委托代销商品手续费

5. 某工业企业（一般纳税人）从外地购入乙材料 9 000 千克，单价 8 元，以存款支付价款和税费为：专用发票所列价款 72 000 元，增值税 9 360 元；专用发票所列的运输费 5 000 元，增值税 450 元；普通发票入库前的挑选整理费用 1 000 元（含增值税）。此项业务还发生采购人员差旅费 1 200 元。材料验收入库发现短缺 50 千克，经确认是属运输途中定额内的合理损耗。该项乙材料的入账成本和单位成本是（　　）。

A. 91 990 元　10. 28 元/千克　　B. 79 200 元　8. 80 元/千克

C. 78 000 元　8. 72 元/千克　　D. 78 000 元　8. 67 元/千克

6. 下列各项，应列为其他业务收入的是（　　）。

A. 存款利息收入　　B. 出售固定资产、无形资产的收入

C. 存货、固定资产的盘盈收益　　D. 出租固定资产、无形资产的租金收入

7. 下列应列为资本公积的是（　　）。

A. 确实无法支付的应付款项　　B. 政府补贴

C. 资本溢价　　D. 提取的任意盈余公积

8. 企业生产车间发生的固定资产修理等费用化的后续支出，应计入（　　）。

A. 制造费用　　B. 管理费用

C. 主营业务成本　　D. 长期待摊费用

9. 企业在确认收入后发生销售折让的会计处理应是（　　）。

A. 冲减当期营业收入　　B. 列为当期销售费用

C. 计入当期主营业务成本　　D. 列为资产负债表日后事项处理

10. 某企业“应付账款”账户月末贷方余额为 45 000 元，其中：应付甲公司账款明细账户贷方余额 65 000 元，应付乙公司账款明细账户借方余额 20 000 元；“预付账款”账户月末借方余额为 25 000 元，其中：预付 A 公司账款明细账户借方余额 40 000 元，预付 B 公司账款明细账户贷方余额 15 000 元。该企业月末资产负债表中“应付账款”项目的金额为（　　）。

A. 45 000　　B. 40 000

C. 80 000　　D. 65 000

四、多项选择题（每小题 2 分，共 10 分）

1. 下列应计提折旧的固定资产的有（　　）。
A. 已提足折旧继续使用的固定资产　　B. 融资租入固定资产
C. 未使用、不需用的房屋和建筑物　　D. 划分转为持有待售的设备
2. 下列应列为管理费用的有（　　）。
A. 专设销售机构固定资产的折旧费
B. 公益性捐赠支出
C. 企业生产经营及管理用无形资产的摊销
D. 属于计量收发和管理不善等原因造成的存货短缺净损失
3. 下列应列为职工薪酬的有（　　）。
A. 计件工资、奖金　　B. 职工福利费
C. 社会保险费　　D. 住房公积金
4. 下列应列为收入的有（　　）。
A. 出租包装物、固定资产取得的租金收入
B. 出售固定资产、无形资产取得的价款
C. 出售自制半成品、不合格品取得的收入
D. 提供非工业性劳务取得的收入
5. 企业下列应列入“税金及附加”账户的有（　　）。
A. 产品销售应交的消费税、资源税
B. 应交的房产税、土地使用税、车船税
C. 应交的土地增值税、车辆购置税
D. 出售无形资产应交的城市维护建设税、教育费附加

五、判断题（每小题 1 分，共 10 分）

1. 企业应按照交易或事项的经济实质进行会计确认、计量和报告，不应仅以交易或事项的法律形式为依据。这一要求称为会计信息质量的实质重于形式要求。（　　）

2. 企业销售货物，为了鼓励购货方尽早支付价款而发生的现金折扣，应在发生月份冲减当期销售收入。（　　）

3. 固定资产的出售、报废、毁损以及盘亏，均应通过“固定资产清理”账户核算；企业处置固定资产的净损益，应列为营业外收支。（　　）

4. 资产负债表是反映企业在某一特定日期财务状况和经营成果的财务报表。它属按月编制的动态报表。（　　）

5. 企业随同产品出售，不单独计价的包装物成本，应计入销售费用；随同产品出售，单独计价的包装物成本，应计入其他业务成本。（　　）

6. “预收账款”账户期末如为借方余额，则表示企业应由购货单位补付的款项，即应收款项。（　　）

7. 企业应区别资产负债表日劳务的结果能否可靠地予以估计来确认劳务收入，在资产

负债表日的交易结果能够可靠估计的，应采用完工百分比法确认劳务收入。（　　）

8. 专项用于固定资产建设的长期借款、应付债券按期计提的应付利息，应计入所建的固定资产成本。（　　）

9. 费用是企业发生的经济利益的总流出，企业支付罚款、处置非流动资产、发生自然灾害都可能产生经济利益的流出，所以，它们也属于费用。（　　）

10. 年终结转后，“本年利润”账户应无余额；“利润分配——未分配利润”账户的借方余额，反映企业历年累计的未分配利润。（　　）

六、计算题（共10分）

1. 某企业月初结存甲材料的计划成本为3万元，材料成本差异为超支900元；本月收入甲材料计划成本为16万元，实际成本154 350元；本月发出甲材料计划成本为12万元。要求列式计算：（3分）

（1）材料成本差异率＝

（2）发出甲材料应分摊的材料成本差异＝

（3）发出甲材料的实际成本＝

2. 某公司本年度主营业务收入835万元，主营业务成本446万元，税金及附加9.6万元，销售费用7万元，管理费用18.5万元，财务费用4.6万元，其他业务收入16.5万元，其他业务成本11.5万元，投资净收益7.5万元（其中国库券利息3万元），资产减值损失6万元（可税前列支3万元），营业外收入6.5万元，营业外支出9.5万元（其中支付税收滞纳金4万元）。按照税法规定全年允许税前列支业务招待费10万元，实际列支的招待费支出为12万元。除上述情况外无其他纳税调整事项，并不考虑递延所得税费用。1—11月已结转所得税费用65万元，本年实际以存款缴纳所得税（预缴）58万元，所得税税率为25%。

要求列式计算：（7分）

（1）营业利润＝

（2）利润总额＝

（3）本年应纳所得额＝

（4）本年应纳所得税＝

（5）净利润＝

（6）年终应结转的所得税费用＝

（7）年终应补交所得税＝

七、业务核算题（每组分录2分，共40分）

1. 从基本存款账户向证券公司资金账户划款5万元，以备用于购买股票、债券。

2. 采购员李丰出差预借差旅费3 000元，以现金付给。

3. 向四新公司购入A材料一批，专用发票所列的买价5万元，增值税额为6 500元，价税款以经开户银行承兑的商业汇票结算，材料尚未收到（A材料按实际成本计价核算）。

4. 某公司年末应收账款余额为70万元，计提坏账准备前"坏账准备"账户为贷方余额15 000元，坏账准备计提比例为5%。年末，调整计提坏账准备。

5. 公司出租商标权一项，本期取得收入1万元，增值税600元，价税款存入银行。

6. 本月企业生产经营使用土地使用权应计摊销7万元，出租商标权应计摊销2 000元。

7. 从工商银行中河支行借入的专项用于新厂房建设的三年期借款300万元，年利率6%，工程还在建设之中，年末计提应付利息。

8. 专项销售机构固定资产发生专用发票所列的修理费用2 600元，增值税234元，以存款支付。

9. 企业出售一项未转列持有待售资产的固定资产，原值 30 万元，已提折旧 20 万元，结转此项固定资产的账面价值。

10. 以存款向招商银行开元支行归还为期 3 个月的借款 10 万元，并支付借款利息 1 500 元（数额较小，未预提过借款利息）。

11. 以委托收款方式销售产品一批，货款 16 万元，增值税率 13%，以存款垫付运杂费 1 500 元。已办妥托收手续，货款尚未收到。

12. 财产清查发现因管理不善造成库存材料因台风受灾发生毁损 100 件，单位成本 300 元，应负担的增值税 3 900 元。

13. 公司经过批准，以法定盈余公积 7.5 万元转增资本。

14. 某公司（一般纳税人企业）原材料（乙材料）采用计划成本核算，向大华公司购入乙材料一批，专用发票所列价款 5 万元，增值税 6 500 元；专用发票所列运输费 2 000 元，增值税 180 元。价税款及运输费以银行汇票支付，材料尚未收到。

15. 分配结转本月发出原材料成本 22 万元，其中生产车间生产产品用 15 万元，车间管理用 1 万元，厂部管理用 1.5 万元，无形资产开发研究人员 2 万元，出售材料 2.5 万元。

16. 公司研究决定向投资者分配利润 90 万元。已公告，款项待支付。

17. 公司对 G 公司的一项长期股权投资，本公司投资占 G 公司注册资本的 30%，采用权益法核算，年终经核实，G 公司实现利润 50 万元，按享有份额进行账务处理。

18. 年终，结转本年实现的净利润 36 万元。

19. 大明公司（一般纳税人企业）自建一条流水生产线，购入工程建设的各种设备、物资 90 万元，支付的增值税额为 11.7 万元（取得专用发票），验收后一次全部直接用于工程建设。领用本企业生产的 A 产品一批，实际成本为 20 万元，产品售价为 30 万元，增值税税率 13%；工程人员应计职工薪酬 15 万元。工程完工并达到预定可使用状态，交付生产使用。(4 分)

模拟试卷（四）

一、填空题（每小题0.5分，共5分）

1. 财产物资的盘存制度分为__________________和________________两种。
2. 计提固定资产折旧需要考虑的两类损耗是______________和________________。
3. “预收账款”账户贷方余额表示____________；借方余额表示____________。
4. 社会保险费中属于离职后福利的是__________________、__________________。
5. 用借款购建固定资产，其发生的借款费用，已使用且是在固定资产达到预定可使用状态前发生的，计入________________。未专项用于固定资产建设或用于固定资产建设但是在达到预定可使用状态后的应列为________________。

二、简答题（每小题5分，共10分）

1. 什么是固定资产折旧？影响固定资产折旧的因素有哪些？

2. 企业销售商品，在同时满足哪些条件下，才能确认为收入？

三、单项选择题（每小题1分，共15分）

1. 现行《企业会计准则——基本准则》执行的范围和时间是（　　）。
   A. 上市公司2007年1月1日　　B. 所有企业2007年1月1日
   C. 所有企业1993年7月1日　　D. 上市公司、国有大中型企业2006年2月
2. 企业办理日常转账结算和现金收付的存款账户是（　　）。
   A. 一般存款账户　　B. 基本存款账户

C. 专用存款账户　　D. 临时存款账户

3. 已贴现的商业承兑汇票到期（银行附追索权），付款人无力支付票款，贴现银行应向贴现申请人退票扣款，这样贴现申请人（收款企业）应将此项票款转为（　　）。

A. 应收账款　　B. 短期借款

C. 预付账款　　D. 坏账

4. 企业购入材料运输途中发生定额内的合理损耗，应列为（　　）。

A. 材料采购成本　　B. 管理费用

C. 应付账款　　D. 营业外支出

5. 企业随同产品出售单独计价包装物的成本，应列为（　　）。

A. 生产成本　　B. 管理费用

C. 销售费用　　D. 其他业务成本

6. 下列各项，属于无形资产的是（　　）。

A. 企业自创商标权　　B. 企业自行研发并申请取得的专利权

C. 行政划拨的土地使用权　　D. 政府授予的特许经营权

7. 下列各项不属于利润分配内容的是（　　）。

A. 应交所得税　　B. 提取法定盈余公积

C. 向投资者分配利润　　D. 以利润弥补以前年度亏损

8. 资产负债表的理论基础和反映财务活动的方式是（　　）。

A. 资产 = 负债 + 所有者权益　动态报表

B. 利润 = 收入 - 费用　静态报表

C. 资产 = 负债 + 所有者权益 + （收入 - 费用）静态报表

D. 资产 = 负债 + 所有者权益　静态报表

9. 企业现金清算中，经检查仍无法查明原因的现金溢余，经批准后应计入（　　）。

A. 其他业务收入　　B. 营业外收入

C. 管理费用　　D. 营业外支出

10. 企业以托收承付方式销售产品，其收入确认的时间是（　　）。

A. 产品发出时　　B. 产品发出，办妥托收手续时

C. 产品运达购货单位时　　D. 收到价款时

11. 某公司本月共增加银行存款 45 万元。其中：出售库存商品收入 35 万元，增值税 45 500 元；出售库存原材料收入 2 万元，增值税 2 600 元；出售固定资产取得价款 56 500 元，其中含增值税 6 500 元；出租无形资产收入 1 万元，增值税 600 元；对外提供运输劳务取得收入 7 000 元，增值税 630 元；取得市财政拨给政府补贴 5 万元。则该月营业收入总额为（　　）元。

A. 450 000　　B. 387 000

C. 437 000　　D. 487 000

12. 下列属于企业流动负债的是（　　）。

A. 预付账款　　B. “应付账款”账户的借方余额

C. “累计折旧”账户的贷方余额　　D. 一年内到期的长期借款

13. 企业下列项目中，属于“管理费用”的是（　　）。

A. 购买列为交易性金融资产股票、债券的交易费用

B. 支付产品广告费

C. 企业筹建期间内发生的开办费

D. 企业给予购货方的现金折扣

14. 5月10日，甲公司以银行存款5 000万元从二级市场购入乙公司股票500万股，准备长期持有，占乙公司30%的股份，对乙公司有重大影响。甲公司为取得该部分股权另支付手续费等必要支出共50万元。购入股票时，乙公司可辨认净资产的公允价值为20 000万元，甲公司取得长期股权投资的入账价值为（　　）万元。

A. 20 000　　B. 5 050

C. 5 000　　D. 6 000

15. 一般纳税人企业的下列各项，属于“视同销售计税”的是（　　）。

A. 在建工程项目领用库存原材料

B. 库存商品、原材料因管理原因造成非正常损失

C. 自产库存商品用于对外捐赠

D. 库存原材料用于集体福利

四、多项选择题（每小题2分，共10分）

1. 下列各项属于货币资金的有（　　）。

A. 交易性金融资产

B. 库存现金、各存款账户的银行存款、外埠存款

C. 银行汇票存款、银行本票存款、信用卡存款

D. 转入证券公司资金账户的存出投资款

2. 下列各项，不应计提折旧的固定资产有（　　）。

A. 已全额计提减值准备的固定资产　　B. 经营性方式租入的固定资产

C. 转为持有待售资产的固定资产　　D. 季节性、大修理停用的固定资产

3. 下列属于营业外支出的有（　　）。

A. 处置长期股权投资的净损失　　B. 非流动资产毁损报废损失

C. 核销坏账　　D. 公益性捐赠支出

4. 下列关于存货盘点的说法中，正确的有（　　）。

A. 存货盘盈时，经批准后，存在记入“管理费用”账户的情况

B. 存货盘亏时，经批准后，存在记入“管理费用”账户的情况

C. 企业发生存货盘盈盘亏，会涉及“待处理财产损溢”账户

D. 企业发生存货盘盈盘亏，不会涉及“其他应收款”账户

5. 企业发生的下列事项中，影响“投资收益”账户金额的有（　　）。

A. 交易性金融资产在持有期间取得的现金股利

B. 持有期间，持有至到期投资确认的应计利息收入

C. 权益法核算长期股权投资时，持有期间确认的其他权益变动金额

D. 权益法核算长期股权投资时，持有期间确认的损益变动金额

五、判断题（每小题 1 分，共 10 分）

1. 预付账款属于企业的一项短期性债权，它包括企业预付购货款、预付的定金（或订金）、预付工程款、预借差旅费、预付性费用支出等。（ ）

2. 存货发出计价采用先进先出法时，期末结存存货成本较接近现行市场价格，所以，会低估企业当期利润，高估期末资产价值。（ ）

3. 职工福利费、社会保险费、住房公积金、短期利润分享计划均属于职工薪酬，但不组成企业职工工资总额。（ ）

4. 企业清查发现的固定资产盘盈，应作为前期差错处理，通过“以前年度损益调整”账户进行核算；固定资产盘亏，应通过“待处理财产损溢”账户进行核算。（ ）

5. 企业经营租赁方式租入固定资产改良支出、预付租入固定资产一年期以上的租金应列为长期待摊费用。（ ）

6. 如果无形资产预期不能为企业带来经济利益，应将该无形资产的账面价值予以报废转销，列为资产处置损益。（ ）

7. 企业提供劳务时，如资产负债表日不能对劳务交易的结果作出可靠估计，且已经发生的劳务成本预计能够得到补偿的，应按已经发生的劳务成本金额确认收入；同时，按相同的金额结转成本。（ ）

8. 企业以预收货款方式销售商品（产品），应于企业发出商品时确认收入的实现；以委托代销方式销售的商品（产品）应于收到代销单位转来价款时，确认收入的实现。（ ）

9. 商品流通企业库存商品采用售价金额核算的，月末结转已销售商品进销差价的账务处理是：借记“商品进销差价”账户，贷记“本年利润”账户。（ ）

10. 企业财务会计报告应由单位负责人、主管会计工作负责人、会计机构负责人（或会计主管人员）签名并盖章，设置总会计师的单位，还须由总会计师签名并盖章。（ ）

六、计算题（共 10 分）

1. 某工业企业（一般纳税人）从外地购入乙材料 6 000 千克，单价 12 元，以存款支付价款和税费为：专用发票所列货款 72 000 元，增值税 9 360 元；专用发票所列的运输费 5 000 元，增值税 450 元；普通发票入库前的挑选整理费用 2 000 元（含增值税）。此项业务还发生采购人员差旅费 1 200 元。材料验收入库发现短缺 50 千克，经确认是属运输途中定额内的合理损耗。要求列式计算。(4 分)

该批乙材料的采购总成本 =

该批乙材料的单位成本 =

2. 期末，某公司有关账户期末余额如下表所示。

金额单位：元

账　户	借或贷	余　额	账　户	借或贷	余　额
应收账款	借	270 000	坏账准备（应收账款）	贷	13 000
——M 公司	借	290 000	应付账款	贷	45 000
——W 公司	贷	20 000	——甲公司	贷	45 000
预付账款	借	270 000	预收账款	贷	30 000
——A 公司	借	286 000	——丙公司	贷	80 000
——B 公司	贷	16 000	——丁公司	借	50 000
利润分配	借	721 000	本年利润	贷	920 000
			长期应付款	贷	250 000（其中于一年内到期的有 47 000 元）

要求计算确定资产负债表下列项目的填列金额：（每空格 1 分）

（1）应收账款____________元　　（4）应付账款____________元
（2）预付账款____________元　　（5）预收账款____________元
（3）长期应付款____________元　　（6）未分配利润____________元

七、业务核算题（本题共 40 分。1～14 小题每组分录 2 分，共 32 分；15 小题 8 分）

1. 公司行政科实行定额备用金制度，备用金定额为 2 500 元，现报销普通发票所列的业务招待费等 1 600 元，以现金付给。

2. 某公司持大臣公司签发未到期的银行承兑汇票向银行申请贴现（银行不附追索权），票据面值 5 万元，贴现利息 2 000 元，贴现得款划入存款户。

3. 四海公司欠本公司货款 2.6 万元，已逾期 3 年以上，确认无法收回，经批准予以核销。

4. 某公司为一般纳税人企业，本月发生有关经济业务如下：

（1）购入甲材料一批（甲材料按计划成本进行核算），专用发票所列货款 6 万元，增值税 7 800 元，价税款以银行汇票支付，材料尚未验收入库。

（2）上述购入材料验收入库，计划成本 6.6 万元。

（3）结转上述收入材料的成本差异。

5. 某商场库存商品采用售价金额进行核算，本月 6 日购进甲商品一批，以存款支付专用发票所列的货款 8 万元，增值税 10 400 元。商品验收入库，总售价金额为 10 万元。

6. 因自然灾害造成一批库存材料发生毁损，材料损失总价值 9.6 万元，扣除保险赔款、残料价值后确认的净损失为 1.5 万元，已办妥审批手续，现予以结转此项净损失。

7. 光明公司欠本公司的一项货款 96 000 元，逾期较长时间，公司研究决定确认为坏账予以核销。

8. 公司因业务需要，购入一栋厂房自用，包括地上建筑物和土地使用权，共以存款支付专用发票所列价款 500 万元，增值税 45 万元（当期可全部抵扣）。经有关机构评估确认，地上建筑物与土地使用权的比例为 5∶3。

9. 结算生产设备购建工程，专用发票所列的应付进度款 58 万元，增值税 5.22 万元。开工时已按规定预付给前进建筑公司工程款 45 万元，并以存款支付工程进度款 13 万元和增值税 5.22 万元。

10. 出租一项生产设备，本期取得租金收入 5 万元，增值税 6 500 元，价税款收存银行。

11. 公司将两年前取得的一项账面成本为81万元的长期股权投资（汉民公司）予以出售，取得价款93万元存入银行，另有被投资单位上月已宣告但尚未发放的现金股利2万元。

12. 生产车间甲产品生产领用库存包装物一批，实际成本19 000元。

13. 上月公司（一般纳税人）已预付三友公司货款5万元，本月收到并验收入库工程物资一批，计货款7万元，增值税率13%，取得增值税专用发票，差额款尚未支付。

14. 本期汇集的主营业务成本80万元，其他业务成本10万元，营业外支出5万元。期末结转本期的各项损益类的成本、支出。

15. 公司经过批准，以法定盈余公积7.5万元转增资本。

16. 公司本期主营业务收入725万元，主营业务成本377万元，税金及附加28万元，管理费用39万元，财务费用9万元，销售费用15万元，其他业务收入62万元，其他业务成本30万元，营业外收入6万元，营业外支出12万元（其中税款滞纳金2万元），投资收益19万元（其中国库券利息5万元），资产减值损失2万元（可税前列支），资产处置收益4万元，其他收益3万元；本年度经核定业务招待费超标准列支8万元。公司1—11月已交所得税费用50万元，所得税税率25%，除上述情况外无其他纳税调整事项，并不考虑递延所得税。列式计算并结转年终应结转的所得税费用：

（1）营业利润＝

（2）利润总额＝

（3）应税所得额＝

（4）应纳所得税 =

（5）净利润 =

（6）年终应结转的所得税费用 =

模拟试卷（五）

一、名词解释（每小题 2.5 分，共 10 分）

1. 现金折扣

2. 固定资产原始价值

3. 权益法

4. 财务报表附注

二、简答题（每小题 5 分，共 10 分）

1. 什么是无形资产？它有哪些基本特征？

2. 什么是职工薪酬？职工薪酬主要包括哪些方面的内容？

三、单项选择题（每小题 1 分，共 10 分）

1. 企业财务会计确认，主要解决某项交易或者事项的（　　）的问题。

A. “是什么，是否应当在财务会计上反映”

B. “反映多少”

C. “如何登记”

D. “如何对外输出会计信息”

2. 下列属于其他货币资金的是（　　）。

A. 拨付给内部用款单位和个人的零星备用款项

B. 签发、承兑的商业汇票

C. 采购材料持有的银行汇票

D. 购入准备用于交易的债券、股票

3. 企业进行外币交易业务的处理，产生不能资本化的汇兑损益，应列为（　　）。

A. 管理费用　　B. 财务费用

C. 资本公积　　D. 投资收益

4. 企业提供劳务，且在资产负债表日交易的结果能够可靠地估计的，其确认劳务收入应采用的方法是（　　）。

A. 完工百分比法　　B. 工作量法

C. 按劳务成本确认收入法　　D. 余额百分比法

5. 购入材料，材料已验收入库（按实际成本计价），但发票账单尚未收到的，其会计处理应是（　　）。

A. 按暂估价入账，并进行材料明细核算

B. 不必进行会计处理

C. 进行材料明细核算，按暂估价列为“应付账款”

D. 进行材料明细核算，收到发票账单后，按正常情况处理；至月终仍未收到发票账单的，月末按合同价或估计成本暂估入账

6. 商品流通企业购入商品的进货费用可以列支的账户是（　　）。

A. “其他业务成本”　　B. “销售费用”

C. “财务费用”　　D. “管理费用”

7. 企业自产商品产品用于职工福利，其增值税属于（　　）。

A. 进项税额转出　　B. 进项税额

C. 销项税额　　D. 已交税额

8. 利润表属于动态表，其填列的主要依据是（　　）。

A. 有关账户的期末余额　　B. 各账户的本期发生额

C. 损益类账户的本期发生额　　D. 有关账户总分类账户期末余额

9. 企业持有的到期日固定、收回金额固定或可确定，且企业有明确意图和能力持有至到期的债券，应列为（　　）。

A. 长期股权投资　　B. 交易性金融资产

C. 持有至到期投资　　D. 可供出售金融资产

10. 企业在确认收入后发生销售折让的会计处理应是（　　）。

A. 冲减当期营业收入　　B. 列为当期财务费用

C. 计入当期主营业务成本　　D. 列为资产负债表日后事项处理

四、多项选择题（每小题 2 分，共 10 分）

1. 下列表述正确的有（　　　）。

A. 《企业会计准则——基本准则》从 2007 年 1 月 1 日起，在所有企业实施

B. 银行本票、银行汇票、信用卡存款均属于其他货币资金

C. 出售不动产、无形资产应交的城建税、土地增值税应列入“税金及附加”账户

D. “长期股权投资”账户的借方余额均反映企业长期股权投资的成本

2. 下列应列为外购存货成本（工业企业）的有（　　　）。

A. 运输途中合理损耗

B. 进口货物应交消费税、关税

C. 小规模纳税人支付的取得专用发票的增值税

D. 购入存货支付途中保险费、包装费

3. 企业下列各项，应列为财务费用的有（　　　）。

A. 取得交易性金融资产的交易费用　　B. 支付银行承兑汇票手续费

C. 外币交易产生的汇兑损益　　D. 实际发生并确认的销货现金折扣

4. 法定盈余公积和任意盈余公积一般是结合使用的，具体可以用于（　　　）。

A. 转增资本　　B. 弥补亏损

C. 职工集体福利　　D. 扩大企业生产经营

5. 企业在确定固定资产的使用寿命（预计使用年限）时，主要应当考虑的因素包括（　　　）。

A. 该资产的预计生产能力或实物产量　　B. 该资产预计的有形损耗

C. 该资产预计的无形损耗　　D. 有关资产使用的法律或者类似规定的限制

五、判断题（每小题 1 分，共 10 分）

1. 企业库存现金、银行存款必须设置日记账进行序时核算，但其总分类账可以根据采用的会计核算形式选择是否设置。（　　）

2. 应收账款应按其实际发生的金额计价入账，它包括销售商品（产品）、提供劳务应收取的货款、增值税以及代购货单位垫付的运杂费等。（　　）

3. 企业各项应收款项包括应收账款、应收票据、预付账款、其他应收款等，确认发生减值的，均应按规定计提坏账准备。（　　）

4. 低值易耗品采用计划成本进行日常核算的，领用的低值易耗品，还应在报废月份结转应分摊的成本差异。（　　）

5. 增值税是价外税，所以，一般纳税人企业购入材料、固定资产的入账成本，是不包括其支付的增值税进项税额的。（　　）

6. 企业自行研发无形资产的支出，包括研究阶段和开发阶段的支出，均先通过“研发支出”账户进行核算；研发无形资产研究阶段的支出应按期转为管理费用。（　　）

7. 企业出租包装物的收入应列为其他业务收入；随同产品出售，不单独计价的包装物成本，应计入销售费用；随同产品出售单独计价的包装物成本，应计入其他业务成本。（　　）

8. 企业以预收货款方式销售商品（产品），应于企业发出商品时确认收入的实现；以委托代销方式销售的商品（产品）应于收到代销单位转来价款时，确认收入的实现。（　　）

9. 固定资产的出售、报废、毁损以及盘亏，均应通过“固定资产清理”账户核算；企业处置固定资产的净损益，应列为营业外收支。（　　）

10. 非流动负债是指偿还期限在一年或超过一年的一个营业周期以上的债务，所以超过一年未偿还的应付账款、短期借款等也应列为非流动负债。（　　）

六、计算题（每小题 5 分，共 10 分）

1. 某项固定资产原值为 18 万元，预计净残值率为 4%，预计使用寿命为 8 年。要求分别采用年限平均法、双倍余额递减法和年数总和法计算其第二年的折旧额。

（1）年限平均法：

（2）双倍余额递减法：

（3）年数总和法：

2. 某公司本年实现利润总额 90 万元。当年在营业外支出中列支的非公益性捐赠 7 万元，税款滞纳金 3 万元；无形资产研发费用可税前加计扣除 9 万元；财务费用中有超过同期银行贷款利率不能税前列支的利息支出 6 万元；无其他纳税调整事项。1—11 月已结转所得税费用 4 万元，本年实际已缴纳所得税（预缴）3.5 万元。该公司属于年应税所得额不超过 100 万元的小微企业，减按 25% 计入应税所得额，按 20% 的税率计征企业所得税。假定该公司不存在递延所得税费用。要求列式计算：

（1）全年应税所得额 =

（2）全年应交所得税 =

（3）本年净利润 =

（4）年终应结转的所得税费用 =

（5）年终应补交所得税 =

七、业务核算题（每组分录 2 分，共 40 分）

1. 以银行存款支付专用发票所列的广告费价款 5 万元，增值税 3 000 元。

2. 年初“坏账准备”账户贷方余额36 000元，本年度核销坏账15 000元，收回以前年度已核销的坏账9 000元。年末应收账款余额60万元，坏账准备计提比例为4%。年末调整计提坏账准备。

3. 以存在海通证券公司的款项购入一项股票，准备随同用于出售，支付的价款为126 000元，交易费用为2 000元。

4. 收到投资者A投入原材料一批，投资合同确认的不含税价值为30万元，专用发票所列增值税为39 000元；投资各方确定投资者A的资本额为20万元。

5. 某企业原材料采用计划成本核算，31日根据发料凭证汇总表，本月领用原料及主要材料（A材料）计划成本23万元，其中车间生产产品领用20万元，车间一般性消耗2万元，专设销售机构领用1万元（本月材料成本差异率 -2%）。要求：

（1）结转发出材料计划成本：

（2）结转发出材料应分摊的成本差异：

6. 本月生产经营使用的土地使用权等无形资产应计摊销25 000元，出租商标权应计摊销2 000元。

7. 企业经营性租入固定资产改良工程共发生支出9万元，租赁期为3年，租入设备尚可使用5年。编制结转工程成本及按月摊销的会计分录。

8. 融资租入一台需要安装设备，设备公允价值为 30 万元，双方商定的最低租赁付款额为 35 万元，最低租赁付款额的现值为 32 万元，设备交付安装。

9. 财产清查中，发现盘亏设备一台，账面原值 15 万元，已提折旧 10 万元。

10. 公司出售一项商标权，账面成本 20 万元，累计摊销为 10 万元，取得收入 15.9 万元（含增值税）存入银行，增值税率为 6%（其他税费略）。

11. 企业将库存 B 产品一批用于对外投资，产品生产成本 15 万元，售价 20 万元，增值税税率 13%。

12. 公司购入的三年期、到期一次还本付息债券，公司有意图和能力持有至到期，按票面利率 5% 计提本年应计利息 7 万元（债券票面利率与实际利率差别很小）。

13. 年终，结转本年度发生的亏损 19 万元。

14. 两年前取得的专项用于固定资产建设的五年期借款（按年计息，到期还本付息），工程已于上年末达到预定可使用状态，本年末计提本年应付利息 12 万元。

15. 月末，分配结转本月应付职工薪酬（工资）：车间生产工人工资 15 万元，车间管理人员工资 7 000 元，厂部管理人员工资 35 000 元，专设销售机构人员 3 000 元。

16. 生产车间领用生产工具一批，实际成本 16 000 元，生产工具采用五五摊销法进行摊销。

（1）领用生产工具时：

（2）本月摊销 50%：

17. 某商店库存商品采用售价金额核算，本月主营业务收入为 60 万元，确定的商品进销差价率为 16%，结转本月已销售商品的进销差价。